国家社会科学基金一般项目"金融工具视角的土地财政对实体经济的影响和相应激励体系重构研究"（17BJL037）资助

东北财经大学"双一流"建设项目高水平学术专著出版资助

金融工具视角的土地财政对实体经济的影响

周彬 著

中国社会科学出版社

图书在版编目（CIP）数据

金融工具视角的土地财政对实体经济的影响 / 周彬著. —北京：中国社会科学出版社，2019.12（2020.6 重印）

ISBN 978-7-5203-5638-1

Ⅰ.①金… Ⅱ.①周… Ⅲ.①土地制度—财政制度—影响—中国经济—研究 Ⅳ.①F321.1②F12

中国版本图书馆 CIP 数据核字（2019）第 249785 号

出 版 人	赵剑英
责任编辑	许　琳
责任校对	鲁　明
责任印制	郝美娜

出　　版	中国社会科学出版社
社　　址	北京鼓楼西大街甲 158 号
邮　　编	100720
网　　址	http://www.csspw.cn
发 行 部	010-84083685
门 市 部	010-84029450
经　　销	新华书店及其他书店

印刷装订	北京十月印刷有限公司
版　　次	2019 年 12 月第 1 版
印　　次	2020 年 6 月第 2 次印刷

开　　本	710×1000　1/16
印　　张	17
字　　数	226 千字
定　　价	98.00 元

凡购买中国社会科学出版社图书，如有质量问题请与本社营销中心联系调换
电话：010-84083683
版权所有　侵权必究

自 序

林毅夫教授曾经在不同的场合说过世界经济的中心经历从英国转到美国的过程，经济学研究的中心也随之而变，按此逻辑将来中国经济超过美国是大概率事件，所以中国是经济学研究的中心也指日可待。这倒也符合实践论，但是也不能太乐观，因为学者的表现很难预测，国外看印度或者阿根廷的经济学研究都比本国经济要好，国内则存在不少解释中国模式的迎合之作——这些断然不是真正的研究。正如没有西方物理学和东方物理学一样，如果认为市场经济运行有规律，那就尊重规律就好。

当然规律的表现可能不一样，也必须承认中国也有自己的特殊的地方，比如土地财政。土地财政提高了地方政府收入，有利于地方政府提供公共服务、扩大招商引资、加强基础设施建设等。同时指责土地财政推高房价、腐蚀实体经济、带来腐败的观点也屡见不鲜。经济新常态下实现高质量发展亟需研究土地财政和实体经济的关系，分析房地产价格持续上涨背后的财政机制和激励体系，以便建立符合国情、适应市场规律的基础性制度和长效机制。

本书认为土地财政的本质是金融而不是财政，是负债而不是资产。研究发现，土地财政依存度的增加降低了区域内的上市公司的融资成本，这正是土地财政虽然人人喊打但生命力十分顽强的原因之一；地方政府对土地财政的依存度增加会提高企业的过度负债概率，可能带来一定的金融风险；土地财政具有提前去工业化的效果，损害了长期的经济增长；土地财政对企业技术创新水平总体呈现抑制效应，但在有些机制上反而促进创新；企业持有房地产性投资资产对实体经济的负面影响很大，企业因房地产投机动机而配置的金融资产对实体经济的挤出也最持久。

可见，不能简单化看待土地财政，应扬长避短。根据我们的研究应重新看待土地财政的金融作用，土地财政在现行的财政体制和土地制度下，对于经济发展影响不仅通过直接的土地资源配置这一渠道，也通过土地市场化引起的区域金融市场变化这一间接渠道起作用。引申开来，土地财政包括房地产价格是对一个城市的未来进行的下注，满意这个地方的现在、看好这个地方的未来，这样房地产价格才会有持续上涨的基础。

后土地财政时代，促进实体经济高质量发展最重要的是完善经济激励体系。适当调整中央和地方关系，完善国家财政治理体系。土地财政是分税制改革留下的一个尾巴，未来应把土地财政更多地和民生发展、地方公共服务支出挂钩联系在一起。鉴于地方政府对土地财政的依存行为可能会引发金融风险，以及房地产和基础设施建设的倾向政策虽一定程度上增强了地方企业的融资能力，但同时亦挤出了实体经济盈利能力以及创新驱动的新产业、新业态和新产品的涌现机会。因此，完善地方政府在土地市场上的垂直监督，地方政府要合理调整土地出让策略，建立公开透明的土地收支制度，适当后缩政府干预之手。应推进包含土地市场在内的要素市场的市场化改革，减少土地市场上的要素价格扭曲行为，营造良好的市场竞争环境，为经济的长远发展提供持续的动力。在谨慎的前提下增加市场配置土地的空间和力度。财政体制方面增加中央支出责任的同时赋予地方更多的自主性，完善地方税体系。同时改良地方政府官员的激励和考核办法，探讨替代土地财政这种隐含政绩标准的指标例如人口流入数量、就业指标等作为新的地方官员考核指标。

自　序

制造业充分发展是中国改革开放的巨大成绩，应防止出现盲目去工业化的现象。当前，世界新的一波产业和技术革命呼之欲出，人工智能、新能源、大数据等产业的发展一日千里，中国和国外发达国家几乎处在同一起跑线。只要提供良好的公共服务，发挥市场的决定性作用，继续推进产权保护和司法公正，支持中小企业和高新技术企业发展，中国经济有可能进入新一轮经济增长周期。虚拟经济挤出实体企业投资，辛辛苦苦经营一座工厂不如炒一套房子赚得多说明实体经济的利润率偏低，应该降低各种制度成本和交易费用。各种层面政策应互相配合，而不是互相掣肘。产品市场的地方保护主义已基本消失，要素市场的地方保护主义仍然较多，应统一金融市场，降低企业融资成本。鼓励发展生产性服务业，完善产业价值链条，补足实体经济创新发展和绿色发展短板。有扬有抑，另一方面需要斩断金融市场和房地产市场交互放大的渠道，适当回归住房的"房子是用来住的"商品属性。

由于时间有限、笔者水平有限，本书难免存在各种错误和疏漏，请各位读者、专家和业内人士不吝赐教。

目　录

第一章　导论 ……………………………………………………… 1
　　第一节　选题依据 ………………………………………………… 1
　　第二节　相关研究梳理 …………………………………………… 6
　　第三节　研究思路和方法 ………………………………………… 10
　　第四节　可能的创新之处 ………………………………………… 14

第二章　土地财政具有重要的金融工具性质 …………………… 16
　　第一节　房地产市场的金融性 …………………………………… 16
　　第二节　财政和金融的关系 ……………………………………… 21
　　第三节　土地财政的本质是金融 ………………………………… 30
　　第四节　房地产泡沫 ……………………………………………… 34

第三章　经济新常态下中国更要重视发展实体经济 …………… 41
　　第一节　实体经济尤其是制造业的重要性 ……………………… 41
　　第二节　实体经济发展的困境 …………………………………… 48
　　第三节　金融和房地产过度发展 ………………………………… 54
　　第四节　实体经济发展的国际借鉴 ……………………………… 60

第四章　土地财政、内生货币和企业融资成本 ………………… 66
　　第一节　引言 ……………………………………………………… 66

第二节　文献综述 ……………………………………… 68
　　第三节　理论分析和研究假说 …………………………… 71
　　第四节　模型设定和基准回归 …………………………… 75
　　第五节　内生性讨论和稳健性检验 ……………………… 80
　　第六节　机制检验 ………………………………………… 92
　　第七节　结论和政策含义 ………………………………… 97

第五章　土地财政、企业杠杆率与债务风险 ……………… 99
　　第一节　引言 ……………………………………………… 99
　　第二节　文献综述 ………………………………………… 102
　　第三节　特征事实与研究假说 …………………………… 105
　　第四节　实证研究设计 …………………………………… 109
　　第五节　回归结果和进一步分析 ………………………… 114
　　第六节　研究结论与政策含义 …………………………… 125

第六章　土地财政、产业结构与经济增长 ………………… 128
　　第一节　引言和文献综述 ………………………………… 128
　　第二节　特征事实和理论分析 …………………………… 130
　　第三节　模型设定、变量选取与数据来源 ……………… 135
　　第四节　回归结果和进一步分析 ………………………… 140
　　第五节　结论和政策含义 ………………………………… 150

第七章　土地财政对企业技术创新的影响 ………………… 152
　　第一节　引言和文献综述 ………………………………… 152
　　第二节　特征事实和理论分析 …………………………… 157
　　第三节　数据、模型和回归结果 ………………………… 167
　　第四节　稳健性检验 ……………………………………… 181
　　第五节　机制分析 ………………………………………… 185
　　第六节　结论及政策含义 ………………………………… 190

目 录

第八章 持有金融资产抑制了实体经济发展 ·················· 193
 第一节 引言 ··· 193
 第二节 特征事实和理论假设 ······························· 196
 第三节 计量模型与实证分析 ······························· 201
 第四节 进一步分析 ·· 214
 第五节 机制分析 ·· 218
 第六节 结论和政策含义 ······································ 225

第九章 重塑"后土地财政"时代的激励体系 ·················· 228
 第一节 财政体制改革 ··· 228
 第二节 土地制度改革 ··· 235
 第三节 促进实体经济高质量发展 ························ 240

参考文献 ·· 246

后　记 ··· 262

第一章　导论

第一节　选题依据

一　选题背景

土地是一种特殊的自然资源，人类的生产和生活与土地紧密相连。传统农业社会中土地作用的重要性不言而喻，"富者田连阡陌，贫者无立锥之地"，大财主等同于大地主。现代社会工业生产需要的厂房、居民生活需要的住房和各种休闲娱乐设施等等更是离不开土地。英国古典经济学家威廉配第（William Petty）有句名言：土地是财富之母，劳动是财富之父。确实，土地必须和劳动、技术其他生产要素相互协作才能发挥最大效益。这种土地资源的配置就涉及土地制度了。

从历史上古代的井田制、均田制一直到近代太平天国的《天朝田亩制度》、民国时期孙中山先生提出的"耕者有其田"的土地制度历史演化来看，由于人地禀赋、科技水平等约束条件存在，土地的价值一直没有得到充分发挥，除了江南鱼米之乡、成都天府之国等少数区域，大多数地区的土地使用效率不高，农业单产较低，应对自然灾害和意外事故的能力不强，真正在土地上劳作的农民往往食不果腹，衣不遮体。

土地和农民构成了近代中国社会的基本特征和表现之一。中国共产党成立伊始因为受共产国际工人运动为主思路的影响，并没有特别重视农村和农民问题。大革命失败后，以毛泽东为主要代表的中国共产党人，开创了一条农村包围城市、武装夺取政权的中国革命新道路。1931年，中国共产党在总结土地革命经验的基础上制定了土地纲领《兴国土地法》："依靠贫雇农，联合中农，限制富农，消灭地主阶级，变封建半封建的土地所有制为农民土地所有制"。抗日战争爆发后，为了巩固和扩大统一战线，中国共产党调整了农村政策，在敌后抗日根据地实行了"农民交租交息、地主减租减息"的政策，将"没收地主阶级土地"暂时搁置。抗日战争胜利后，1945年5月4日，中共中央发出《关于清算减租及土地问题的指示》，将抗日战争时期的"减租减息"政策改为没收地主土地分配给农民的政策，基本恢复了三十年代的土地改革做法，有力地激发了农民支持解放战争的积极性。

中华人民共和国成立后的1950年6月30日，中央人民政府颁布了《中华人民共和国土地改革法》，规定土改的目的是废除地主阶级封建剥削的土地所有制，实行农民的土地所有制，解放农村生产力，发展农业生产。1950年至1978年，土地政策经历了从私有的农民土地所有制到土地农民私有、集体统一经营使用再到完全的土地集体统一所有、统一经营，实现了农业集体化；计划经济时期中国城市土地使用采取无偿划拨方式。这期间由于自然灾害加上信息传导不充分和激励体系不完善，四川、安徽、河南等区域出现了严重的大饥荒。改革开放后，面对僵化的计划体制，各级官员、企业家和人民群众以巨大的勇气开展各种土地市场化的改革探索。1979年颁布的《中外合资经营企业法》以法律的形式首次打破大陆延续了将近30年的国有土地无偿使用制度。《中华人民共和国土地管理法》于1986年6月25日经第六届全国人民代表大会常务委员会第十六次会议审议通过，1987年1月1日实施。1987年11月26日，深圳市政府首次公开招标有偿出让的土地使用权，深华工程开发公司在9家投标公司的激烈竞争中获得一块46355平方米住宅用地为期50年的使用权。这一做法首开先河，揭开城市国有土地使用制度改革序幕。1988年12月29日，第七届全国人大常委会第五次会议根据宪法修正案对《中华人民共和国土地管理法》做了相应的修改，规定："国有土地和集体所有土地使用权可以依法转让；国家依法实行国有土地有偿使用制度"。这些规定为国有土地进入市场奠定了法律基础。

土地制度的城乡二元分割加上工业化和城市化对土地的急剧增加的需求，地方政府成为土地资源配置的事实上的核心。土地财政（Land Finance）[①]这一中国特有的现象应时而生。土地财政的产生基础是土地市场化和地方政府对土地资源的控制。土地财政是中国的一种特殊现象，是在土地公有制（所有土地属于国家所有或集体所有）和经济市场化背景下产生的，工业化、城镇化、住房商品化快速推进，地方政府官员在晋升考核压力下需要招商引资发展经济、基础设施和公共设施建设等等方面开拓新的融资来源渠道，当发现土地的市场价值快速增加而自己又可以有充分的控制时候，大力发展土地财政显然是必然的选择了。至于有的研究认为分税制下地方财政收支不匹配存在财政缺口所以迫不得已发展土地财政。这种看法只考虑了约束条件没有考虑地方政府的效用函数，存在偏颇之处。

中国作为一个发展中国家，共产党领导人民一直以来致力于中华民族的伟大复兴。根据经济史学家安格斯·麦迪逊估算，中国GDP在鸦片战争前曾经占据世界GDP总额的三分之一，但是GDP的构成主要是缺少技术含量的农业、手工业，而同期英国的GDP构成主要是当时世界技术领先的钢铁、机器等等，所以一旦发生鸦片战争，大清

---

① 本书很大程度上是研究Finance，中文语境中财政和金融似乎从字眼上看区别很大，但英文语境里财政和金融都可以用Finance表示，根据后面分析土地财政这一英文翻译对作者来说似乎更达意。财政学一般用Finance或者Public Finance；而金融学一般用Finance或者Money and Banking。扩展一点讲，根据樊纲在《全球视角的宏观经济学》序言《宏观经济学与开放的中国》里面论述学科划分的原则，中文语境的金融学基本对应国外货币经济学或者宏观经济学中的货币政策，英文语境的金融学多指公司金融、财务管理。

朝在船坚炮利的英帝国面前不堪一击。可见，中华民族的伟大复兴应该是质量和效率导向的，而我们打开经济结构，第一产业、第二产业和第三产业之间比较，就会发现第二产业中的制造业由于有固定成本，可以依靠提高技术快速扩大产量的同时降低单个产品成本，换言之，制造业效率提升空间较大，而第一产业和第三产业的效率上升空间不大。另一方面根据美国经济学家威廉·鲍莫尔在1967年一篇研究经济增长的论文中提出来的鲍莫尔病理论，一个两部门宏观经济增长模型，其中一个部门是"进步部门"（Progressive Sector），另外一个部门是"停滞部门"（Stagnant Sector），进步部门的生产率相对快速增长将导致停滞部门出现相对成本的不断上升。他认为，如市政府服务、教育、表演艺术、饭店和休闲等很多服务部门都具有这一特征，整体上看，相对于制造业，服务业劳动生产率更难以提高，正如在表演艺术市场上，三百年前的莫扎特四重奏要四个人演，三百年后依然要四个人！随着制造业的生产率改进，服务业在整个经济中的比重反而上升了。本书使用的实体经济概念狭义上的内涵基本等同于制造业，广义上则包含除房地产和金融业以外的其他产业，当然重点内核是制造业、第一产业关系密切的农产品加工以及因为产业分工和产业融合而从制造业分离出去的生产性服务业。新一轮科技革命和产业变革浪潮之下，数字经济、共享经济、产业协作正在重塑传统实体经济形态，全球制造业都处于转换发展理念、调整失衡结构、重构竞争优势的关键节点，中国制造业提质升级的任务十分紧迫。综合来看，中国的高铁、核电、信息通信等领域已经具备了全球竞争力，但其他多数领域在技术创新、质量品牌、环境友好等方面落后于发达国家，离制造强国的建设目标还有很大差距。把实体经济确定为国民经济之本，就要让政策、资金、技术、人才等要素不断汇聚起来，实现实体经济、科技创新、现代金融、人力资源协同发展。

尤需强调的是，对实体经济伤害最大的"脱实向虚"现象，很大程度上反映了市场的盲目性，通过加强宏观调控发挥"有形之手"的作用格外重要，重建市场主体的硬约束更重要。随着金融业和房地产业这两个虚拟经济产业的不断膨胀，中国经济脱实向虚现象早就显露苗头了。例如，早在 2012 年 1 月的第四次全国金融工作会议上，就已经提出"从多方面采取措施，确保资金投向实体经济，有效解决实体经济融资难、融资贵问题，坚决抑制社会资本脱实向虚、以钱炒钱，防止虚拟经济过度自我循环和膨胀，防止出现产业空心化现象。"

二　选题价值

2016 年底的中央经济工作会议强调要着力振兴实体经济以及促进房地产市场平稳健康发展。会议提出"坚持创新驱动发展，扩大高质量产品和服务供给"、"房子是用来住的，不是用来炒的"。从财政部公布的数据来看，2018 年全年土地出让收入 65096 亿元。广义的土地财政不仅包含土地出让收入还包含建筑、房地产行业的相关税费，2018 年土地和房地产相关税收中，契税 5730 亿元，同比增长 16.7%；土地增值税 5642 亿元，同比增长 14.9%；房产税 2889 亿元，同比增长 10.9%；城镇土地使用税 2388 亿元，同比增长 1.1%；耕地占用税 1319 亿元，同比下降 20.2%。土地财政收入近年来稳居地方一般预算收入 50% 以上，规模不可谓不大。土地财政在地方政府招商引资、基础设施建设等方面，起到了积极作用。同时指责土地财政推高房价、腐蚀实体经济、带来腐败的观点也屡见不鲜。经济新常态下亟需研究土地财政和实体经济的关系，分析房地产价格持续上涨背后的财政机制和激励体系，以便建立符合国情、适应市场规律的基础性制度和长效机制。

本研究的学术价值在于丰富制度经济学和发展经济学部分内容：①从土地融资、金融工具和货币内生化的视角对土地财政对不同区域不同产业影响的历史阶段性进行分析；②根据激励理论框架，引入地方政府利益优化的新政治经济学理论修正财政联邦主义和晋升锦标赛的不足；③阐述土地财政对于房地产行业的市场环境扭曲带给产业发展的资源错配机制，提供提升投资效率的市场竞争基准环境。本研究的应用价值在于提供振兴实体经济的具体思路：①为完善不同区域的房地产调控政策提供理论基础；②为城市化过程中的产业升级政策路径提供参考；③为调整中央地方关系、推进国家治理体系现代化提供启示。

第二节　相关研究梳理

土地财政的经济效应研究争议较多。刘志彪（2010）提出土地财政一定程度上有利于以城市化为内容的产业转型升级。黄少安等（2012）论述了土地财政导致企业成本上升，进而降低企业利润率和地方政府税收收入。对于产业结构的影响，邹薇和刘红艺（2015）、李勇刚和王猛（2015）认为土地财政虽有助于加快工业化进程，但抑制服务业发展。相反，赵祥和谭锐（2016）认为土地财政容易导致大城市过度服务化和小城市产业空心化。土地财政损害实体经济还体现在抑制创新（王文春和荣昭，2014；余静文等，2015；张杰等，2016）。土地财政推高房地产价格持续上涨会引起泡沫，危及经济安全（吕江林，2010；曾五一和李想，2011）。张平、刘霞辉等（2011）肯定了土地财政对城市化的促进作用，同时指出如果超前的土地城市化不能带来城市"规模收益递增"效果，则城市的可持续发展就会面临挑战。

一　土地财政的内涵及成因

研究土地财政首先要明确其内涵、由来。一般认为土地财政包括土地出让金、房地产相关税费和土地融资。土地财政指的是地方政府利用土地所有权和管理权进行的财政收支活动和利益分配关系（朱秋霞，2007），狭义上是指地方政府通过出让土地获得土地出让金来补充其收入的行为。一般认为土地财政是中国在城镇化演进过程中所特有的历史现象。现阶段不同学者根据研究目的不同所界定的"土地财政"涵盖范围也各有不同，较为通用的是以下对于土地财政的界定，杨圆圆（2010）将土地财政分为三层，一是政府通过出让土地获取的土地出让金收入；二是与土地直接相关或者间接相关的税费收入；三是以土地作为融资工具获得的银行抵押贷款。还有的研究把地方政府两手供地策略——低价供应工业用地，高价供应商住用地——作为土地财政的一个组成部分。

土地财政的成因，学术界也存在争议。以前较多的观点认为分税制下地方财政收支压力增加逼迫地方政府使用土地财政（卢洪友等，2011；孙秀林和周飞舟，2013）。大部分学者把"土地财政"归因于1994年的分税制改革不够深入导致的财税体制问题及相关制度的缺陷。分税制改革后中央和地方政府的财政收支情况逆转，地方政府的财政收入占全国财政总收入的比重呈现显著的下降，但其财政支出占全国财政总支出的比重却呈现了显著的增加，地方政府财权和事权的不匹配给地方政府的财政带来了极大的压力（周飞舟，2006；贾康，2006）。反对的观点则从晋升激励等角度认为土地财政是地方政府追求GDP最大化的手段，城镇化、工业化带来的经济投资和地方公共事业资金需求不断增加，使得地方政府为了获取资金从而更加依赖于土地财政，没有财政收支压力照样进行土地财政（张莉等，2011；范子英，2015）。

二 土地财政对其他经济部门的影响

土地不仅具有物质资本和消费品属性，也具有金融资产属性。金融资产性质通过土地财政对于房地产业的影响清楚地体现出来。近些年来，对于土地财政的负面声音愈演愈烈，多集中在土地财政所带来的金融风险以及对"实体经济"的挤出效应上。张双长、李稻葵

（2010）的研究发现，在其他条件不变的情况下，地方政府的土地财政规模越大，其城市的房价也会越高，即土地财政对于房地产价格具有显著的促进作用。周彬和杜两省（2010）研究了地方政府、消费者和房地产三方对房地产价格的影响机理，认为地方政府为了自身利益会选择发展土地财政从而推高房地产价格。

土地财政和经济周期的正相关性和放大性会带来一定财政风险。刘守英等（2005）详细分析了以地方政府信用为担保，以土地储备为抵押物的地方融资平台，指出其过度依赖经营土地和土地抵押融资的行为，可能会使得地方政府财政和金融风险加大。陈志勇等（2010）认为土地财政对经济周期依赖度高，在房地产市场繁荣时期，土地财政能带动地方财政收入增长，但如果房地产市场一旦受中央调控政策或国际国内经济形势影响而进入萧条时期，则会导致地方政府收入大幅下降，这就会产生一系列严重的社会问题和矛盾。唐在富（2012）也指出，中国地方政府的土地财政收入增长的稳定性日益受到考验，但是地方政府土地抵押的规模却在不断扩大，这很有可能会引发地方政府的债务问题。

至于对实体经济的影响相关研究则主要围绕房地产业的替代效应进行分析，即是土地财政带动房地产业高速发展，使得大规模投资涌向房地产行业，从而抑制并损害了其他行业的发展。黄少安等（2012）认为土地财政导致企业成本上升，进而降低企业利润率和地方政府税收收入。土地财政还易导致对市场经济秩序的扭曲，罗红云（2012）指出，地方政府收入比重过高，产生大规模的政府投资，会对民间投资产生"挤出效应"，抑制了社会投资，使市场效率降低。而土地财政对实体经济的影响还体现在对于企业创新的抑制，土地财政大幅度提升了当地的房地产价格，房价的过快增长以及房地产投资的过快增长均会对企业的创新投资造成"挤出效应"，抑制中国企业创新的进一步发展。（王文春和荣昭，2014；余静文等，2015；张杰等，2016）。

学术界在土地财政对于产业结构以及产业升级的影响这一问题上也莫衷一是。刘志彪（2010）提出土地财政一定程度上有利于以城市化为内容的产业转型升级。陶长琪、刘振（2017）则认为土地财政对产业结构合理化存在非线性效果，对东部和中部地区来说，当土地出让性收益分别低于其临界值时，土地财政促进产业结构趋于合理，而分别高于这两个值时，土地财政会抑制产业结构的合理演进。邹薇和刘红艺（2015）、李勇刚和王猛（2015）的研究均认为土地财政虽然有助于工业化进程的发展，但其会对服务业的发展产生抑制效应。相反，赵祥和谭锐（2016）认为土地财政容易导致大城市过度服务化和小城市产业空心化。

土地财政的长期效应还体现在区域经济增长方面。部分学者认为土地财政推动了城市发展，带动了经济的增长。蒋省三等（2007）在实地调研中发现，20世纪90年代末以来土地在中国经济增长中扮演着重要的角色，并推进中国工业化、城市化快速进行。杜雪君等（2009）选用人均土地出让收入作为土地财政指标，研究土地财政与经济增长的关系，结果显示，土地财政对中国1998—2005年间的经济增长存在显著的正向作用。但随着土地财政发展至今，对其质疑的声音越来越多，越来越多的学者认为土地财政会抑制经济的增长。邹薇和刘红艺（2014）探讨了土地财政分别对私人投资与经济增长的影响机制，发现中国地方政府对土地财政的依赖存在"土地财政错觉"现象，且土地财政对私人投资与经济增长的短期促进作用主要存在于东部地区。邹薇和刘红艺（2015）还分别利用空间动态与时空动态空间面板模型研究发现，土地财政对城市化进程、第二产业与第三产业发展存在显著的"门限效应"，对经济增长存在直接的抑制作用。

三 土地财政改革和应对

曹广忠等（Cao et al., 2008）认为低成本的土地征用是中国城市化过程中发生的与土地有关的扭曲的根本原因，因而提出中国土地的市场化征用制度允许农民直接与潜在的土地使用者谈判。他们的补偿方案将有助于解决当地供应商业和住宅用地造成的房地产价格过度上涨的问题。土地财政是阶段性现象，需要寻找一个解决或者替代机制，进而要求重构地方政府激励体系。已有学者从农地制度改革、征收房地产税等角度展开论述（罗必良，2010；贾康和刘微，2012）。如果把制度作为内生性变量，可以发现土地财政、产业结构、技术创新等都和制度互相影响。Blanchard 和 Shleifer（2000）对比研究了中国和俄罗斯的经济转型，认为尽管中俄两国都实行了财政分权，但是配套政策的不同导致对市场的激励作用不同。钱颖一与多位合作者（Qian et al.，1997，1998）以及许成钢（Xu，2011）、张军（2012）基于激励理论和企业理论，提出地方分权改革塑造了一种独特的激励和治理架构，使得中央和地方政府协调一致，地方为发展而竞争。周黎安（2004）、陶然等（2009）则看到了这些模式的一些负面效果。

总体上看，已有研究对于土地财政的弊端分析较多，往往忽视城市化过程中土地财政的积极作用；原因分析较多，影响实体经济的机制研究薄弱。由于土地财政涉及金融市场、劳动力市场、产品市场，最好用一般均衡框架分析。实证研究结论差别较大，存在把多重因素叠加效果视为单一变量效果的情况。由于土地和户籍因素，中国的城市化和工业化不同步，土地财政对于实体经济的具体影响机制以及背后的深层次政治经济学原因仍待挖掘。

第三节 研究思路和方法

土地财政对实体经济的影响具有多个层面，机制也多种多样，背后的激励体系也非常值得关注。具体展开是：①从金融工具的角度测算土地财政规模和扭曲程度以及产业结构和产业升级现状；②使用新政治经济学和激励理论分析考察多目标下的地方政府行为;③土地财政对于产业发展、科技创新的影响程度和传导机制;④结合实践案例分析具体政策运作机制以及约束条件。

一 总体框架和基本观点

本书采取理论—实证—政策的研究框架。首先根据特征事实提炼出土地财政和产业发展的现状特点。其次根据制度环境、市场环境考虑不同政府层级的利益不一致性,构建包含政府行为、企业决策、个人消费的一般均衡理论模型。再次根据土地财政和房地产业对于实体经济的不同传导路径,分类对各种效应进行定量分析,继续细化就是分阶段和分区域进行分析。最后根据上述结论,结合政府的效用函数和制度背景,对政策进行优化和组合。

(1)基于不同阶段不同区域的特点对土地财政进行数据测算,使用房价收入比、杠杆率等指标评估土地财政和房地产的泡沫状况和动态效率。没有圈地运动和海外掠夺,也取消了工农价格差,如何为城市发展起步积累第一桶资金?实践给出的答案是土地财政。从中国各地情况看,东部地区经济较为发达,财政比较富裕,城市化发展水平也比较高,城镇建设资金匮乏问题相对不是那么突出,加上地价高、需求大,通过土地使用权拍卖获得了大量收入。中西部地区加快推进城镇化发展的愿望更为强烈,但资金十分匮乏,同时经济相对落后,土地不太值钱,通过土地获得的收入很有限。土地财政特点也在不断变化。2009年以来为应对国际金融危机的冲击,地方政府新设立了一些融资平台,通过土地抵押或者其他资产抵押获得资金。轻微的泡沫有助于发挥融资功能,但是信用失控会造成金融危机,这其中的临界点掌握和划分至关重要。

(2)利用激励理论分析土地财政的金融工具本质和背后的制度性原因。金融资产不同于消费品,其价格是未来收益的贴现而不是成本决定的。土地和房地产吸收了大量的货币，央行只控制基础货币，M2是由市场自动创造的，尤其是房地产市场的发展和货币流动性互为原因。土地财政是地方政府为增长而承担经济职能的主动行为，是利用未来现金流抵押为城市建设进行的融资，本质是金融负债而不是财政收入。而且经济发展越好的地方土地价值越大，这一机制清晰明了，节省了中央政府监督成本。由于中国区域经济发展不平衡，加之现有土地财政规模巨大，土地财政的金融工具职能在一定时间内无法替代，尤其是在不重构地方政府激励体系的情况下贸然改革更会引起不可预料的问题。不少学者提到中国式财政联邦主义（Fiscal Federalism）、晋升锦标赛（Promotion Tournament）对于改革开放后中国经济持续高速增长的重要性，但是前者并不能保证一定是维护市场的，后者解释不了历练的官员派遣到经济较好的地区、晋升无望的官员仍然努力推进经济发展的现象。中央政府和地方政府的目标并不总是一致，这时候嵌入激励理论、新政治经济学利益不一致理论的一般均衡模型有了用武之地。

（3）利用多种计量模型研究土地财政对于产业升级和技术创新的影响。尽管交通和通信的发展降低了城市的集聚优势，但是产业升级依赖的研发创新日益体现规模经济。土地财政在这一过程中的效应需要评估。土地财政的金融属性改变了要素相对价格，从而对于技术进步方向和产业升级产生影响。此外土地市场的人民币汇率锚定效应也使得加工制造业更受青睐。本书拟选取不同区域不同级别的城市进行数据收集或者实地调研，对土地财政、产业升级、技术创新等指标定量测算，使用计量方法研究土地财政对实体经济的双重作用：一方面土地财政形成的财政收入大量投入基础设施，规模经济中的分享、匹配、学习效应有利于企业生产率提升，企业和居民本身所持有的房地产由于财富效应也有利于缓解融资约束；另一方面土地财政导致房地产业的资金回报率显著高于工业制造业，使得企业热衷于"挣快钱"，而对实体经济部门的研发投入缺乏热情，不仅不利于产业升级，还导致大量产业往境外转移，诱发产业空心化风险。由于土地财政、产业升级取决于发展阶段、地方领导、地理位置、城市等级等各种因素，本项目将利用面板模型、双重差分、空间计量等分析方法估计真正的影响因素和传导机制。

（4）相关政策的组合。根据以上理论分析和实证研究，结合案例研究，我们将总结中国土地财政发展的一般规律，逻辑演绎出在新的财政分权和税制改革后（例如，营改增后地方设立主体税种，改革征地制度以及地方摆脱单纯GDP指标考核等），地方土地财政演化的可能路径和结果，从而提供科学的决策建议。地方竞争和地方试验机制之所以曾经行之有效，是因为它们在一定条件下，成功解决了各级政府的激励机制问题和信息问题。经济新常态下需要在改革土地制度、财政体制的基础上对产业政策、区域政策等政策体系完善方面统筹考虑。

二　研究方法

从金融工具的视角看土地财政是地方政府主动发展经济的一种融资行为，而且这种安排又和中央政府的发展经济目标激励相容；土地财政一方面有助于城市基础设施建设和民生保障投入，财富效应也缓解了企业融资约束，另一方面，土地财政增加实体经济成本，未富先衰，从而对于产业升级和企业技术创新造成负向激励。随着土地财政促进经济增长的效应下降，阻碍产业升级和科技创新的效应增加，有必要出现替代机制；这种替代机制必须全面协调考虑经济主体的行为参数，综合考虑现有土地制度、户籍制度、财政政策、产业政策进而组合和优化。

具体研究方法包含如下几种。

（1）使用新政治经济学方法分析地方政府行为。新政治经济学分析基础是利益不一致性，通过运用现代经济分析的正规技术工具，关注政治与经济的相互作用，以最优化、激励和约束等概念来考察政治经济现象。地方政府的目标是区域GDP、财政收入等，中央政府则更关注物价稳定、经济安全等。

（2）使用激励理论（机制设计理论）分析中央地方关系、财税体制。在委托人即是中央政府的情况下，地方政府有不同的任务，这些不同的任务有不同的考核方式，监督和考核的成本不同，地方政府行为很容易扭曲。产业升级和技术创新之所以有的地方做得好有的地方做得不好，背后的原因有发展阶段的因素，也有激励体系的原因，这需要把这些变量的作用逐步剥离分析。

（3）使用多种计量经济学模型定量研究机制和影响。动态面板模型、双重差分、工具变量等方法结合城市级别的面板数据来估计土地财政对产业结构、技术创新的影响，并进行稳健性检验。没有使用省级数据，因为省级数据加总了地市数据很难体现各个城市的经济规律。

第四节　可能的创新之处

（1）提炼中国发展经验从而可能丰富发展经济学理论。使用新政治经济学方法、委托代理模型、一般均衡模型研究地方政府、微观企业以及居民各行为主体的土地财政相关行为，然后逐渐放松假设，使得政策的调整和分析具有坚实的微观基础。地方政府行为优化是重点问题，地方政府的效用函数设定是难点问题。使用新政治经济学的方法、一般均衡模型以及委托代理模型分析中央政府和地方政府的利益不一致性，需评估地方政府面临的成本和收益。现行的体制下地方政府可能会偏离社会最优目标，例如更重视土地财政收入，而忽视技术创新和科技投入。这说明效用函数的参数设置需要校准。

（2）提出土地财政的本质不是财政而是金融，不是收入而是负债。

土地财政是对未来收入现金流进行抵押获得融资，类似于企业从股票市场融资。本项目从金融工具的视角评估土地财政的产业升级和技术创新效应，可以借鉴资产价格影响实体经济的框架。土地财政的影响和机制传导问题数据的收集需要大量的调研，如果缺少相关数据，则需寻找和设计代理变量。需要克服模型内生性问题，例如那些产业升级成功、科技创新实力强、实体经济较好的城市土地财政收入和房价也较高，同时那些具有较强升职动机和可能的领导对于土地财政和产业升级均有影响等等，需要采取多种方法加以解决。学术方法方面使用多种计量模型评估土地财政的机制和影响。衡量土地财政不仅考虑土地出让金，还考虑靠土地信用进行的融资以及其对产业发展的资源错配效应。土地财政对不同行业的影响也是不同的。本书使用各种计量模型稳健分析精确评价土地财政影响。

（3）政策建议注重可行性和可操作性。我们使用多任务委托代理理论分析地方政府行为，地方政府不仅仅被赋予发展地方经济的职能，还应该保持社会发展和民生保障的职能。在加速工业化、城市化背景下，地方政府考核因素较多，需要重建激励相容（Incentive Compatibility）的政策体系，而不是简单地废除土地财政。

第二章 土地财政具有重要的金融工具性质

第一节 房地产市场的金融性

一 金融工具

金融工具（Financial Instruments）也称信用工具，是指在金融市场中可交易的金融资产，是用来证明贷者与借者之间融通货币余缺的书面证明，其最基本的要素为支付的金额与支付条件。金融工具如股票、期货、黄金、外汇、保单等也叫金融产品、金融资产、有价证券。因为它们是在金融市场可以买卖的产品，所以从这个角度上也被称为金融产品。在资产的定性和分类中，它们属于金融资产，故也称金融资产。金融是资金的跨时间和空间的融通，本身具有杠杆和风险属性，所以金融工具也具有风险属性。从资产的角度看又需要一定的收益，所以金融工具也要有盈利性质。

国际会计准则委员会第32号准则对金融工具定义如下："一项金融工具是使一个企业形成金融资产，同时使另一个企业形成金融负债或权益工具（Equity Instrument）的任何合约"。2017年3月31日，财政部修订发布了《企业会计准则第22号——金融工具确认和计量》定义："金融工具，是指形成一个企业的金融资产，并形成其他单位的金融负债或权益工具的合同。"

20世纪70年代之前，金融工具的主要功能在于解决金融市场上不断产生和转化的资金供求矛盾。这些金融创新工具能够帮助金融市场交易者实现资金的合理配置,能使交易者以更低的成本、更高的效率实现融资或投资需求。在当前情况下,实现交易者在动荡的市场环境中规避风险,增加获利空间以及适应金融全球化的需求,成了金融工具不断创新的主要动机。经过长期的发展,国际金融衍生品市场形成了远期、期货、互换、期权、资产支持证券和信用衍生工具六大类产品相互补充的完整架构,衍生品市场交易品种不断增加,交易规模不断扩大,已经成为金融市场不可或缺的一部分。其中,远期、互换和期权在大宗商品交易和金融衍生品交易中发挥着越来越重要的作用。

二 房地产市场金融工具

房地产是资金密集型行业,对资金的依赖度极高,不管是开发商拿地、建造、出售还是买房者购买等环节,都离不开资金的支撑。如下表所示,房地产业贷款和个人住房贷款加一起历年来稳居金融机构各项贷款金额的 20% 以上。

表2—1　　　　　　　房地产业贷款和个人住房贷款

年份	金融机构:各项贷款余额(亿元)	金融机构:本外币贷款余额:房地产业(亿元)	占比(%)	个人住房贷款余额	占比(%)
2010	479,195.55	33,609.40	7.01	62,000.00	12.94
2011	547,946.69	35,782.96	6.53	71,400.00	13.03
2012	629,909.64	39,008.63	6.19	75,000.00	11.91
2013	718,961.46	45,420.86	6.32	90,000.00	12.52
2014	816,770.01	53,841.39	6.59	106,000.00	12.98
2015	939,540.16	60,228.12	6.41	131,000.00	13.94
2016	1,066,040.06	62,669.34	5.88	180,000.00	16.88
2017	1,201,320.99	71,872.48	5.98	211,000.00	17.56

数据来源:Wind。

对于开发商企业来说,房地产相关贷款对于现金流至关重要,尤其是在房地产开发关键的阶段如果没有信贷资金的支持很容易资金链条断掉。对于个人来说，则存在杠杆率过高未来收入能否持续保证还款，此外违法发放贷款，例如首付贷也会造成一定的金融风险问题。房贷业务存在的风险，已经引发了监管层的高度重视。中国人民银行党委书记、银保监会主席郭树清在2019年6月份举行的陆家嘴论坛上提到"近年来，中国一些城市住户部门杠杆率急速攀升，相当大比例居民家庭负债率达到难以持续的水平，更严重的是全社会的新增储蓄资源一半左右投入到房地产领域"。

除了信贷业务以及房产企业的上市融资、发行债券，房地产相关金融产品还有很多种，有的已经在中国快速发展。

房地产私募基金是通过向合格的投资者发行基金份额募集资金，由专业基金管理人寻找、投资目标地产项目，并参与项目的管理，在适当的时机退出项目，为投资者争取投资收益的专项投资基金。房地产私募投资基金的底层定向投资于房地产行业，具备募集、投资、管理、退出四个重要环节。房地产私募基金的投资和获利方式很多，常见的方式包括：房地产项目公司股权、房地产项目资产（含在建工程）、持有房地产项目获得租金收益等。

房地产ABS（Asset Backed Securitization）融资是指以房地产相关资产为基础资产，以融资为主要目的发行的ABS产品，其实际融资人主要为房地产企业、城投/地方国资企业和持有物业的其他企业，房地产资产证券化的底层资产主要包括两方面：1. 不动产；2. 债权。债权又分为既有债权和未来债权。目前主要的操作模式包括"类REITs"、CMBS（商业房地产抵押贷款支持证券）、运营收益权ABS（如酒店收入）、物业费ABS和购房尾款ABS等类型。

商业房地产抵押贷款支持证券CMBS（全称Commercial Mortgage Backed Securities）指债权银行以原有的商业抵押贷款为资本，发行证券。简单说来是传统银行房贷的一个替代，是一种比经营性抵押贷款更好用的、在交易所挂牌交易的融资工具；是将一个或者一组非标的商业物业贷款加工为分级别的标准化债券的金融技术。

房地产投资信托基金 REITs（全称为 Real Estate Investment Trusts），类似于一种封闭式共同基金，以发行收益凭证的方式汇集投资者的资金，由专门投资机构进行经营管理，并将投资收益按比例分配给投资者的一种信托基金。投资标的物为不动产，例如工业、住宅、办公楼、酒店、零售等。

三 房地产调控

20 世纪 90 年代初期首次出现房地产热——房地产开发公司急剧增加，房地产开发投资高速增长，以炒地皮、炒钢材、炒项目为主的房地产市场异常活跃，尤其是海南、广西北海等地，房地产开发过热，形成了较严重的房地产泡沫，经济运行出现严重过热态势和通货膨胀。1993 年国务院出台《关于当前经济情况和加强宏观调控的意见》，提出整顿金融秩序、加强宏观调控的 16 条政策措施（通称"国 16 条"）；1994 年《关于深化城镇住房制度改革的决定》《城市房地产管理法》和《住宅担保贷款管理试行办法》的落实，全国房地产开发的增长速度明显放缓，通货膨胀得到遏制。经济由热转冷，房地产市场也沉寂下来，商品房和商品住宅的价格迅速回落。这是房地产调控成效比较明显的一次，其后的调控则陷入越调越涨，基本房地产价格一路上升，有时候上升速度还比较快。

城市土地分为公共事业用地、房地产用地、工业用地。公共事业用地一般采取无偿划拨的方式给予使用单位。工业用地这部分，由于各地政府大力招商引资，相互竞争，工业用地出让价格一般低于市场价格水平，地方政府更看重的是企业建立后带来的税收和就业。商住用地这部分由于地方政府既能获得土地收入，又能获得房地产税和建筑税，地方政府有动机推动房价持续走高。地方政府的占优策略就是推动高房价。一旦出现泡沫，中央政府从全局考虑就会出台调控政策：信贷紧缩、土地紧缩政策。

图2—1为博弈树形式的表达。中央政府房地产调控的目的是价格稳定、宏观经济持续发展，而地方政府可以选择配合或者不配合。中央政府选择调控政策，从最后的收益结果来看，地方政府肯定会选择不配合，这样中央政府的收益会为（-e），因为支出了一个调控成本，小于不调控的收益（-a），所以中央政府会选择不调控或者不出台强硬政策。现实中2009年上半年房市调整已经初见成效，但是由于地方政府竞相采取措施促使下半年房价又大幅上涨。虽然商业银行和地方政府没有直接隶属关系，但是地方政府一般对商业银行进行施加各种各样的政策促使其多投放信贷，促进地方经济。在房价持续上涨过程中，银行起到了顺周期加速的作用。即是当经济向好的时候，银行在地方政府的支持下，对房屋的供需两方都提供信贷，房价的持续上涨也使得银行的信贷资金处于安全的位置，房价越是上涨银行越多放贷，越多放贷越是上涨。当经济下行的时候，情况正好相反。可见银行对房地产业经营起到一个杠杆作用。这也是美国次贷危机和其他国家房地产泡沫引起金融危机的共同特点。但是地方政府对于银行信贷的巨大影响力是不对称的，中央政府可以通过政治激励调控地方

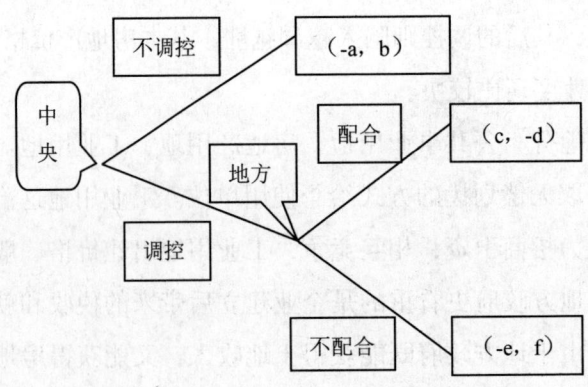

图2—1　中央和地方在房地产调空中的博弈

政府官员，但是商业银行总是处于一定的地方区域内经营，对于地方政府的影响有动机去执行而对国家整体调控和激励不敏感。解决的办法是中央政府应该树立声誉，实施改变支付结果的政策：加大惩罚，奖励配合。

2010年1月10日，国务院办公厅发布国办发［2010］4号文件，这份被称为"国十一条"的文件包括更严格的差别化信贷政策、加大对土地增值税的征收力度，这意味着对房地产市场的信贷、税收支持出现转折。2010年4月17日国务院为了坚决遏制部分城市房价过快上涨，发布《国务院关于坚决遏制部分城市房价过快上涨的通知》（俗称"新国十条"），第一次提出"稳定房价和住房保障工作实行省级人民政府负总责、城市人民政府抓落实"的工作责任制，明确了地方政府的主要责任。但是由于各种原因2010年下半年房地产价格仍然出现大幅度上涨。2011年各级政府部门纷纷出台"限购令"，调控力度空前加大。2016年年底中央经济工作会议首次提出"房子是用来住的，不是用来炒的"。房住不炒的概念提出后，与房地产相关的部门陆续出台了与之相配套的政策，涉及房企融资、提高首付、利率不打折等方面。2019年4月19日中央政治局会议重申"房住不炒"之后，不将房地产作为短期刺激经济的手段这一理念基本成为共识。

第二节 财政和金融的关系

一 已有理论探讨

财政政策是指为促进就业水平提高，减轻经济波动，防止通货膨胀，实现稳定增长而对政府财政支出、税收和借债水平所进行的选择，或对政府财政收入和支出水平所作的决策。增加政府支出，可以刺激总需求，从而增加国民收入，反之则压抑总需求，减少国民收入。财政政策工具主要包括财政收入（主要是税收）、财政支出、国债和政府投资。货币政策也就是金融政策，是指中央银行为实现其特定的经济目标而采用的各种控制和调节货币供应量和信用量的方针、政策和措施的总称。央行运用各种工具调节货币供应量来调节市场利率，通过市场利率的变化来影响民间的资本投资，影响总需求来影响宏观经济运行的各种方针措施。货币政策工具包括法定准备金率、公开市场业务和贴现政策、基准利率。

古典主义者强调货币政策的作用而否定财政政策的作用。货币的投机需求与利率成反方向关系，但当利率上升到相当高度时，保留闲置货币而产生的利息损失将变得很大，而利率进一步上升引起的资本损失风险将变得很小，这就使货币的投机需求完全消失。这是因为，利率很高，意味着债券价格很低。当债券价格低到正常水平以下时，买进债券不会再使本金遭受债券价格下跌的损失，因而手中任何闲置货币都可用来购买债券，人们不愿再让货币保留在手中，即货币投机需求完全消失，货币需求全由交易动机产生。这时变动预算收支的财政政策不可能影响产出和收入。实行增加政府支出的政策完全无效，因为支出增加时，货币需求增加会导致利率大幅度上升（因为货币需求的利率弹性极小，几近于零），从而导致极大的挤出效应，因而使得增加政府支出的财政政策效果极小。相反，变动货币供给量的货币政策则对国民收入有很大作用。这是因为，当人们只有交易需求而没有投机需求时，如果政府采用扩张性货币政策，这些增加的货币将全部被用来购买债券，人们不愿为投机而持有货币，这样，增加货币供给就会导致债券价格大幅度上升，即利率大幅度下降，使投资和收入大幅度增加，因而货币政策很有效。

凯恩斯主义则强调财政政策。凯恩斯认为，当利率降低到很低水平时，持有货币的利息损失很小，可是如果将货币购买债券，由于债券价格异常高（利率极低表示债券价格极高），因而只会下跌而不会上升，从而使购买债券的货币资本损失的风险变得很大。这时，人们即使有闲置货币也不肯去购买债券，这就是说，货币的投机需求变得很大甚至无限大，经济陷入所谓"流动性陷阱"状态。如果政府增加支出，并不会引起利率上升而发生"挤出效应"，于是财政政策极有效。相反，这时如果政府增加货币供给量，则不可能使利率进一步下降，因为人们再不肯用多余的货币购买债券而宁愿让货币持有在手中，因此债券价格不会上升，即利率不会下降。既然如此，想通过增加货币供给使利率下降并增加投资和国民收入就是不可能的，货币政策无效。

作为国家宏观调控的两大手段，财政政策和货币政策需要协调配合，才能充分发挥功能作用，实现国家宏观调控的目标。财政政策与货币政策的协调配合主要有三种类型：①双松搭配类型，这是指扩张性财政政策与扩张性货币政策的组合，这种政策组合可以刺激经济增长，扩大就业，但也会带来通货膨胀的风险。②双紧搭配类型，这是指紧缩性财政政策与紧缩性货币政策的组合，这种政策可以有效抑制需求膨胀与通货膨胀，但也会带来经济停滞。③松紧搭配类型，具体包括两种情况，一是紧的财政政策和松的货币政策组合，这种组合在控制通胀的同时，可以保持适度的经济增长，但货币政策过松，也难以制止通货膨胀；二是松的财政政策和紧的货币政策，这种政策组合可以在保持适度的经济增长的同时尽可能地避免通货膨胀，但长期使用这种政策，会积累大量财政赤字。一般而言，如果社会总需求明显大于社会总供给，则应采取紧的政策实施，以抑制社会总需求的增长；如果社会总需求小于总供给，则应采取松的政策实施，以扩大总需求。

从上述两大政策的搭配类型可以看出，财政政策和货币政策调控经济的侧重点不同。①货币政策可能更多地侧重于总量的调节，而财政政策可能更侧重结构性的调节。②财政政策对收入分配的调节作用比较突出；而货币政策可能更多地侧重于保持币值的稳定。③财政政策在治理通货紧缩的时候作用更突出；而货币政策在治理通货膨胀的时候作用更突出。

二 央行独立性的政策和实践历程

新中国成立以后的计划经济管理体制基本模仿了苏联，尽管这个时期银行在国民经济建设中发挥了积极的作用，但由于体制所限，中国人民银行的地位实际上就是政府的一个会计、出纳单位。不仅如此，在十年动乱的"文化大革命"期间，连以计划经济为特征的金融体制也难以维持，银行业务基本停顿，仅仅保留了发行、出纳职能。在这种情况下，国务院决定银行系统同财政部门合并，中国人民银行总行并入财政部，各省市分行与财政厅（局）合并。人民银行办公厅综合部门并入财政部相应部门，单独设立一个银行业务组，主管相关业务。

改革开放后，逐渐确立了市场经济的改革导向，原有的融资体系越来越不适应经济的发展需要。1979年8月28日，经国务院批准，中国人民银行从财政部独立出来，履行中央银行职能。同年，中国农业银行再度恢复，中国银行从人民银行分设，中国人民建设银行从财政部分设，形成三家专业银行。由此中国初步形成了以中央银行为中心、以专业银行为主体、其他金融机构并存的新型的金融体系。1983年9月17日国务院发布了《关于中国人民银行专门行使中央银行职能的决定》，正式宣布了中央银行制度的确立。中国工商银行也于1984年1月1日正式挂牌，承担原来由人民银行办理的工商信贷和储蓄业务。四大专业银行也逐渐转变成商业银行，后来政策性银行、股份制商业银行和城市商业银行相继成立，完善的银行体系架构基本形成。

1995年3月通过的《中华人民共和国人民银行法》确立了央行的地位、权限和职责，并明确规定央行独立于财政，独立于地方政府，并且不允许对财政透支，不允许直接认购和包销政府债券，不允许向地方政府、各级政府部门提供贷款。这条法律的颁布具有重要的时代转折意义，在一定程度上加强了中央银行的独立性。这次改革强调了中央银行的统一的宏观调控，取消了人民银行分支行的一些贷款规模和再贷款的一些调剂权利，特别重要的是中央银行主动地取消了自己的利润留成。为进一步减少地方对央行工作的干预，确保央行独立性，从1999年1月1日开始实行大区行制度，九个派出的分行是中国人民银行天津分行、中国人民银行沈阳分行、中国人民银行上海分行、中国人民银行南京分行、中国人民银行济南分行、中国人民银行武汉分行、中国人民银行广州分行、中国人民银行成都分行、中国人民银行西安分行。但是大区行制度也存在管理层级过多、各省模式不同、信息反馈不及时、货币政策贯彻不畅等问题，还存在人民银行官员级别相对地方主要领导较低难以实现独立性的问题，2019年人民银行又在酝酿重回省级分行管理体系的改革，目前正在逐渐推进，预计2020年完全落地。

三　财政和金融之争

2018年7月13日央行研究局局长徐忠发表一篇题为《当前形势财政政策大有可为》的文章，引发了有关央行与财政部、金融与财政的热烈讨论。7月16日，署名"青尺"的财政部官员在财新网发表了一篇题为《财政政策为谁积极？如何积极？》的回应，反驳了徐忠的一些观点。二者的争论主要存在三个层面：积极财政政策是否真的积极？财政对国有金融机构注资和改善治理了吗？治理地方债务是否考虑财政风险金融化？

徐文认为预算管理不健全，导致财政运行存在顺周期性，没有发挥好逆周期宏观调控的作用。财政赤字并不是越少越好，更不是收入增长越多越好。为了防范和化解金融风险，金融部门正在去杠杆，货币政策实际上是稳健中性的。在这种背景下，财政政策应该是积极的，然而现在看到的情况是，财政收入以较高的速度增长，今年预算安排的赤字率是2.6%，与去年3%的水平相比是紧缩的。即使按照一些财政专家所测算的，实际的赤字率可能达到3%，那也不是积极的。因为对地方债务控制后，总的财政政策不可能积极。没有赤字增加的积极财政政策就是耍流氓。青尺则反驳不能将赤字规模与积极财政政策的力度简单等同起来。提出查阅2018年预算报告，可以看到有关线索："统筹收入、赤字、专项债务和调用预算稳定调节基金，适度扩大财政支出规模"。上述表述说明，虽然官方赤字口径未发生变化，但财政部门在实际操作中已统筹考虑多种渠道加大积极财政政策力度。徐文还提出提高财政支出效率，不能一边降税一边加大税收征管力度。

徐文认为履行好国有金融机构出资人职责关键是做好两项工作。一是要充实国有金融机构的资本金。从国有资产管理体制角度而言的国有资本，是经济学中的"资本"概念，而非会计上的"资产"概念，国有企业只有减去负债后的"净资产"所有权才属国家所有，才是真正的"财富"。从金融业的角度看，现有国有金融企业的国有资本在很大程度上是不真实的，有的是自己为自己注资，有的注资早已消耗殆尽。之前的历次注资，财政并没有真正掏钱，"特别国债"实际是在央行的帮助下财政发债银行买、银行自己为自己注资，没有真正增强银行吸收损失的能力。一些金融机构股份制改革过程中设立的共管账户，也属于类似的性质。当前经济存在下行压力，金融去杠杆导致金融机构资产从表外回归表内，资本短缺的问题显得尤为突出，财政做实国有金融机构资本更加重要。为了增强防范和应对金融风险的能力，必须以财政资金真实地向国有金融机构注入资本。二是通过银行董事会结构多元化，提高董事会专业性，提升国有金融机构的公司治理水平。如果光是派人、给国有金融机构当"婆婆"，不能改善公司治理，我估计将来中央可能需要出另一个文件，授权人民银行或其他部门来履行出资人职责。青尺反驳说质疑中央财政没有真正掏钱，这种说法是很不专业的。1998年全国财政收入只有9800多亿元，发行2700亿元特别国债不是一个小数。回过头来看，当时设计出一整套合乎市场经济规律的注资方案,是值得称道的。放到今天来看,财政发债注资商业银行,举债的同时形成收益率较高的资产,同时央行释放流动性,缓解资金面紧张,实属十分正常的协同操作。只不过20年前市场主体和手段有限,定向发行国债、降准备金率和被注资的对象都同为四大行而已。当年财政注资银行,就是加大积极财政政策力度的重要体现,后来财政对于商业银行股改的支持也是毋庸置疑的。从一直存续的特别国债及付息,到后来银行不良资产转为优质债权,这些都是实实在在的钱和权益,最后承担者是全体纳税人,岂能转身一笔勾销变成了靠银行自己和央行"帮助"呢?进一步设想,若1998年不采取这个注资方案,解决问题还有几种可能:央行直接放水当出资人,财政挤掉大量民生支出用于注资银行,财政以高息举债注资而后用更多的财政收入偿还;如果采取这些做法,最终利益受损的是谁呢?

关于地方债务清理,徐文提出在没有理清楚政府与市场的边界、财政与金融的边界之前,将一些隐性债务划到政府债务之外,一推了之,这对化解风险本身没有帮助。这种做法可能引发地方政府的道德风险,偿债意愿降低,将财政风险转嫁金融部门势必增加金融机构出现坏账的风险,甚至引发系统性风险。事实上,地方政府的资产负债是同时扩张的,有些基础资产的质量还是相对良好的,可以对其债务偿还形成一定的担保。地方政府的去杠杆不能只关注负债方,更要关注资产方,完全可以通过资产出售、兼并重组等方式来缓解债务风险。青尺反驳说金融机构在地方债乱象中,很大程度上扮演着"共谋"或"从犯"的角色,绝不是只会产生幻觉和弱势的"傻白甜"。地方政府不规范举债的各类形式、各个环节,几乎都有不同类型金融机构参与,其包装操作之复杂,远超出基层财政部门的工作水平。在以前地方举债处于灰色地带的情况下,不可能像发行政府债券一样明面上公平竞争,金融机构在帮助地方政府融资时,自然设计对自己最有利的方案,既要确保刚性兑付,又要将自身收益最大化。考虑到地方政府融资冲动十分强烈,难说双方究竟孰强孰弱,甚至在预算法修订和地方债清理规范之后,还有金融机构强势要求地方政府违法违规对非政府债务进行担保。

从具体论述可以看出,二者争论的核心是财政风险金融化。中国地方政府融资模式从过去的"土地财政+平台贷款"模式向"土地财政+隐性负债"模式转变,通过明股实债的PPP项目融资、政府引导基金和专项建设基金等方式规避对地方融资平台融资功能的限制,地方政府债务风险攀升且高度不透明,财政风险可能直接转化为金融风险。截至2017年末,中国地方政府债务余额16.47万亿元,加上中央财政国债余额13.48万亿元,政府债务余额为29.95万亿元,政府负债率(债务余额除以GDP)为36.2%。在地方层面,地方政府利用财政等手段干预金融资源配置,通过财政存款、财政补贴、高管任免奖励等手段诱导金融机构加大对当地经济建设的资金支持。在中央层面,也存在财政责任转嫁。在1997年国有商业银行剥离不良资产、1999年金融资产管理公司对央行举债、2003年以来对证券公司等金融企业重组注资过程中,中央银行提供大量金融稳定和金融改革再贷款,承担了本应由财政承担的责任。

财政政策与货币政策之间的冲突仍然较多。"财政政策缺位、货币政策被迫补位"。货币政策属于总量调控政策,侧重于短期总需求调节,结构调整并非强项。因此,经济结构调整应"以财政政策为主和货币政策为辅"。而中国的实践中,由于政府职能转变滞后,财政在"三农"、教育、医疗、社会保障、自主创新、节能减排、生态保护等领域的投入严重不足,历史欠账问题没有完全解决,资金缺口仍然较大,倒逼货币政策不得不承担部分结构调整的职能,影响了宏观调控的总体效果。国债的发行规模和期限,简单从财政功能出发,只考虑财政赤字、平衡预算以及降低发行成本的需要,忽略国债的金融属性及其在金融市场运行和货币政策调控中的重要作用,导致国债收益率作为金融市场定价基准的作用无法充分发挥。

四　财政与金融的协调平衡

破解财政与金融失衡的体制根源，有必要从以下方面入手：

一是划清政府和市场的边界，推动财政与金融双归位。市场在资源配置中起决定性作用，更好发挥政府作用。政府应避免对经济活动的直接干预，减少对私人部门的挤出，将资源配置的主导权留给市场，并为市场更好地发挥资源配置功能创造条件。推动建设财政向公共财政转型，核心是财政尽量不直接参与经济建设和市场活动，主要为维护市场提供必要的公共物品和公共服务。要主动限制财政及其他广义政府经济活动，为市场的培养和发展拓展空间，使社会融资更多地流向企业和个人，把投资机会和风险让渡给市场，使市场参与主体在分散决策、试错与创新中发现新的经济增长点。发展中的问题还需要通过发展解决，支持企业通过市场化手段优化债务结构和资本结构、降低融资成本、分散风险。鼓励高成长、高盈利的中小企业和民营企业通过债券融资优化资本结构。建立健全地方政府举债行为的监督机制，加强信息集中披露，并将政府债务管理纳入考评机制。

二是加强财政政策与货币政策的协调，形成政策合力。货币政策侧重于短期总需求调节，以保持价格稳定和经济总量平衡，为供给侧结构性改革提供适宜的货币金融环境。财政政策应更侧重于经济结构调整，发挥对定向调控的支持作用，服务于中长期经济发展战略。进一步理顺财政部和央行之间的关系，政府债券发行应充分考虑对金融市场的影响和作用。金融业去杠杆要考虑外部性，仍需要监管机构加大协调和整合力度，防止资金聚集造成的资产价格上涨，尤其是需要斩断金融资产和房地产价格交互放大的渠道，回归住房的商品属性。对暂时存在经营困难、未来市场潜力巨大的企业加大直接融资比重，鼓励实施债转股、债务置换，提升企业再融资能力。要有效运用财税、金融、汇率等政策工具，多措并举切实降低实体经济的运营成本和创新成本。

第三节　土地财政的本质是金融

一　土地财政具有重要的金融性

土地财政虽有财政之名，但具有重要的金融工具性。一是土地使用权出让是长期行为，不管是50年还是70年都是长期的使用权出让，这种未来收益贴现成价格的定价方式正是金融工具、金融资产独有的定价方式。第二个原因是土地使用权出让收入也属于政府性基金收入，而政府性基金收入的名称就体现了其金融性，具有专项用途、具有现金流量特点。

各区域对土地财政依赖表现出显著的周期性变化，而且这种周期和利率周期高度吻合。利率对土地市场的影响主要体现在影响土地市场的价格进而影响土地交易的规模。东部地区虽房价与地价高于中西部地区，但由于财政收入基数大，土地财政依存度相对来说并不高。尤其是对于杭州、深圳等这些产业转型升级较好的城市来说，土地财政的重要性在逐渐下降。东部地区市场化程度较高，发展辖区经济的渠道亦更为丰富，而中西部地区政府可选择的融资工具相对较少，由于市场化进程较低，财政收入偏低，发行的债券利率更高，所以通过土地市场融资相对更重要，使得政府或企业融资需求对成本更敏感，土地财政相对于需要支付利息的债权融资性债务来说是一个备选。因此土地财政这种特征一方面说明了土地财政具有历史阶段性，另一方面说明了土地财政的准金融工具属性。

二　土地财政是地方政府的信用工具

土地财政表面上看地方政府通过进入土地市场获取收入，实际上是通过金融市场的资源时空转换功能把未来若干年的土地权益贴现化到现在形成的价格。这个价格的高低主要受到未来的土地收益以及贴现率的影响，贴现率同时间段全国几乎差不多，各区域土地收入差别就在于未来土地收益，而未来土地收益又受到地方的公共服务水平、人口流入状况、经济发展前景、生活品质、营商环境等等因素影响，这些因素又受到现在政府的政策的影响，是一个内生性的东西。所以一个理性的土地市场购买方愿意花高价购买土地和房产其实对现在的政府和将来的政府投上了信任的一票。

厦门大学教授赵燕菁在《土地财政：历史、逻辑与抉择》里面系统论述了土地财政作为中国城市化的"最初的信用"的观点。他提出不同于西方国家抵押税收发行市政债券的做法，中国土地收益的本质，就是通过出售土地未来的增值（70年），为城市公共服务的一次性投资融资。中国城市政府出售土地的本质，就是直接销售未来的公共服务。如果把城市政府视作一个企业，那么西方国家城市是通过发行债券融资，中国城市则是通过发行的"股票"融资。因此，在中国，居民购买城市的不动产，相当于购买城市的"股票"。这就解释了为什么中国的住宅有如此高的收益率——因为中国住宅的本质就是资本品，除了居住，还可以分红——不仅分享现在公共服务带来的租值，还可以分享未来新增服务带来的租值！因此，中国的房价和外国的房价是完全不同的两个概念——前者本身就附带公共服务，后者则需另外购买公共服务。在这个意义上，"土地财政"这个词，存在根本性的误导——土地收益是融资（股票），而不是财政收入（税收）。在城市政府的资产负债表上，土地收益属于"负债"，税收则属于"收益"。"土地金融"或许是一个比"土地财政"更接近土地收益本质的描述。

中央财经大学经济学院路乾教授则在《"土地财政"是中国伟大的制度创新吗？》一文中对此提出了反驳。认为赵文颠倒了土地增值与城市快速发展的因果关系。并非因为土地财政提供了基础设施，城市发展才快，而是因为人们对未来有良好的预期，企业和劳动力才会来到这座城市，为逐渐升值的房价买单，地方政府建设基础设施的投入也才有回报。先有经济活动，才有地价的上升和公共服务的完善。这与特斯拉的股价估值高、利润低的道理是一样的。并不是因为前期投资高，特斯拉就一定会有市场和利润，而是因为投资者预期特斯拉在未来有市场和利润，才会愿意在前期投资。深圳等城市的发展不是靠土地财政。实际上，土地收入在深圳财政收入中占比不到10%。深圳的发展是因为毗邻香港、有更开放的市场制度等政策优势，从而吸引了企业和人才，并进一步促进了基础设施建设。工业园区向城市的转型，也不是因为土地财政，而是经由招商引资聚集了人气，从而带来了城市的兴起和公共服务的提升。赵文忽略了企业家、产业转型、人口迁徙等因素在城市化中的作用，颠倒了因果关系。

二者的争论主要涉及一些充分条件、必要条件的关系，有一些基本概念二者的定义也不相同。本书认为赵燕菁教授的观点可能更接近实践，路乾教授更偏重理论分析一些。双方的理论框架都不算是太主流的经济学观点（前者是后凯恩斯主义，后者是新制度经济学），相对来说赵教授的观点可能还更主流一点。赵教授对于城市发展的具体运作和金融货币比较了解，而路教授显然对于内生货币和外汇占款机制不太清楚。不过二者虽有争论，但是也有认可需要改革土地制度的共识。长期来说，路教授提出的制度重要、产权重要是对的，但是短期的机制可能需要进一步研究。识别土地财政和经济发展的关系当然是类似于先有鸡还是先有的蛋的问题，如果考虑借鉴计量经济学中的工具变量的方法，这一问题思考更清晰一点。当限购政策出台后，那些限购政策比较严厉的城市是不是发展更加高效率呢？

三　土地财政扭曲了微观企业的资金配置

我们研究发现在土地财政的冲击下，银行信贷资源对于国有企业的倾向配给的确助长了国有企业的过度负债行为,地方政府债务显著地挤出了企业杠杆率。尽管国有企业经营效率相对较低,但由于政府部分或完全承担企业的债务风险责任,以及这类企业更容易获得银行信贷的青睐,企业自身的道德风险叠加导致这类企业出现过度负债行为,引致债务风险。国有企业尤其是地方国有企业本身在土地的存量市场占有了大量的土地,在土地交易市场因为存在各种倾斜性政策也更容易成为土地财政的利益获得者,更不用说政府成立的投融资平台公司直接管理土地资产。如下表所示,100个大中城市的数据住宅用地单价十年来上涨数倍,而工业用地单价几乎没有变化。

表2—2　　　　　　　　　不同性质用地土地价格

年份	100个大中城市:供应土地挂牌均价:住宅类用地（元/平方米）	100个大中城市:供应土地挂牌均价:商服用地（元/平方米）	100个大中城市:供应土地挂牌均价:工业用地（元/平方米）
2008	889.95	1,074.65	306.22
2009	1,116.11	1,193.14	292.05
2010	1,382.69	1,198.06	284.69
2011	1,445.76	1,456.14	314.79
2012	1,473.07	1,286.65	284.31
2013	1,715.57	1,541.31	294.18
2014	2,085.13	1,582.79	296.11
2015	2,291.66	2,065.46	291.41
2016	2,913.74	2,067.86	297.25
2017	3,978.33	2,812.68	290.97
2018	4,125.06	2,710.37	296.70

数据来源:Wind。

近年来非金融企业部门杠杆率迅速上升:从2011年9月的100%上升至2017年第一季度的157.7%。在违约金额方面,2018年债券市场涉及违约金额达1154.5亿元,创历史新高。东北特钢、兵团六师、海南航空等债券违约均造成舆论热点。若高杠杆率一直维持在较高水平且债市违约风险高企，则会限制企业的负债融资能力，甚至诱发企业债务危机，进而传导增加全社会的金融风险。分析发现，近年来中国非金融类上市公司资产负债率偏高主要体现在国有企业上。地方政府高度依赖土地出让收入偿债使得土地财政的风险与地方债务的风险交织在一起。次贷危机后，四万亿元的刺激计划主要是投向了基础设施和国有企业。对于政府来说，在应对风险、抵御衰退的时候，国有企业最能贯彻政府意图，倾向于增加土地投资从而稳定经济。对于银行来说，国有企业的隐性政府担保以及土地资产抵押价值较大，都使得商业银行更倾向于对国有企业放贷，这样就放大了国有企业的杠杆率。在预算软约束和道德风险在经济下行需要刺激的时候变成了可以信赖的刺激政策工具，而一旦收紧银根、大规模去杠杆则首先紧缩民营经济的资金供应，这也是2018年债券违约大爆发的原因。

第四节　房地产泡沫

一　房地产泡沫衡量

对中国房地产泡沫的担忧和争论已持续多年，但要想在房地产泡沫破灭前判断泡沫是否存在绝非易事。有几个重要指标值得关注，包括房价收入比、房地产相关杠杆及房地产建设规模等，而这些指标传达的信息有时候并不一致。

房价在很长一段时间内持续快速上涨可能是出现房地产泡沫的预警信号之一。但就中国而言，官方统计数据显示，城镇居民人均可支配收入增长通常超过了平均房价涨幅，使得平均房价收入比保持稳定甚至逐步下降。显然中国的房价收入比仍然高于大多数发达国家（平均在4—6年），且一线城市的房价收入比已从2000年的10年左右升至2016年的20年以上。房地产泡沫的另一个指标是租金回报率低迷且持续下降；

目前一线城市的租金回报率不断下降，且已跌破2%。除一线城市外，房价上涨速度并没有那么快，但租房市场规模较小，租金收益率也很低。从房地产投资指标来看，似乎占比也没有显著上升趋势，近年来一直在15%—20%的区间小幅波动。从这三种指标来看，之所以租金回报率走低是因为使用的是微观的城市的数据，其他两个指标是加总的或者平均的数据掩盖了不同层级或者不同区域城市数据的分化，说明整体上房地产泡沫可能不太严重，但是个别区域和城市有可能风险在积累。正如复旦大学陆铭教授反复强调的中国房地产市场上的基本问题是"空间错配"，在这样的背景下，即使泡沫存在，恐怕是房价高的地方泡沫小，倒是房价低的地方有泡沫。在房价的统计里，空置的房子都还没有算，这里算房价收入比的时候，它必须要有房价，大量空置的房子没有卖出去，它都没有在房价里面。中国的房价泡沫恐怕不是以房价高体现出来的，而是以房子卖不出去体现出来的。

表2—3　　　　　　　　　大中城市房价收入比

指标名称	50个大中城市房价收入比	50个大中城市房价收入比：一线城市	50个大中城市房价收入比：二线城市	50个大中城市房价收入比：三线城市
2010	12.30	20.03	11.38	11.31
2011	12.08	19.46	11.12	11.25
2012	10.74	17.72	9.82	9.97
2013	10.57	19.63	9.88	9.26
2014	10.63	20.57	9.75	9.06
2015	9.93	20.60	9.04	8.16
2016	10.53	24.17	9.46	8.19
2017	11.21	24.98	10.15	8.81
2018	11.36	23.72	10.37	9.23

数据来源：Wind。

房价收入比=每户住房总价÷每户家庭年总收入，其中，每户住房总价和每户家庭年总收入的计算公式分别如下：每户住房总价=人均住房面积×每户家庭平均人口数×单位面积住宅平均销售价格，每户家庭年总收入=每户家庭平均人口数×家庭人均全部年收入。

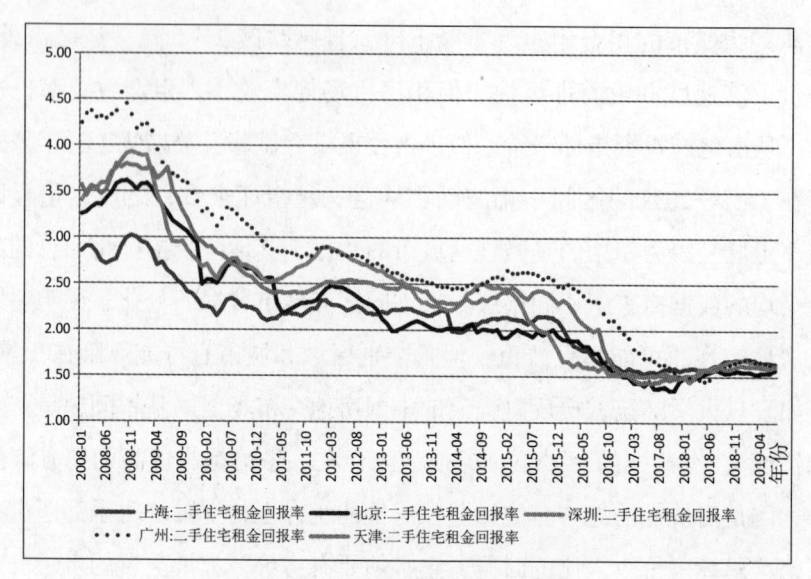

图2—2 部分大城市租金回报率

数据来源：Wind。

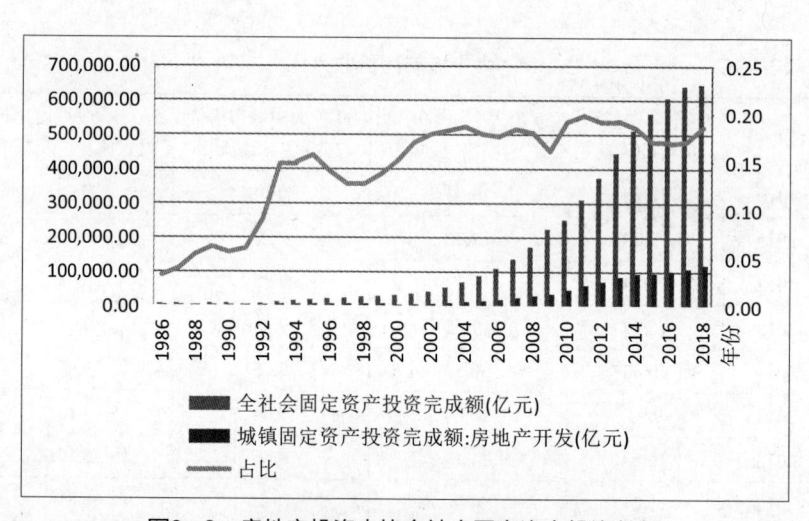

图2—3 房地产投资占比全社会固定资产投资份额

数据来源：Wind。

  2018年个人购房贷款25.8万亿元，同比增速17.8%。中国过去十几年房贷增速一直高于整体银行贷款增速，且在2015—2016年明显提速。目前房贷占存量银行贷款的18%左右。购房者整体杠杆率不高，也不易受加息的影响，且在房价下跌时继续持有房产的能力较强；这意味着因房价下跌导致房屋成为"负资产"而触发卖房或断供等恶性循环的冲击可能较小。

二 房地产下行影响

房地产行业可以说是中国经济中最重要的行业之一。如前所述，房地产开发投资（包括住宅和商业地产）占全社会固定资产投资的20%左右，建筑业与房地产业增加值约占GDP的13%。房地产业与钢铁、水泥、玻璃、机械、家电及汽车等部门存在重要的联动关系。如果房地产下行，将会严重影响国民经济发展。

房地产下行主要是影响经济建设活动的供应链，当然也影响居民的资产负债表。鉴于房贷价值比相对较低、购房者杠杆较温和且住宅权益贷款才刚刚起步，房价下跌、房屋成为"负资产"而卖房或断供的恶性循环的冲击可能较小。但是房价下跌的负面财富效应会拖累消费，尤其是汽车和家电消费。即便房价没有大跌，建设活动显著下行也可能通过供应链对经济产生较大影响。不仅房地产投资和建设活动乏力，大宗商品、原材料及机械产品（如钢铁、水泥及工业机械）的需求也将受影响，抑制采矿业和工业生产及投资，严重拖累相关行业的收入及现金流。另一方面，受直接（表内信贷敞口）和间接（表外敞口和抵押物）两方面影响，银行的资产质量将恶化。

如果中国的房地产下行，将拉低国际市场大宗商品（例如钢铁、铜、塑料等等）价格，对这些大宗商品的进口量会显著下跌，中国的贸易顺差会扩大。21世纪初以来的房地产建设热潮拉动中国基本金属和能源进口量快速增长。中国目前是世界大多数工业和能源大宗商品的最大消费国，且房地产行业的大宗商品密集度非常高，因此中国房地产下行会通过出口下跌进而拖累全球大宗商品价格。巴西、澳大利亚及智利等大宗商品出口国受中国内需的影响较大，韩国和德国等向中国出口投资品的国家也将受到波及。此外，即便出口乏力，进口和大宗商品价格下降也会导致中国贸易顺差扩大。

房地产下行会严重拖累地方财政和银行资产质量，可能会引起连锁反应。这反过来也会促使决策层调整房地产政策、加大财政支持以抵消部分负面影响。房地产行业调整可能导致中国债务问题恶化，并给人民币汇率带来更大的贬值压力。考虑到房地产行业在经济中的重要性且金融行业的对房地产存在较大的信贷敞口，房地产下行会加重金融压力。一旦房地产销售和建设活动走弱，房地产及相关行业的收入及利润也将恶化，偿债能力受损、银行坏账增加。为了稳增长，地方政府不得不扩大举债规模（其收入也会受到冲击）。此外，人民币贬值压力也可能加剧。

三　历史上的房地产泡沫

（一）日本1986—1991年房地产泡沫

1985年日本经济空前繁荣，"买下美国""日本可以说不"盛行。在低利率、流动性过剩、金融自由化、国际资本流入等刺激下，1986—1990年日本房地产催生了一场史无前例的大泡沫，仅东京都的地价就相当于美国全国的土地价格。美国施压签订广场协议①后日元升值，日本为扩大内需实行了低利率政策，大量资金流向股市和房地产。随后在加息、管制房地产贷款和土地交易、资本流出等压力下，房地产大泡沫轰然倒塌，随后房价步入漫长下跌之旅，日本经济陷入失落

---

① 1985年9月，美国财政部长詹姆斯·贝克（James Baker）、日本财长竹下登（Takeshita Noboru）、联邦德国财长杰哈特·斯托登伯（Gerhard Stoltenberg）、法国财长皮埃尔·贝格伯（Pierre Beregovoy）、英国财长尼格尔·劳森（Nigel Lawson）等五个发达国家财政部长及五国中央银行行长在纽约广场饭店（Plaza Hotel）举行会议，达成五国政府联合干预外汇市场，使美元对主要货币有秩序地下调，以解决美国巨额的贸易赤字。因协议在广场饭店签署，故该协议又被称为"广场协议"（Plaza Accord）。

的二十年。

（二）中国 1992—1993 年海南房地产泡沫

1992 年总人数不过 655.8 万的海南岛上竟然出现了两万多家房地产公司。1990 年到 1992 年短短三年，房价增长超过 4 倍。1993 年 6 月 23 日国务院副总理朱镕基发表讲话，宣布终止房地产公司上市、全面控制银行资金进入房地产业。房地产泡沫破灭后海南出现 600 多栋"烂尾楼"、18834 公顷闲置土地和 800 亿元积压资金，仅四大国有商业银行的坏账就高达 300 亿元。开发商纷纷逃离或倒闭，不少银行的不良贷款率一度高达 60% 以上。1998 年 6 月 21 日，央行不得不宣布关闭海南发展银行，这也是新中国首家因支付危机关闭的省级商业银行。

（三）东南亚 1991—1996 年房地产泡沫与 1997 年亚洲金融危机

1997 年之前，东南亚经济体持续高增长，创造了"亚洲奇迹"。但是，在全球低利率、金融自由化、国际资本流入、金融监管缺位等刺激下，大量信贷流入房地产，催生泡沫。东南亚国家的房地产价格急剧上涨，其中印尼在 1988—1991 年内房地产价格上涨了约 4 倍，马来西亚、菲律宾和泰国在 1988—1992 年内都上涨了 3 倍左右。随后在美联储加息、国际资本流出、固定汇率制崩盘等影响下，资产价格暴跌，房市泡沫破裂。亚洲金融危机后十余年来，大多数东南亚国家经济基本处于停滞和恢复阶段。

（四）美国 2001—2007 年房地产泡沫与 2008 年次贷金融危机

在过剩流动性和低利率刺激下，催生出 2001—2006 年间美国房地产大泡沫。长期的宽松货币和低门槛贷款政策刺激了低收入群体的购房需求，同时也催生了市场大规模的投机性需求，证券行业推出的资产证券化和保险业推出的住房贷款保险产品以及二者叠加的信用违约互换（credit default swap，CDS）衍生品使得房地产泡沫的破灭出现只是一个时间问题。美国房地产市场从 1997 年开始持续扩张，尤其自 2001 年起更加快速增长，占 GDP 比重由 2001 年年底的 15.9% 上升为

2006年年底的19.7%,住宅投资在总投资中的比重最高时达到32%。2004年美联储开始加息,2008年美国次贷危机爆发,并迅速蔓延成国际金融危机。虽然主要经济体采取量化宽松和零利率政策加以应对,但是全球经济至今仍未完全走出国际金融危机的阴影。

从历史经验中可以发现,房地产行业是典型的周期性行业,对经济的其他部门也有一定外溢性。在房地产泡沫尚未形成时期,基本面都有良好的支撑,例如城市化、满足低收入居民住房需求、收入稳定上升等等,这时候房地产还是作为其消费品的属性为主,但是一旦金融属性凸显,信贷条件宽松、利率水平较低,投机需求旺盛,房地产价格会加速上升。金融工具具有明显的顺周期性,当房地产繁荣的时候推波助澜,当房地产市场萧条的时候会落井下石。这种剧烈波动正是金融危机的温床和表现。关键是如何判断由消费品属性转向金融投资属性的转折点,这其中的指标监测和预警至关重要,信贷资源配置在房地产行业的比例也许可以作为一个很好的指标。

第三章 经济新常态下中国更要重视发展实体经济

第一节 实体经济尤其是制造业的重要性

一 实体经济的内涵

实体经济（Real Economy）①和土地财政（Land Finance）的概念一样，最初出现的时候并不是一个严谨的学术概念，很可能是实务界或者新闻界为了读者便于理解创造的中国式词汇。实体经济和虚拟经济（Fictitious Economy）相对应，虚拟经济又来源于马克思经济学中的虚拟资本。黄群慧（2017）曾经对于实体经济的概念做出定义，参考其分类，本书提出了实体经济的三个层次。实体经济的第一个层次就是制造业（Manufacturing Industry）或者工业（Industry）。制造业、工业是现代文明的集中体现，是一个国家综合国力最根本的表现之一。按照国家标准《国民经济行业分类》（GB/T4754-2017），制造业包括31个分类。制造业加上采矿业和电力、热力、燃气及水生产和供应业构成了工业。实体经济的第二个层次是第一产业和第二产业，其中第一产业主要是指农、林、牧、渔业，第二产业是工业加上建筑业。实体经济的第三个层次是第一产业和

---

① 经济学教科书里面有名义变量和扣除价格因素的实际变量，但是实体经济这个词应该是没有考虑到价格因素，所以也不可类比。

第二产业以及除了金融业和房地产行业外的其他服务业。其中特别需要指出的是服务业中的生产性服务业很多由于分工发展或者科技进步是从工业或者农业中分离出去的。生产性服务业的行业分类范围一般包括以下细分行业：交通运输、仓储和邮政业、信息传输、软件和信息技术服务业、批发业、金融业、租赁和商务服务业以及科学研究和技术服务业。

金融业和房地产业一般作为虚拟经济的代表，这些行业的定价方式不像是工业制造业的成本加成模式，而是采取预期收益贴现的方式定价。互联网经济由于和投资基金紧密相连，互联网公司也会采取这种方式定价。以中国为例，大量互联网公司为了追求规模，表面恶性竞争实为追求垄断，以至和金融业捆绑烧钱。所以有时候互联网产业也会分类为虚拟经济。当然即使作为虚拟经济，这些产业对于整个经济运行依然起到不可替代的作用。金融业为实体经济提供资金融通，房地产业提供生产和生活必需的场所，互联网提供信息和资源的交换，它们都对经济的平稳和健康发展起到巨大的支撑和保障作用。从这个意义上，虚拟经济并不是贬义词，而是中性的。只有当虚拟经济过度发展的时候，才需要我们关注和预警并采取一定的措施进行限制。

二 发展工业制造业的重要意义

从上面三个层次来看，实体经济狭义的定义就是制造业。制造业是工业乃至整个国民经济重要的支柱产业，是工业化和现代化的主要引擎，是实现经济高质量发展的重要支撑力量。制造业是国民经济的主体，是兴国之器、强国之基。2015年，党的十八届五中全会通过的《中共中央关于制定国民经济和社会发展第十三个五年规划的建议》明确指出，加快建设制造强国，实施《中国制造2025》。2017年，中共十九大报告再次明确指出，加快建设制造强国，加快发展先进制造业。

中国已成为制造大国并具备了制造强国的基础和条件。2018年，中国制造业增加值约为4万亿美元，而2018年美国的制造业增加值约为2.3万亿美元。中国制造业有着世界上门类最为齐全、独立完整的体系，具备强大的产业基础。中国制造业拥有巨大市场，在扮演拥有完整、灵活高效产业链的"世界工厂"的同时，还是世界最大的消费市场。中国一直坚持信息化与工业化融合发展，在制造业数字化方面掌握了核心关键技术，具有强大的技术基础。中国在制造业人才队伍建设方面已经形成了独特的人力资源优势；中国制造业在自主创新方面已经取得了一些辉煌成就，"上天"、"入地"、"下海"、高铁、输电、发电、国防等各个领域都显示出中国制造业巨大的创新力量。此外，中国的战略性新兴产业蓬勃发展，建立了具有自主知识产权的移动通信产业链条和庞大的通信网络，核电、太阳能发电、风力发电等新能源技术和装机容量走在世界前列。

发展制造业对于中国这样一个发展中国家来说尤其重要。

一是因为发展工业制造业具有巨大的规模经济优势。固定成本越大，产量越高，平均成本越低。工业制造业具有这种天然的优势，大规模生产可以迅速降低成本。而农业由于受自然资源和天气状况限制不具备这种规模经济优势。服务业尤其是生活性服务业生产和消费同时进行，需要的劳动力要素较多，也不具备这种优势。

二是工业制造业和技术创新具有天然的连接。因为有规模经济要素，因为有机器的固定成本，所以可以大量引进和使用先进技术。这样既是高新技术创新的需求方也是高新技术创新的供给方。这样工业的发展就可以成为引爆经济增长的导火索和源动力，也是经济积累的第一桶金，更是一国经济持续发展的源泉。而服务业由于鲍莫尔病其劳动生产率难以提高，一旦社会进入后工业社会，经济增速必然下降。当然现在由于信息技术、人工智能、互联网+等科技的发展，服务业的效率提高也很快，尤其是有些多种叠加高科技技术的服务业增速也比较快。但是从整体上看，还不足以扭转服务业相对工业制造业效率低的状况。

三是发展工业制造业可以扩大市场规模。工业制造业的产成品基本上都是可贸易品，可以跨地域流动，而服务业一般具有本地效应，很难运输。这种跨地域的特点促进了一个国家内部的统一市场的形成，促进了资金和劳动力的自由流动，也促进了全球化和资源的全球配置。市场扩大可以有更大的盈利空间，更大的盈利空间支撑工业制造业的进一步发展。

四是发展工业制造业是提高人类素质和收入的重要手段。工业生产可以很快扩大规模，对于一个快速发展的发展中国家来说，农业劳动力从农村转移到城市如果没有大量的工业制造业企业吸收是不可想象的。工业或者流水线工厂不仅仅给工人提供了收入，也使得原来松散的农民被自动组织成为一个可以动员的和激励的高度组织化的社会人，这也是工人阶级先进性的体现。劳动确实塑造了人本身，也改变了社会组织。工业不仅仅发展自身，也带动农业和服务业的发展，工业要求的原材料需要农业提供；工业集聚促进了服务业的发展。而且工业制造业的效率提高带来产业工人的工资上升，由于劳动力市场均衡，也会不断提高服务业的收入水平[①]，这也解释了为什么发达国家和发展中国家的理发师技术含量和劳动强度相同的情况下待遇差别高达数倍甚至数十倍，因为二者的工业制造业劳动效率差别巨大。当然工业制造业中的工人被机器设备和流水线支配，存在人的异化，但是这是劳动保护不够的问题。马克思主义认为生产工具代表社会生产力的发展水平，高度发达的工业制造业技术水平必然需要更高技能的产业

---

① 这里借鉴了巴拉萨—萨缪尔森效应的说法，巴萨效应是指在经济增长率越高的国家，工资实际增长率也越高，实际汇率的上升也越快的现象。当贸易产品部门（制造业）生产效率迅速提高时，该部门的工资增长率也会提高。一国内无论哪个产业，工资水平都有平均化的趋势，所以尽管非贸易部门（服务业）生产效率提高并不大，但是所有行业工资也会以大致相同的比例上涨。这会引起非贸易产品对贸易产品的相对价格上升。

工人去使用，这些逼迫产业工人提高自己的素质。而那些在服务业行业的雇员可以不考虑这些，送外卖的尽管很辛苦可以月薪上万，但是送上很多年还是送外卖，送外卖的技术水平和效率取决于工业制造业生产的运输工具和通信工具。

值得一提的是尽管发展工业制造业具有重大意义，但是一旦发展机会错过了，丧失了发展的机遇，也很难再次启动工业化，这也是后面提到的一些国家和地区很难走出中等收入陷阱的原因。包括美国提出的再工业化也是这样，由于劳动力成本特别高，工资具有黏性，由俭入奢易，由奢入俭难，简单加工业不可能重新回流美国，只可能是一些自动化程度比较高的工厂迁回美国，所以美国的再工业化很可能是竹篮打水一场空。

三　中国仍然处于工业化阶段

中国的人均收入仍然较低。尽管中国现在经济总量已经仅次于美国位居世界第二，但是人均GDP仅为全球七十名左右。人均GDP仅占美国的三分之一不到，这一巨大差距说明中国仍然有一定的经济增长空间。而实现人均收入向发达国家的收敛、跨越中等收入陷阱，从二战后的国际经验来看，只有日本韩国新加坡这几个东亚国家做到了。其中新加坡因为国土面积狭小，不具有比较意义。日本和韩国无一例外都是通过发展工业制造业实现人均收入的快速增加。国际数据对比还很容易发现，不仅是日韩，同为发达国家的法德等国都是在美国的人均收入40%—80%才开始出现工业制造业的占比下降（韩国是1991年工业增加值占比达到顶峰，日本、德国是1970年工业增加值占比达到顶峰，法国1961年工业增加值占比达到峰值）。根绝下表数据，即使采取根据购买力调整后的国际元计算，中国人均GDP依然还不到美国的三分之一，还有一定的发展空间。

表3—1　　部分发展中国家人均GDP和美国对比　　（单位：国际元）

年份	美国	中国		泰国		尼日利亚		巴西	
1980	12,179.56	250.16	0.02	1,060.23	0.09	785.60	0.06	3,443.37	0.28
1981	13,526.19	284.17	0.02	1,203.32	0.09	726.61	0.05	3,644.38	0.27
1982	13,932.68	324.11	0.02	1,318.78	0.09	749.57	0.05	3,891.42	0.28
1983	15,000.09	368.30	0.02	1,419.99	0.09	719.77	0.05	3,795.98	0.25
1984	16,539.38	434.47	0.03	1,528.75	0.09	693.36	0.04	4,042.25	0.24
1985	17,588.81	501.32	0.03	1,617.70	0.09	764.36	0.04	4,392.90	0.25
1986	18,427.29	549.39	0.03	1,712.31	0.09	780.82	0.04	4,751.79	0.26
1987	19,393.78	621.05	0.03	1,893.72	0.10	777.70	0.04	4,970.07	0.26
1988	20,703.16	703.87	0.03	2,179.90	0.11	861.87	0.04	5,042.48	0.24
1989	22,039.25	748.75	0.03	2,496.47	0.11	934.50	0.04	5,307.63	0.24
1990	23,954.48	986.57	0.04	4,298.56	0.18	1,958.69	0.08	6,639.80	0.28
1991	24,405.16	1,099.05	0.05	4,767.58	0.20	1,960.77	0.08	6,849.60	0.28
1992	25,492.95	1,268.27	0.05	5,221.55	0.20	1,963.96	0.08	6,862.53	0.27
1993	26,464.85	1,461.61	0.06	5,739.56	0.22	2,001.92	0.08	7,240.19	0.27
1994	27,776.64	1,668.58	0.06	6,278.17	0.23	2,012.25	0.07	7,669.74	0.28
1995	28,782.18	1,869.47	0.06	6,866.02	0.24	1,997.44	0.07	8,050.22	0.28
1996	30,068.23	2,070.77	0.07	7,310.94	0.24	2,082.83	0.07	8,248.99	0.27
1997	31,572.69	2,277.21	0.07	7,151.77	0.23	2,124.15	0.07	8,541.16	0.27
1998	32,949.20	2,458.63	0.07	6,600.54	0.20	2,151.05	0.07	8,529.82	0.26
1999	34,620.93	2,664.49	0.08	6,926.21	0.20	2,140.02	0.06	8,568.49	0.25
2000	36,449.86	2,933.32	0.08	7,314.54	0.20	2,247.89	0.06	8,987.19	0.25
2001	37,273.62	3,226.85	0.09	7,650.81	0.21	2,340.75	0.06	9,182.22	0.25
2002	38,166.04	3,551.66	0.09	8,153.16	0.21	2,404.96	0.06	9,468.48	0.25
2003	39,677.20	3,961.27	0.10	8,819.99	0.22	2,638.80	0.07	9,630.14	0.24
2004	41,921.81	4,455.21	0.11	9,546.00	0.23	3,534.05	0.08	10,324.93	0.25
2005	44,307.92	5,092.56	0.11	10,194.18	0.23	3,676.71	0.08	10,860.52	0.25
2006	46,437.07	5,883.72	0.13	10,977.61	0.24	3,994.77	0.09	11,502.27	0.25
2007	48,061.54	6,863.98	0.14	11,850.22	0.25	4,266.96	0.09	12,389.60	0.26
2008	48,401.43	7,635.07	0.16	12,272.74	0.25	4,502.21	0.09	13,140.87	0.27
2009	47,001.56	8,374.43	0.18	12,257.14	0.26	4,723.09	0.10	13,094.14	0.28

续表

年份	美国	中国		泰国		尼日利亚		巴西	
2010	48,374.09	9,333.12	0.19	13,309.42	0.28	5,019.19	0.10	14,114.59	0.29
2011	49,781.80	10,384.37	0.21	13,654.27	0.27	5,230.60	0.11	14,836.38	0.30
2012	51,603.50	11,359.51	0.22	14,725.40	0.29	5,389.89	0.10	15,408.08	0.30
2013	53,106.92	12,394.21	0.23	15,318.96	0.29	5,696.06	0.11	16,002.18	0.30
2014	55,032.96	13,481.86	0.24	15,699.37	0.29	6,008.10	0.11	16,242.29	0.30
2015	56,803.47	14,492.42	0.26	16,289.13	0.29	6,070.99	0.11	15,699.44	0.28
2016	57,904.20	15,548.10	0.27	16,956.97	0.29	5,882.06	0.10	15,221.55	0.26
2017	59,927.93	16,842.41	0.28	17,910.15	0.30	5,887.17	0.10	15,553.40	0.26

数据来源：Wind。

当前国际经济不确定性在美国主动引发贸易摩擦的情况下不断增加。旧的经济动能逐渐削弱，新的经济动能尚未完全形成。发达国家纷纷抢占新的产业和科技革命先机，发达经济体对工业尤其是高端制造业的重视前所未有。德国推行"工业4.0"战略，美国制定了先进制造业回归规划，日本提出振兴制造业计划等。与此同时，新兴经济体也加大了对低端制造业市场的争夺，近年来东南亚、墨西哥等国家和地区的工业制造业也在快速发展。党的十九大提出"建设现代化经济体系，必须把发展经济的着力点放在实体经济上"、"加快建设制造强国，加快发展先进制造业"正是对国内外经济格局变化把握的基础上作出的应对。

中国的国土空间广阔，区域差距巨大也为工业制造业的发展提供了较大的发展潜力。在中西部地区，第一次科技革命和第二次科技革命的成果尚未充分使用，机械工业、电子产品、现代通信等产业的产品仍有广阔的需求。根据中泰证券研究所所长李迅雷估算，国内至少5亿人还未用上马桶，9亿多人没有坐过飞机。工业品的需求是巨量的，而且不同区域不同发展阶段对于工业产品的使用周期也形成逐渐迭代。东中西部将会出现工业化后期、工业化中期、工业化早期共存的局面。东部地区的产业升级体现为这一阶段工业和服务业加快融合发展，高品质的产品和高水平的服务将取代低端制造业。而中西部地区仍然是体现第一产业的就业人数向第二第三产业转移这种结构的变化。因此，整体上尽管中国的服务业比重已超过半壁江山，但工业化仍将是引领中国科技革命和产业变革的主战场。

第二节 实体经济发展的困境

制造业增加值在21世纪初赶上德国，2006年超过日本，2010年追上了美国，现在已经稳居世界第一。中国不论是制造业的产量、进出口，还是从业人数都在全球领跑，成为名副其实的制造业大国。但应该清醒地看到实体经济发展还面临着很多的困难，发展趋势还有可能遇到陷阱，其原因和表现不外乎自身的原因、外部结构的原因、政策和制度的不完善。

一 制造业大而不强

经过多年发展，中国部分制造领域如5G、高铁等已从跟随模仿转到引领创新，但整个制造业技术创新能力离制造强国还有较大差距，尤其是产业共性基础技术和关键核心技术存在较大短板。中国工程院战略研究报告总结提出了"四基"：一是关键基础零部件；第二个是关键技术材料；第三个是先进基础工艺；最后一个是相应的技术支持，包括了技术标准。科技日报曾经整理了一些中国受制于人、可能随时被卡脖子的产品和技术：扫描电镜、数据库管理系统、高强度不锈钢、环氧树脂、超精密抛光工艺、医学影像设备元器件、锂电池隔膜、水下连接器、掘进机主轴承、透射式电镜、芯片、触觉传感器等等。

制造业人均产出效率同发达国家相比偏低，产业链条多处于低端加工。近年来，中国制造业的增加值率约为20%，远低于工业发达国家35%的水平。这说明中国制造业经济效率与产品附加值偏低,在全球产业链中处于中下游的分工地位。据2017年5月商务部发布的《中美经贸关系研究报告》显示,一台iPhone7最低售价649美元,总成本大约为237.45美元,其中归于中国的加工成本仅约5.96美元;在价值153.88美元的核心电子元器件中,中国仅1家公司参与电池供应,价值约2.5美元。也就是说,中国企业加工和提供电池总共获得8.5美元,而美国企业仅在提供核心元器件一项上就获得64美元。

制造业核心部件缺乏导致生产成本偏高。中国制造业大部分的核心部件都依赖进口,这就提高了中国制造业的生产成本。工信部资料显示,中国高端芯片与通用芯片的对外依存度高达95%,也即几乎95%的高档数控系统、高档液压件和发动机等都依靠进口。进口材料的成本上升、社会资产价格上涨等因素直接影响着中国制造业的成本,使其居高不下。制造业成本优势的逐渐消失,削弱了中国制造业的竞争力。

制造业科技研发投入不足。2017年规模以上工业企业研究与试验发展经费支出与主营业务收入之比首次突破1%,达到1.1%,即便如此仍然远低于发达国家2.5%的平均水平。在研发创新投入、研发创新产出以及研发创新的环境方面,中国制造业都与发达国家存在着显著差距,尤其是在制药、汽车、电子等产业。根据欧盟委员会《2018年欧盟工业研发投资排名》[①],前100名中有美国企业35家,欧盟企业32家,日本13家,中国8家,世界其他地区12家。

工业企业劳动力成本快速上升。随着刘易斯拐点的到来,劳动力总量逐渐下降的同时劳动力成本快速上升。前面已经论述了简单加工业的利润率较低,成本上升很快侵蚀了企业的利润空间。过去依靠劳

---

① 即2018年全球工业企业研发投入排名,这个排名主要是对全球46个国家和地区的2500家主要企业2017/18年度研发投入进行的调查。网站为 https://iri.jrc.ec.europa.eu/scoreboard18.html。

动力便宜形成的产能虽然很大，但是很快会被市场淘汰。劳动力的问题不仅存在总量不足，还存在结构性的问题。技工缺乏，技能型人才缺失，现有的高职和中职教育体系不能培养和提供同产业升级相匹配的劳动力，造成一些关键行业的技工更加缺乏，也限制了产业的长远发展。

二 提前去工业化

近几年来，中国第三产业在国民经济中的比重增长迅速，2012年中国第三产业增加值占比首次超过第二产业成为第一大产业，2015年第三产业增加值占比又首次超过50%，2018年占比达到52.2%。这和不少地方错误的发展思路有关，有的地方以为第三产业占比越高就等于经济越高级，不少地方提出优化产业结构的目标就是提高第三产业的比重。事实上第三产业发展好可以提高其比重，第二产业发展不好也可以提高其比重。本书认为中国存在提前去工业化去制造业化。一个原因是三次产业的产出效率没有显著变化。从三次产业的就业和产出对比来看，近年来第二产业和第一产业人均产出比值一直大于5，保持平稳状态。第二产业和第三产业人均产出比值则保持在1.2左右。说明第二产业的人均产出效率仍然较高，这和发达国家第二产业和第三产业人均产出几乎相等的条件不能完全相提并论。第二个原因是国际经验可以发现出现去工业化时期的人均国民收入多为中上收入水平，一般处于美国[①]人均国民收入的一半以上，而中国的人均国民收入尚不足美国的三分之一。

---

① 美国作为科技创新实力世界第一的大国，基本上代表了科技的前沿。同美国人均收入的差别也反映了劳动效率同世界前沿的差别。

表3—2　　　　　　　　　　中国三次产业人均产出

年份	第一产业就业人员人均产出	第二产业就业人员人均产出	第三产业就业人员人均产出	第二产业和第一产业人均产出比值	第二产业和第三产业人均产出比值
1978	0.04	0.25	0.19	7.03	1.37
1979	0.04	0.27	0.18	6.07	1.51
1980	0.05	0.29	0.18	6.13	1.55
1981	0.05	0.28	0.19	5.46	1.50
1982	0.06	0.29	0.20	5.03	1.44
1983	0.06	0.31	0.21	4.87	1.45
1984	0.07	0.33	0.24	4.38	1.36
1985	0.08	0.37	0.32	4.58	1.17
1986	0.09	0.40	0.35	4.55	1.15
1987	0.10	0.45	0.39	4.44	1.14
1988	0.12	0.54	0.48	4.58	1.14
1989	0.13	0.61	0.56	4.79	1.09
1990	0.13	0.56	0.51	4.33	1.10
1991	0.14	0.65	0.61	4.82	1.06
1992	0.15	0.82	0.74	5.45	1.11
1993	0.18	1.10	0.87	6.02	1.27
1994	0.26	1.47	1.08	5.67	1.36
1995	0.34	1.83	1.22	5.41	1.50
1996	0.40	2.09	1.34	5.24	1.55
1997	0.41	2.27	1.51	5.54	1.50
1998	0.42	2.35	1.67	5.66	1.40
1999	0.41	2.50	1.82	6.15	1.38
2000	0.41	2.82	2.01	6.90	1.40
2001	0.43	3.06	2.27	7.18	1.35
2002	0.44	3.45	2.45	7.81	1.41
2003	0.47	3.94	2.67	8.40	1.47
2004	0.60	4.45	2.93	7.41	1.52
2005	0.65	4.96	3.30	7.60	1.50

续表

年份	第一产业就业人员人均产出	第二产业就业人员人均产出	第三产业就业人员人均产出	第二产业和第一产业人均产出比值	第二产业和第三产业人均产出比值
2006	0.73	5.52	3.80	7.57	1.45
2007	0.90	6.27	4.74	6.97	1.32
2008	1.08	7.30	5.45	6.72	1.34
2009	1.16	7.60	5.99	6.54	1.27
2010	1.38	8.77	6.91	6.38	1.27
2011	1.68	10.07	7.92	5.98	1.27
2012	1.90	10.53	8.84	5.53	1.19
2013	2.19	11.31	9.38	5.15	1.21
2014	2.44	12.02	9.82	4.92	1.22
2015	2.64	12.43	10.54	4.72	1.18
2016	2.80	13.27	11.36	4.74	1.17
2017	2.97	15.25	12.21	5.14	1.25
2018	3.20	17.11	13.07	5.35	1.31

数据来源：根据wind数据计算，单位万元/人。

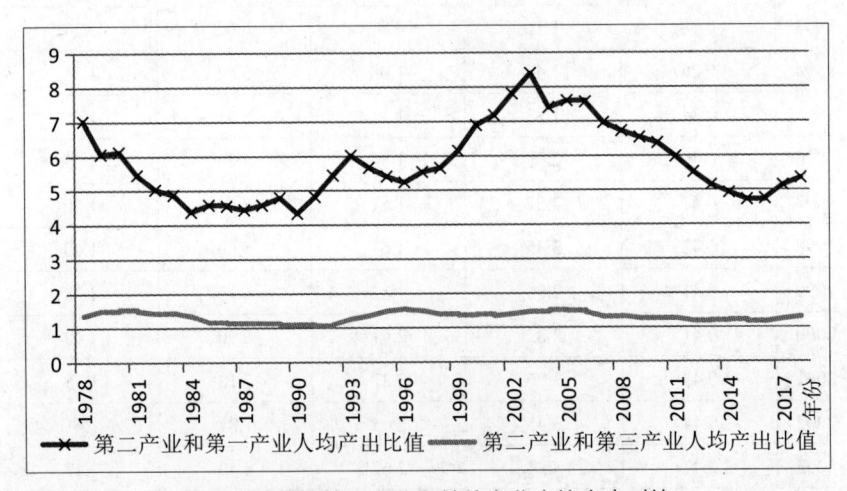

图3—1 中国第二产业和其他产业人均产出对比

数据来源：根据wind数据计算。

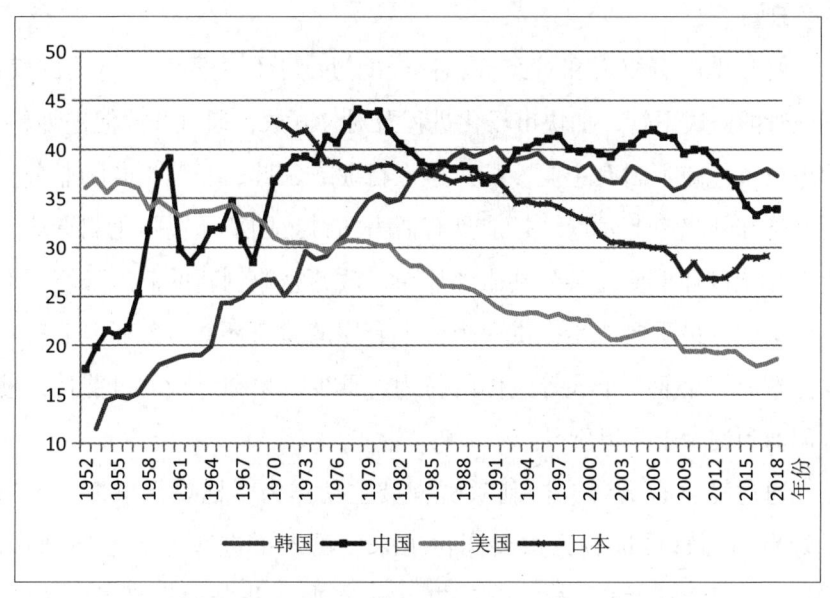

图3—2　部分国家工业增加值占比GDP的变化趋势

三　营商环境还需改善

近年来，中共中央、国务院高度重视优化实体经济发展环境，出台了一系列相关政策措施，坚定不移地推进简政放权、减税降费和深化"放管服"改革，营商环境得到进一步优化。但是仍存在一些地方政府乱作为或者不作为的现象，分析背后的原因并加以系统性整改就十分急迫。一是政府乱作为，主要表现是政府做得太多。政府通过各种直接和间接手段控制企业事业单位以及个人的选择，影响了个人、企业和社会的创造性和积极性，阻碍了经济社会发展的活力。政府过多干预资源配置，干预微观企业运营。还存在借口加强管理、各种审批进行寻租、吃拿卡要现象，同样是增加了政府的干预之手。二是政府做得不够。科技、教育、医疗等基础性的公共品，由于激励不完善，政府投入不足，存在科技创新能力不够、教育水平较低的问题，同时又在某些领域过度市场化，形成教育收费、医疗收费过高的问题。环境保护和生态文明以及房地产价格过高更是政府提供的公共服务不够的表现。

要减少政府权力和对经济和社会的过度干预。要注重简政放权，不该管的坚决不管；加快市场化进程及对外开放，通过开放促进创新、倒逼改革；减少国有企业参与竞争性行业或领域的经营，鼓励非公有制经济和新兴产业发展。打造具有活力的科技创新环境强化制造业企业人才支撑环境要完善公共服务体系，改善企业创新的制度环境。对企业来说，最重要的是提供一个公平有序的营商环境，该环境能有效规范政府、企业、个人等主体的行为，减少设租和寻租的可能性，使得创新利润大于寻租所得。

通过完善官员晋升机制激励官员主动作为，把想干事情、能够干好事情的官员选拔到重要岗位上来。深入推进政务服务便利化，推行"马上办、网上办、就近办、一次办、我帮办"改革，推广"最多跑一次"等改革经验。强化法治思维，严格规范司法活动，健全产权保护体系。政府投资一定要避免过去直接进行经济型投资的老路，而是用在形成基础性生产能力或具备公共品性质的领域。加大医疗、教育、文化、住房（棚户区改造）等领域投资，提高农业转移人口公共服务的标准，鼓励都市圈和重点城市推出吸引人口流入新举措。

第三节　金融和房地产过度发展

一　金融业脱实向虚

改革开放后，金融业快速发展，行业增加值总量持续增加。尤其是2010年以来，金融增加值占比GDP持续走高，2016年和2017年占比均超过8%，超过一些发达国家的比例。

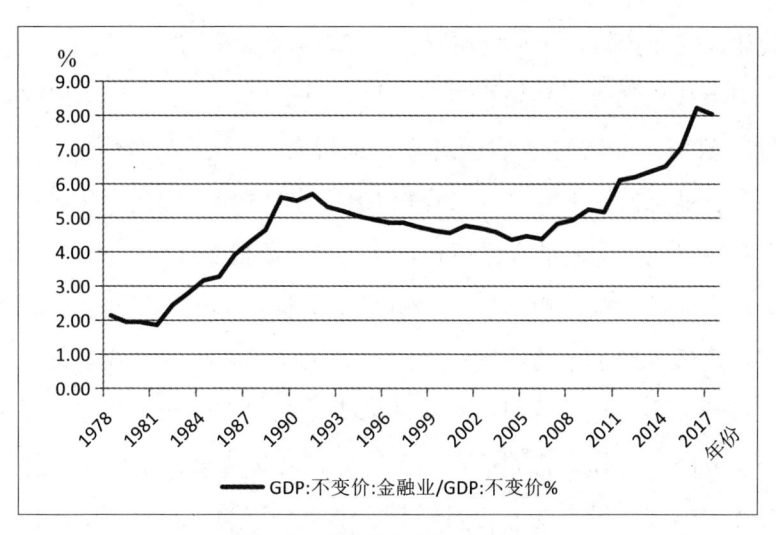

图3—3 金融业在GDP中的占比

金融业总量快速增加，结构也存在不均衡的现象。比如民营企业和中小企业融资难融资贵的问题一直难以解决。"次贷危机"爆发后，全社会曾掀起过一阵改善中小企业金融服务的热潮。近年来，央行为支持实体经济发展投放了大量货币，但这些资金"脱实入虚"现象严重，在股市好的时候资金大量流入股市，在房市好的时候资金大量流入房地产领域，真正用来支持中小企业发展的资金量很少。在房市火热的时候，新增房地产贷款占新增贷款的比例，甚至一度达到3/4左右。前几年以P2P（互联网金融点对点借贷平台）为代表的互联网金融企业大量携款潜逃，损害了金融生态和信用。

金融业脱实向虚不得不提到影子银行。与美国影子银行高度证券化、衍生化的业务模式不同，中国影子银行由银行主导，实质是变相放贷和银行的影子，是金融机构创新、逐利与规避监管交错共生的产物。中国影子银行涉及的机构主要包括信托公司、证券公司、基金公司、担保公司、小贷公司、P2P网贷平台等非银行金融机构；业务产品包括信托计划、信托受益权、票据买入返售、同业代付、委外投资、资管计划、同业理财、银行表外理财、票据贴现、信托贷款、信贷资产转让、委托贷款、小贷公司贷款、P2P 网络贷款等。

中国影子银行发展历程虽然很短,但是也经历了不同的阶段。第一阶段 2008—2010 年:银信合作,银行发行理财产品募资、信贷出表,影子银行初具规模;第二阶段 2011—2013 年:银信合作单一通道向银银、银证等多通道合作模式转化;第三阶段 2014—2017 年:银信受限、银证被约束,银基接力,银银同业业务变异,多通道模式下套利链条拉长,影子银行继续狂飙突进。从监管套利的角度,每一个阶段,银行都寻求与监管阻力最小的通道(机构、中介)合作,通过理财产品或同业负债(含同业存单)等方式募集资金,借助通道将信贷资产转移出表、投资受监管限制行业企业及权益、非标等资产,由此带来相关通道业务及机构的爆发式扩张。由于国内金融体制与环境制约,中国影子银行业务主要依附于银行而存在,成为银行的影子。国内影子银行资金主要来源于银行表外理财产品和银行(同业)负债,资金主要流向房地产、地方政府融资平台、"两高一剩"行业以及资金短缺的中小企业等实体经济领域和股票、债券、非标准化债权等资产。2015 年以来,随着实体经济回报率下降,很多影子银行资金流向房地产,或滞留在金融体系内通过加杠杆、期限错配、信用下沉进行套利,形成了"同业存单—同业理财—委外投资"套利链条。

二 房地产价格的棘轮效应

为了进行深入的理论分析,我们构建一个包括个人、房地产开发商和地方政府的基本数理模型,来揭示城市房价轮番上涨而不再下降的棘轮效应的内在机制,然后纳入中央政府,进一步分析通过宏观调控来抑制房价过快上涨的困难性。

假设经济体是一个封闭经济,其中存在三类主体——个人、房地产开发商以及地方政府,这三类主体之间具有利益的不一致性,它们有不同的目标函数。

1. 个人。个人是典型的消费者，追求的是个人消费效用最大化，其效用函数为科布－道格拉斯形式：

$$u^i(c,h) = c^\alpha h^\beta \tag{1}$$

其中，c 为个人其他消费，价格单位化为1；h 为住房消费的面积，单位面积的价格为 p_h。

该消费者的预算约束为：

$$c + hp_h \leq I_i \tag{2}$$

I_i 为该消费者的总收入。

通过构造拉格朗日函数并求解，可以得到个人最优消费为

$$c = \frac{\alpha I_i}{\alpha + \beta}; \tag{3}$$

$$h = \frac{\beta I_i}{p_h(\alpha + \beta)}。 \tag{4}$$

2. 房地产开发商。房地产商的目标是利润最大化，为了实现这一目标，房地产商一方面努力降低土地成本和其他成本，另一方面努力提高房屋的销售价格。其利润函数为：

$$\pi = p_h h - C_h(h) - ht_h, \tag{5}$$

其中 C_h 为除土地成本外的其他成本，t_h 为每单位住宅包含的土地成本。利润函数对销售面积求一阶导数并令其为0，得出

$$p_h = C_h^{'}(h) + t_h, \tag{6}$$

3. 地方政府。地方政府的目标是当地尽可能快的经济增长和财政收入的最大化。因为只有财政收入最大化才能保证地方政府的正常运转和官员的自由裁量权，才能有足够的财政支出用于基础设施和社会福利设施，促进地方经济的发展和地方居民福利水平 $u^i(c,h)$ 的提高，地方官员才有更好的晋升机会。假定地方政府的效用函数为科布－道格拉斯形式

$$u^g = u^g(l_s, l_e) = (l_s)^a (l_e)^b = [l_s(e)]^a [l_e(e)]^b, \tag{7}$$

其中，u^g 为地方政府效用函数；l_s 为地方社会稳定情况；l_e 为地方经济增长情况；e 为财政支出。由于政府在增加财政支出时要求其对地方社会稳定和区域经济增长具有促进作用，故 $\frac{\partial l_s}{\partial e} > 0$，且 $\frac{\partial l_e}{\partial e} > 0$。

根据 1994 年通过的《中华人民共和国预算法》第二十八条之规定，不允许地方政府出现预算赤字，因而其预算约束为

$$e \leq I_g \equiv ht_h + T \tag{8}$$

其中，I_g 为地方政府的预算收入，ht_h 为土地出让金收入，T 为地方政府其他财政收入以及中央对地方的转移支付之和。

又假设 l_s、l_e 采取线性函数形式，则（7）式中存在

$$l_s = \theta(ht_h + T)，\quad l_e = \sigma(ht_h + T) \tag{9}$$

4. 求解

将（6）式代入（4）式后，再联合（3）式代入（1）式，得消费者的效用：

$$u^i = (\frac{\alpha I_i}{\alpha + \beta})^\alpha [\frac{\beta I_i}{[C_h^{'}(h) + t_h](\alpha + \beta)}]^\beta \tag{10}$$

$$\frac{\partial u^i}{\partial t_h} = (\frac{\alpha I_i}{\alpha + \beta})^\alpha \beta [\frac{\beta I_i}{[C_h^{'}(h) + t_h](\alpha + \beta)}]^{\beta-1} [\frac{-\beta I_i}{[C_h^{'}(h) + t_h]^2(\alpha + \beta)}] \tag{11}$$

从（11）式中可以看出，当 t_h 上升，u^i 下降，因此可以得到命题 1：单位住宅面积的土地成本提高，必然会导致房价上升，进而使典型个人的效用下降。在住宅仅仅属于生活必需品而非投资品的情况，住宅价格的快速上涨不仅不能提高原住宅所有者的实际效用，反而会增加新购房者的生活支出，由于消费者以个人效用最大化为目标，所以房价的快速上涨必然引起社会公众的不满。

把（8）式、（9）式代入（7）式可得

$$u^g = \theta^a \sigma^b [hp_h - hC_h^{'}(h)]^{a+b} \tag{12}$$

$$\frac{\partial u^g}{\partial p_h} = \theta^a \sigma^b h(a+b)[hp_h - hC_h^{'}(h)]^{a+b-1} \tag{13}$$

$$\frac{\partial u^g}{\partial h}=\theta^a\sigma^b(a+b)[hp_h-hC_h^{'}(h)]^{a+b-1}[p_h-C_h^{'}(h)-hC_h^{''}(h)] \qquad (14)$$

(13)右边最后一项括号内为 $hp_h-hC_h^{'}(h)$，由（6）式知其就是政府的土地总收入，是正数，其他部分又显然都是正数，所以整个（13）式是正数，因而可以得到命题2：房价越高，因为与高房价相联系的政府土地出让金以及建筑税和营业税都会增加，地方政府的效用就越大，因而追求效用最大化的地方政府具有推动房屋价格上升的内在激励。

把（6）式代入（14）式最后一项，可知（14）符号的正负由 $(t_h-hC_h^{''}(h))$ 决定，而其符号难以确定，这意味着对土地价格、房屋需求以及房地产商成本变化模式这三项内容，虽然地方政府都有能力去施加影响，但是这一差式的前后变化量没有固定的关系。因此可以得出命题3：由于地方政府的效用与商品房成交量的关系不确定，因而地方政府一般具有豪宅偏好，而忽视中小户型大众住宅、经济适用房和廉租房的供应，因为豪宅的高土地出让金可以更直接和更有效地推动地价上涨，尽管增加豪宅建设并不一定提高住宅的总销售量。

三 新城新区和空城鬼城现象

房地产则是存在结构性过剩，一方面一些重点城市房价持续上升，另一方面二三线城市住房存在大量空置，一些区域和城市还存在空城鬼城现象。

中国的改革开放是由点到面、增加调节存量的渐进式方式推进的，开发区、国家级新区、自贸试验区等等都是由试点城市逐渐展开。而如今，随着改革开放的进一步深入，尤其是分税制后，地方政府对于新区的建设已经从之前的产业高地转变成土地财政变现的工具。一部分新区确实发挥了新区新空间，缓解了主城区的承载压力，培育出了新的产业和人口集聚，成为城市新的增长点。但大多数新区，地方政府不顾自身实力，一味想做大城市框架，由于缺乏集聚产业、人口的能力，产城分离，结果导致新区变空城，甚至"鬼城"、"死城"。鄂尔多斯市155平方公里的康巴什新城是迄今为止国内最知名的"鬼城"，成为中国房地产泡沫的最典型案例。

上海交通大学陆铭教授的研究认为近十年来新城新区在全国各地大量开建，特别是在2009年之后，呈现出爆炸性增长的态势。然而，大量新城建在人口呈流出态势的中西部省份和中小城市，同时，规划面积较大，且远离所属城市老城区。出现这种现象，本质上是因为建设用地指标的配置与人口流动方向相背离，且地方政府试图先建城，再吸引产业和人口。而经济规律却告诉我们，人为规划的新城并不会因为有了城市就会有相应的人口和产业，而是人口和产业潜在增长动力强的地区才产生新城建设的回报。有效的城市建设须以劳动力自由流动为基础，配合人口和产业发展的实际需求，实现各新城的有效分工和产业联动，服务于以大城市和都市圈为区域经济增长极的高效城市体系。由于中国的新城建设是以地方政府主导并依靠举债完成的，若新城违背经济规律而建设，建成后不能吸引足够的人口和产业进驻，则转化成地方政府债务负担，严重影响经济的可持续发展。

第四节 实体经济发展的国际借鉴

一 英国因工业革命成就日不落帝国

英国在工业革命以前和其他大陆国家一样是一个典型的农业国家，但是由于对王权的限制逐渐孕育了资本主义发展的各种社会和制度环境。而工业革命的到来却给原本被边缘化的英国一个咸鱼翻身的机遇。1733年，机械师约翰·凯伊发明飞梭，将织布效率提高1倍。1764年，织工兼木工詹姆斯·哈格里夫斯发明了珍妮纺纱机，将纺纱效率提升15倍。1776年瓦特制造出第一台有实用价值的蒸汽机。1785年，工程师埃地蒙特·卡特莱特发明了水力织布机，将工作效率提高了40倍，传统的手工业逐步解体，被机械化大生产所取代。

而随着纺织业的兴起，对动力系统提出了更高的要求，原本仅仅用于矿山抽水的蒸汽机经过改良后被用于纺织业——1784年英国建立了第一座蒸汽纺纱厂。之后，蒸汽机又被应用于冶金工业、铁路运输、蒸汽船等领域。到1825年，英国已有蒸汽机1.5万台（37.5万马力），从矿山到工厂，从陆地到海洋，到处是机器在轰鸣，到处是机器在转动，到处是机器在奔驰。至此英国不仅在纺织业基本摆脱了传统手工业的桎梏，实现机械化，还在交通、冶金等诸多领域实现了机器对人的替代。至1850年，英国工业总产值占世界工业总产值的39%，贸易额占世界总量的21%。

20世纪80年代以来，英国开始推行"去工业化"战略，不断缩减钢铁、化工等传统制造业的发展空间，将汽车等许多传统产业转移到劳动力及生产成本相对低廉的发展中国家，集中精力发展金融、数字创意等高端服务业。在这一阶段，英国的制造业在国民经济中的比重不断下降。到21世纪初，服务业在英国国民生产总值中的比例提高到了70%，英国经济实现了由生产型到服务型的根本转变。2008年起，英国政府推出"高价值制造"战略，希望鼓励英国企业在本土生产更多世界级的高附加值产品，以加大制造业在促进英国经济增长中的作用。

二 德国因强大的工业实力具备挑战国际秩序的能力

德国是一个典型的赶超型国家。德国工业化比英国晚了50年。在1830年，德国的工业人口占比不足3%，依旧是一个农业国，加上德意志还处于四分五裂的状态，这些因素使德意志人成为欧洲的三等公民而备受欺凌。直到1834年，在李斯特等学者的呼吁下，德意志关税同盟成立，德意志国家才走上了工业化的道路。1848年资产阶级革命后，机器大工业才逐步地确立起来。1871年德意志帝国建立以后，依靠对国内廉价劳动力的剥削和对国外军事侵略及战争赔款，实现了大工业的迅速发展。

随后，德意志国家抓住了第二次工业革命的机会，钢铁工业蓬勃而起，涌现出鲁尔工业区、萨尔工业区等工业重镇。至1870年，德国蒸汽机动力达248万马力，煤产量达3400万吨，生铁产量达139万吨，钢产量达17万吨，铁路线长度18876公里。德国工业化之初，法、英等较早进行工业化的国家，其技术水平已经相当成熟，积累的工业资本开始寻找海外市场。这为德国大规模投资建设和产业发展提供了技术和资金基础。德国资本主义生产关系建立后，正是充分利用这一后发优势，大力引进英、法、美等国的先进技术和装备，从而使其工业革命从一开始就建立在大规模投入和产出的基础之上，并直接获取了规模经济效益。1870年，德国工业生产能力和GDP总量首次超过法国。1913年，德国超过英国，成为仅次于美国的资本主义世界工业强国。

德国的工业制造业一直保持在产业和技术前沿。除了钢铁、机械等传统工业部门，德国尤其重视开拓电气、化学等新兴工业部门，并进一步确立了在全球的优势地位。新的工业革命兴起，大大提高了德国经济增长速度和生产力水平。德国是一个工业化高度发达而自然资源严重缺乏的国家，资源消耗量大，自身能源和资源不足问题日渐突出，制约其工业、经济向前发展。随着全球气候变暖加剧、极端天气及自然灾害频发，德国工业开始走上绿色发展之路，将重点放在新能源发展领域和可再生能源领域，主要包括有风能、生物质能、地热能和太阳能等。2013年，德国将"工业4.0"项目纳入了《高技术战略2020》的十大未来项目中，计划投入2亿欧元资金，支持工业领域新一代革命性技术的研发与创新。基于信息物理系统的智能化，开启人类步入以智能制造为主导的第四次工业革命。

三　美国因强大的工业奠定战后国际霸主地位

1800—1850年的美国，仍然是一个落后的农业国，北方的工业以食品加工和纺织业为主，同时也出产木材、矿产等原材料；南方则是种植园经济，农场蓄奴，种植棉花、茶叶、粮食。

在南北战争后，美国同德国一样抓住了第二次工业革命的机遇，加上美国拥有比德国更好的发展潜力——广袤的国土，丰富的资源，庞大的人口，得天独厚的地理环境，这使美国工业得到爆炸式增长——从1868年到1880年，美国钢铁产量以年均40%左右的速度增长，至一战前夕，美国的工业产量居世界首位，占全球工业总产量的32%，钢、煤、石油和粮食产量均居世界首位。至二战前夕，美国的工业产量占全球工业总产量的38.7%。而这正是美国在二战期间，平均每两个月建成一艘舰队航母，每年产4万架飞机，两万辆坦克的根源所在。

二战后，随着欧洲和日本的崛起，美国的传统产业竞争力受到了巨大打击，世界汽车工业的重心已经转移到日本，另一个支柱产业钢铁业与同时期的欧共体与日本相比也明显处于劣势，此外国际贸易和金融领域的下滑，也对美国经济造成重创，必须产业转型升级才能走出困境，这个时期也成为美国经济和社会发展的重要节点。

为了实现经济转型，美国各届政府都十分重视和鼓励以技术创新为核心的产业政策，通过技术创新，美国经济已经发生了根本性、结构性的转变。20世纪80年代以来，美国政府鼓励以技术创新为核心的产业政策的实施，美国开始了向以信息技术为核心的"新经济"的重大产业转型的过程，成为美国经济在二战后保持强劲发展势头的动力来源，美国在R&D上的投资与GDP变动趋势吻合度极高，说明创新能力的确是促进经济发展的重大因素。

至20世纪90年代，美国完成了以传统制造业改造、高新技术产业扩张和服务业高速发展等方面的"新经济"的转型。同时,从美国的法律体系和制度来讲,保护和鼓励私有制、完善知识产权保护体系、保护新型创新成果,更加促进了创新智慧和科技动能的发挥。

四 巴西过早去工业化陷入中等收入陷阱

巴西国土面积广大、自然资源丰富,远离两次大战战场,从19世纪80年代即开始工业化进程。1920年,巴西的工业化企业已经达到12万家,涵盖铁路、航空、咖啡、饮料、食品等行业,20世纪70年代,巴西经过近百年的现代化经济突破,成功进入中等收入国家行列,GDP增速保持在8%—10%的区间增长。

20世纪80年代后,巴西进入了中等收入国家行列,但是经济基本陷入停滞状态。主要原因在于忽视了实体经济的基础作用,忽视了实体经济对GDP、对国家、对社会发展的重要作用,而选择大力发展第三产业及服务业。大力发展服务业,使得巴西的服务业占比迅速上升,2017年达到了惊人的72.8%,甚至超过日本、德国、韩国这些发达国家的服务业占比。这也导致了巴西国内制造业、工业、实体行业的快速没落。

如今,巴西的全球经济影响力已经很弱了,曾经的全球第二大造船国家,曾经的制造业大国,曾经的南美经济支柱,如今,沦为了铁矿石、咖啡豆、牛肉这类自然资源和初级原材料的出口国。巴西的身份重新被世人所认识,也被压在全球经济化产业链分配的最低端——原材料出口。

五 乌克兰制造业衰落丧失军工强国地位

1991年8月脱离苏联获得独立时的乌克兰家底相当丰厚。有60多万平方公里的领土,有广袤的平原和一望无垠的黑土地,有十分丰富矿、铁矿、锰矿等资源;分家时还获得了庞大的军队和1200多枚核武器，立马变成世界第三大拥核国。这些还不算什么，而更耀眼的是它有雄厚的重工业基础设施和比较完备的世界先进的军工体系。有职工为300万人的3594家军事工业企业，有职工140多万人的700家直接从事武器生产的企业，生产门类包括火箭、大型运输机、军用舰艇、装甲车辆等陆海空各种装备。更让乌克兰骄傲的是，还有科技实力雄厚以军工为核心庞大的科研生产体系。像世界著名的安东诺夫飞机设计局、研发制造过T34、T64、T80等世界著名坦克的哈尔科夫设计局、苏联航母摇篮尼古拉耶夫造船厂、研制了四代苏联战略导弹的南方设计局，这些世界级别科研机构都在乌克兰境内。

新世纪头十年的全球工业生产，正在逐步进入信息化时代，数字化技术的应用和发展使工业国家之间出现了代差。乌克兰制造业没有拥抱全球产业梯度大转移和融入全价值链，正是对俄罗斯廉价能源产生了严重依赖性，乌克兰没有在这些年里主动去追逐工业智能化、信息化浪潮。在路径依赖的惯性下，继续维持和扩大资源类产品的出口。近年来乌克兰出口的钢铁、铁矿石、其他金属制品和矿产品始终占自己出口总额的50%以上。根据世界银行数据，2018年乌克兰的人均GDP只有3095美元，而同期欧洲最强的经济体德国人均GDP达到48264美元，是乌克兰的15倍多。乌克兰从一个工业大国彻底变成一个依靠出口农产品和资源能源的国家。

第四章 土地财政、内生货币和企业融资成本[①]

第一节 引言

微观企业的经营行为离不开整体的宏观经济背景和宏观经济政策（Carling et al.，2005；姜国华和饶品贵，2011），也离不开区域的地方市场和地方政府政策（陈艳艳和罗党论，2012）。尽管近年来利率市场化改革不断推进，但是由于其他配套制度和政策措施不完善，实体经济的融资难融资贵问题仍没有得到彻底解决，这一问题在劳动力成本上升、环境和资源约束增强的条件下更加凸显。中国的金融体系以银行间接融资为主，而银行发放贷款主要以抵押贷款为主，这样缺少抵押资产的中小企业和高科技企业天然受限。金融市场主体激励约束机制也不健全，监管套利、空转套利、关联套利等金融乱象的存在说明尚未形成合理竞争、公平竞争的金融市场体系。十九大报告提出"着力加快建设实体经济、科技创新、现代金融、人力资源协同发展的产业体系"，可以看出实体经济和现代金融都是现代化产业体系的重要组成部分。2019年2月22日，中共中央政治局就完善金融服务、防范金融风险举行第十三次集体学习，会议提出深化金融供给侧结构性改革要开展"五个发力"，排在首位的就是发力金融服务实体经济。

---

① 本章合作者为韩律。

第四章 土地财政、内生货币和企业融资成本

中国现行的土地制度是城乡二元土地经济制度，简而言之农村土地属于集体所有，城市土地属于国家所有。实践中地方政府代表国家对土地行使所有权。1987年12月1号，深圳市政府为了筹集城市建设资金在深圳会堂公开拍卖了一幅8588平方米地块50年的使用权，拉开了改革开放后土地交易的序幕。近年来全国土地出让金收入稳居地方一般公共预算收入的一半以上。土地财政作为现行财政体制下典型的地方政府策略性行为，是地方政府控制和使用土地资源的典型手段。地方政府在工业用地市场上压低土地价格，在商业住宅土地市场上推高土地价格，这种干预土地市场的行为显然会影响到微观的企业经营。

土地作为一项重要的生产要素，土地交易或者土地供应会深刻影响企业经营，其中一个渠道是影响区域金融市场的资金供给和需求以及二者决定的利率从而影响实体经济的成本之一——企业的融资成本。财政部发布数据显示，2018年全国土地出让收入65096亿元，同比增长25%。中国人民银行发布数据显示，2018年末广义货币（M2）余额182.67万亿元，同比增长8.1%。按照2018年底大型金融机构15%的存款准备金率大致估算也可以得知土地一级市场带来的货币增加大约43万亿元，金额不可谓不大。不同于以往的研究，本书从土地财政的金融属性视角考察企业的资金成本影响。本书的研究目的是验证土地财政是否影响了微观企业的资金成本？什么样的市场环境和金融体系受这种影响比较显著？影响了什么行业什么性质的企业？影响渠道是其通过信贷供给还是信贷需求影响了实体经济？

本书的可能贡献和创新在于，一是从金融市场和货币内生的角度分析土地财政对于企业的融资环境的影响进而影响到企业的融资成本，土地财政依赖度的增加降低了企业的融资成本，这一发现是以往所没有的，也为大量批评土地财政的舆论背景下而土地财政依然长盛不衰的经济之谜提供了一个解释。二是上述结论的推论是市场化改革的受

益是双重的,尽管土地财政有一定好处,也应该限制地方政府对于金融市场的过度干预,因为统一开放的市场体系更容易形成利率更低的对全国有利的金融市场,而土地财政只会强化金融分割。

本章的研究内容安排如下。第二部分是文献综述。第三部分是理论分析和研究假说。第四部分是模型设计和基础回归。第五部分是内生性讨论和稳健性检验。第六部分是机制分析。第七部分是结论和政策含义。

第二节 文献综述

与本书相关的研究主要有以下几种文献:一是中国的货币内生性分析,尤其是M2/GDP较高以及土地市场化方面的影响货币内生;二是从内部的财务、治理、经营以及外部的宏观政策、经济环境分析企业融资成本的影响因素;三是土地财政和土地金融方面的分析,区域金融和经济环境政策如何影响企业的微观行为。

一 超额货币供给之谜

经济学家常用M2/GDP作为经济货币化、货币流动性或者金融深化的指标,其倒数也常视为货币流通的速度指标。过去几十年中国经济保持高速增长的同时物价水平一直保持相对稳定,M2增速超过经济增速和通货膨胀之和,这多余的货币供给去哪儿了?学界一般称之为超额货币供给之谜。一些学者主要从经济市场化需要吸收大量的货币角度解释,例如原来不是商品的土地、自然资源、农村劳动力等等纷纷进入市场交易,这种新增加的经济活动扩大了货币乘数和货币需求(易纲,1996;张文,2008)。有的学者提出中国的金融体系以银行的间接融资为主,而银行是货币创造的主要环节,以及不良资产率过高的影响(张曙光和张平,1998;余永定,2002)。有的学者从金融深化角度分析即金融资产从短缺单一到丰富多彩也需要货币配合（樊纲和张晓晶，2000；伍志文，2003）。还有的学者从结构分析的角度论述货币流通速度的差异因素（伍超明，2004；赵留彦和王一鸣，2005）。值得一提的是世纪之交前后学界对此问题已经进行了充分的讨论，但是由于后续的教育和科普不够，加之诸多自封的经济学家和不专业的记者占据媒体，所以仍能看到用天量货币、货币超发甚至放水等词汇吸引流量、迎合民粹的文章不时冒出。

二 融资成本影响因素分析

企业融资成本的影响因素众多，可以分为内外部因素梳理。诸多国内外学者的实证结果表明，企业的盈利能力、负债水平、成长性和规模大小等特征都显著影响企业的债务融资成本（叶康涛和陆正飞，2004；Minnis，2011；Bradley and Chen，2011），这些研究一般认为盈利能力强、负债率低、成长性好的大规模企业能获得相对更低的企业融资成本。蒋琰（2009）认为上市公司的综合治理水平有利于降低企业的权益融资成本和债务融资成本。李广子和刘力（2009）发现纵向上来看上市公司在民营化后债务融资成本变得更高，横向上来看民营上市公司相对于非民营上市公司有着更高的债务融资成本。邱牧远和殷红（2019）研究认为环境、公司治理表现较好企业的融资成本会显著降低，信息披露质量对上述关系有不可忽视的作用。闵亮和沈悦（2011）研究宏观冲击对于融资约束程度不同的上市公司的资本结构动态调整方向及速度的影响。谢军和黄志忠（2014）研究发现区域金融市场的发展营造了良好的企业金融生态环境，从而有效缓解了企业的融资约束压力。韩乾等（2017）发现热钱流入能够显著地降低中国上市公司的融资成本，并且这种影响与企业所在城市的对外贸易量密切相关。肖争艳和陈惟（2017）研究发现央行无论数量还是价格型货币政策工具进行货币宽松都不能显著地降低中小企业的实际融资成本，货币政策目标应该集中于稳定物价水平和经济增速。张成思和刘贯春（2018）认为经济政策不确定性导致企业固定资产投资趋于下降，其中低融资约束企业的杠杆率可能不受明显影响，而高融资约束的企业将降低杠杆率。

三 土地财政和土地金融分析

土地财政显然和金融市场紧密相连，一些敏锐的学者发现了二者的内在逻辑。郭峰（2015）利用省级面板数据研究发现土地资本化促进了中国地区金融中介扩张和金融深化。刘京军等（2016）利用地级市土地出让数据研究发现地方政府出让土地越多，地方工业贷款占比越少，前者对后者主要是挤出效应。Ye and Wu（2016）研究结果表明土地融资方式对中国城市化有显著的促进作用，经济实力较强、房地产投资较高的城市更积极地推动土地城市化。Mo（2018）表明在土地由国家所有和供应的制度下，地方政府在土地出让收入占总收入比重较大时，往往会增加对基础设施的投资。刘建丰等（2018）考虑狭义货币化因素后，广义货币的平均流速仍呈现逐年下降趋势，实证分析表明土地与住房的商品化吸收了大量货币但是产出相对较低。关于土地金融最有启发性的文献是赵燕菁（2018，2019）较为系统地论述了土地的信用工具职能，并从正面意义上肯定了土地财政促进了资本积累和经济增长。Hau and Ouyang（2018）基于中国172个城市数据从金融风险和房地产泡沫的角度研究发现房地产价格上升导致制造业企业资本成本提高，也降低了这些企业的全要素生产率。

在中国这样一个转轨加二元的快速发展的经济体内部，地方政府掌握的资源较多，微观企业的市场背景、制度约束和典型的市场经济国家还有一些细微而重要的差别——更应该考虑区域和地方政府的因素。原有的关于土地财政的研究偏重宏观，上述文献中有的研究尽管研究对象是企业融资成本，但是仍然是使用加总的宏观平均意义上的指标来代表微观指标，变量的选取也需要进一步精准化。本书应该是首次从土地金融的角度、从货币内生的角度考查土地财政对于企业融资的微观影响。整体上看，Hau and Ouyang（2018）和本书研究最为类似，除了其研究外其他文献很少达到企业层面；本书从土地财政的内生货币影响角度研究和其明显不同，而且发现一些结论也和其明显相反，例如我们的结论是土地财政导致企业资金成本降低。

第三节　理论分析和研究假说

一　理论分析

同货币数量论或者货币主义理论认为央行货币供给不同，宏观经济学家鼻祖凯恩斯认为货币供应是内生的，是由商业银行体制下企业和个人进行经济活动需要存款和贷款融资行为提供的，货币和经济本身具有一致性。凯恩斯关于货币内生的理论被后凯恩斯主义（Post-Keynesianism）经济学家发扬光大。后凯恩斯主义认为虽然在基础货币与货币存量、货币存量与名义收入间有稳定的关系，但与正统观点恰好相反，认为名义产出决定货币供给。企业或者经济主体想进行一项交易或者产出，然后去寻求商业银行贷款，信用货币通过商业银行贷款产生，贷款又产生派生存款。贷款是由商业银行供给，但是贷款需要是市场主体产生，这些央行决定不了。此外由于金融工具的发展，央行也很难对商业银行的准备金进行精确管理（Moore，1979；Palley，1987）。

发展中国家的财政和金融往往联系在一起，中国的实践更是提供了丰富的案例。2018年7月13日，中国人民银行研究局局长徐忠发表了题为《当前形势下财政政策大有可为》的文章。徐忠在文章中指出，财政政策应该是积极的，然而现在看到的情况是紧缩的，并没有扩大财政支出力度。7月16日，署名青尺的财政系统官员，就"财政政策不够积极"的观点进行回应，提出不能将赤字规模与积极财政政策的力度简单等同起来；举债安排的支出与通过财政收入安排的支出都是掏出真金白银；金融机构在地方债乱象中，很大程度上扮演着"共谋"或"从犯"的角色。本书认为上述争议深层次的原因在于财政体制激励问题、货币政策传导问题，需要更高的顶层设计全面改革才能破解。在地方政府债务野蛮生长时期，金融市场产生了大批"高收益、低风险"的影子银行产品，扭曲了市场定价，挤占了投向实体经济的金融资源；规范地方政府债务管理是对这种扭曲的强力纠正，不可避免给地方政府和金融机构带来阵痛。正如张雪兰、何德旭（2011）所指出的：地方政府已成为影响金融发展路径和效率的显著因素，但其金融管理实践中还存在着诸如金融协调部门职能边界模糊、隐性干预大于显性管理、地方政府信用过度透支等问题，地方金融体制亟须完善。

土地财政虽有财政之名，但具有重要的金融工具性。一是土地使用权出让是长期行为，不管是 50 年还是 70 年都是长期的使用权出让，这种未来收益贴现成价格的定价方式正是金融工具、金融资产独有的定价方式。第二个原因是土地使用权出让收入也属于政府性基金收入，而政府性基金收入的名称就体现了其金融性，具有专项用途、具有现金流量特点。三是土地财政包含土地出让、土地相关税费、土地相关融资三大部分，土地融资显然属于金融，而土地出让收入也会转化为存贷款。从图4—1可以看出，土地出让收入和社会融资规模的走势非常相似。

二 研究假说

从地方金融市场的角度来看，尽管中国人民银行曾经实行大区制管理机构[①]，但 2018 年开始撤销九个跨区的大区行，回归省级分行制

[①] 1998 年中国人民银行体制改革，撤销省行，成立 9 家跨省份分行。

度。原有的政策设计是减少地方对于金融监管和货币政策的干预，但实际上人民银行分支机构和金融业监管机构还是受到地方的影响较大，而且地方普遍成立了金融办、金融局，加之地方小银行、地方类金融国有企业等等实际上是地方控制和主导，所以区域金融市场具有强烈的地方色彩，换言之区域金融市场具有分割性。

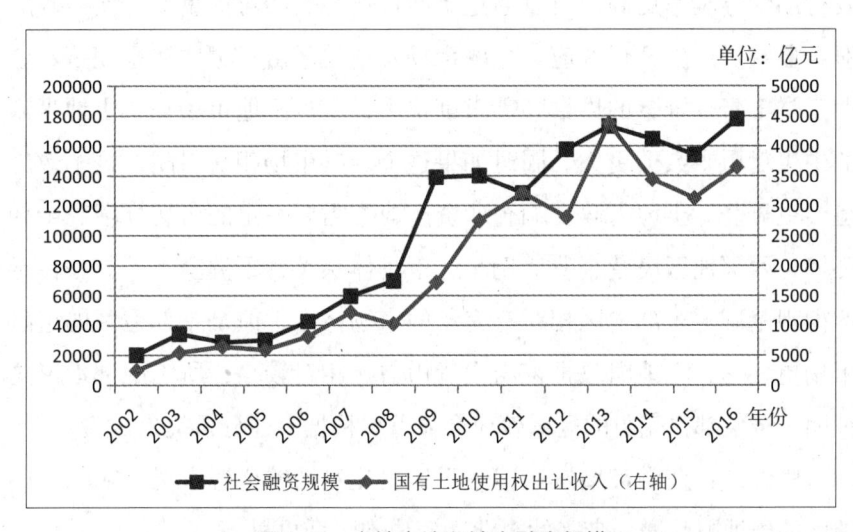

图4—1　土地出让和社会融资规模

社会融资规模数据来源于wind，土地出让收入数据来源历年国土资源年鉴。
资料来源：作者绘制。

企业方面，除了在金融市场上有议价能力的大型企业可以跨区域融资，一般的中小企业必须依靠本地金融机构融资。土地一旦进入市场交易，无论产权所有人是政府还是企业，交易成功后的资金会存入银行，形成了银行的可信贷资源，而银行会把这笔资金再贷款出去，根据货币乘数理论，最终会形成区域金融市场可贷资金的增加。这种区域货币资金的增加会促使区域金融市场的利率降低，进而降低了企业的资金成本。根据上述分析提出假说一。

假说一：土地出让的增加会造成企业融资成本降低。

各区域对土地财政依赖表现出显著的周期性变化，而且这种周期和利率周期高度吻合（周彬和周彩，2019）。利率对土地市场的影响主要体现在影响土地市场的价格进而影响土地交易的规模。东部地区市场化程度较高，发展辖区经济的渠道亦更为丰富，而中西部地区政府可选择的融资工具相对较少，由于市场化进程较低，财政收入偏低，发行的债券利率更高，所以通过土地市场融资相对更重要，使得政府对企业融资产生替代效应。金融市场发达地区由于金融体系完善、金融工具丰富，资金的供给和需求都很大，一旦土地市场化，土地带来的内生货币乘数会更大。同时如果这个金融市场相对封闭，这个效应还会更显著。土地财政影响企业资金成本需要一定的市场环境、金融环境，西部地区民营企业比例小，市场体系发育不健全，不具备传导的微观基础。东部地区相对有完备的市场体系，但是东部地区的金融市场更发达，土地财政带来内生货币占比相对较小，所以中部地区这种两个链条都很完善的区域效应会显著。根据上述分析提出假说二。

假说二：金融市场发达同时土地出让对区域金融市场影响较大的地区的土地财政增加带来的企业融资成本降低更显著。

2018年以来，在中美贸易摩擦不断升级、国内经济下行压力持续存在、结构性去杠杆等因素叠加的背景下，民营企业遭遇融资陷阱，不少民营企业甚至一些大型上市民企出现流动性困难，一些上市公司股权质押比例较高引发金融风险上升。为了防范金融风险的传染和放大，国务院主管部门例如人民银行、财政部、银保监会以及部分省市地方政府，纷纷出台扶持民营企业的金融政策，多地政府成立或联合推动相关机构成立民企纾困发展基金，央行定向降准释放流动性、设立定向中期借贷便利工具和民企债券融资支持工具，银保监会推进民企贷款尽职免责机制和考核激励机制。但是由于能源原材料成本、劳动力成本等上升较快，土地、水、电、气等要素成本仍处于高位，企业盈利难度加大，民营企业的总债务利息负担仍然较重。民营企业不像国有企业和外资企业那样可以依赖区域外金融资源或者在集团内部进行资金融通，对于资金成本的敏感度显然更高。制造业的平均利润率较低，如果所在区域金融市场的融资成本较高，那么企业可能会被迫减少融资。

假说三：不同的企业的融资成本有不同，土地财政对制造业或者民营企业这些资金约束强、成本敏感的企业影响更显著。

第四节　模型设定和基准回归

一　数据来源及描述性统计

由于城市层面有关土地出让的可查数据为2004—2016年，本书选取了中国2004—2016年沪深两市全部A股上市公司为初始研究样本。对样本进行了如下的筛选：（1）剔除了数据缺失和异常的样本；（2）剔除了金融行业上市公司；（3）剔除了相关数据不足5年的公司。经过上述筛选，本书最终所使用的样本包含2352家上市公司的24292个观测数据。此外，为了控制极端值对分析结果的影响，本书对每一个企业层面的连续变量都进行了1%和99%的winsorize处理。本书使用的有关公司成本的数据来源于CSMAR数据库中的资本结构数据库，其他样本公司的财务数据也均来自于CSMAR数据库；有关土地出让的数据来自《中国国土资源统计年鉴》，其他度量城市特征的数据主要来自历年《中国城市统计年鉴》。表4—1给出了主要变量的统计描述结果。

表4—1　　　　　　　　主要变量的描述性统计

variable	N	mean	sd	min	p50	max
Cost	21300	0.5650	2.3830	0.0014	0.0900	19.8300
Land	24000	0.5840	0.410	0.0027	0.4990	11.8200

续表

variable	N	mean	sd	min	p50	max
Roa	24300	0.0336	0.0648	−0.2790	0.0339	0.2090
Growth	23500	0.5050	1.6840	−0.8020	0.1260	12.9900
Lev	24300	0.4700	0.2340	0.0473	0.4670	1.3300
LandLn	24100	14.2700	1.6150	5.2710	14.4500	16.8400
LandGdp	24000	0.0538	0.0368	0.0001	0.0471	0.8430
Size	24300	3.3480	1.2910	0.5060	3.2110	7.2620
Fiscal	23900	0.7580	0.2140	0.0464	0.8100	1.5410
Opening	23900	0.0009	0.0012	0.0000	0.0005	0.0077
Pgdp	23900	7.1040	5.1960	0.2560	6.3100	46.7700
Trade	22200	0.7130	0.7510	0.0005	0.4150	4.6220

资料来源：作者整理。

二 主要变量选取和说明

（1）土地财政。土地财政收入主要包含土地出让金、与土地资源相关的税费收入，以及土地抵押融资收入。土地出让金在土地财政收入份额中占比较大，但单从土地财政的绝对规模来度量土地财政，不足以反映地方政府对土地财政的依赖程度和吸引企业投资的倾向程度，因而本书用地方土地财政依存度作为核心解释变量。基于数据可得性，本书选取土地出让收入占地方政府一般预算收入比重作为地方政府土地财政依存度的度量指标。同时选用土地出让收入及其占 GDP 比重进行稳健性检验。

（2）融资成本。对于上市公司融资成本的度量，本书参考了 Pittman 和 Fortin（2004）的研究，将融资成本定义为债务利息支出与含息负债之比，同时选用托宾 Q 值做稳健性检验（邱牧远和殷红，2019）。其中，债务利息支出包括上市公司实际支付的现金股利、给其他投资单位的利润以及支付的借款利息、债券利息等；含息负债包括短期借款、长期借款、期末一年到期长期负债和应付债券等。

（3）控制变量。企业层面的控制变量包括：资产负债率（Lev），用企业总负债与总资产之比来度量；主营业务收入增长率（Growth），用来衡量公司的成长性；资产收益率（Roa）衡量企业资产利用效果；公司规模（Size），能有效衡量企业未来的财务风险和偿债能力，公司规模越大，其偿债能力越强，未来可能面临的财务风险越少，故公司的融资成本也会越低。本书用公司总资产的自然对数来衡量公司规模。

城市层面的控制变量包括：财政缺口（Fiscal），地方财政压力不同，政府干涉金融机构贷款的力度也会不同，本书以预算内财政收入与预算内财政支出之比衡量；对外开放程度（Opening），用当地实际使用外资金额与全社会固定资产投资总额之比表示；人均GDP（Pgdp），能有效反映企业所面临的宏观经济环境，社会融资结构的改变会使资金市场的供求产生波动，从而影响企业的融资成本；外贸依存度（Trade），在一定程度上反映了一个地区的经济开放水平，本书定义为当地贸易额占GDP的比重。

三 计量模型的设定

为验证土地财政对企业融资成本的影响，设定计量模型如下：

$$Cost_{ijt} = \alpha + \beta land_{ijt} + \gamma control_{ijt} + \theta_j + \delta_t + \varepsilon_{ijt} \tag{1}$$

其中，i、j、t 分别表示企业、城市和年份；被解释变量 $cost_{ijt}$ 为企业融资成本，同时选用托宾Q值做稳健性检验；$land_{jt}$ 为本书核心解释变量土地财政，定义为土地出让成交价款占地方一般预算收入比重，同时选用土地出让成交价款占GDP比重进行稳健性检验；$control_{ijt}$ 城市和企业层面的控制变量，θ_j 为城市固定效应，δ_t 为时间固定效应，ε_{ijt} 为随机误差项。

四 基准回归

土地财政对企业融资成本的回归结果如表4—2所示。本书分别采用了混合回归模型、固定效应回归与随机效应回归三种方法,三种方法的估计结果基本一致。由于固定效应模型结果显示存在个体效应,故认为固定效应明显优于混合回归,又因为Hausman检验结果显示,在1%的显著性水平下,拒绝了随机效应的原假设,支持了固定效应模型,即固定效应模型的估计方法相对更合理。固定效应模型结果为表4—2的第(3)和(4)列,土地财政与企业融资成本显著负相关,加入控制变量后,估计系数的绝对值变大了。又因为强烈拒绝"无时间效应"的原假设,在模型中考虑了时间效应,即双向固定效应模型,结果如表第(5)列所示,其系数变化不大且为负显著,这验证了假说一,即土地出让的增加造成企业融资成本降低,当地方政府对土地财政的依存度每增加10%,将会导致当地企业融资成本减少约1.78%。

控制变量中,企业规模的估计系数显著为负,表明企业规模越大,其债务融资成本越低;人均GDP和对外依存度的估计系数都显著为正,表明企业在经济发展较开放,居民生活水平较高的地区,当地企业的债务融资成本越高(Qian and Strahan,2007;Qi et al.,2010),这些结果都与之前文献的研究结果一致,符合预期。而资产债率的估计系数显著为负(陈晓和单鑫,1999),表明企业负债率越高,其融资成本越低,与预期相悖,这从侧面反映了中国上市公司的负债行为还处在被动负债阶段(叶康涛和陆正飞,2004)。

表4—2 土地财政对企业融资成本影响的估计结果

方法	混合回归	随机效应	固定效应		双向固定
	(1)	(2)	(3)	(4)	(5)
被解释变量	*Cost*	*Cost*	*Cost*	*Cost*	*Cost*
Land	−0.1462**	−0.1419***	−0.1440**	−0.1650**	−0.1782***
	(−2.4198)	(−3.3784)	(−2.3961)	(−2.4829)	(−2.8486)
Roa	1.1206***	1.2295***		0.7607**	0.6923*

续表

方法	混合回归	随机效应	固定效应		双向固定
	(2.9617)	(4.4426)		(2.0973)	(1.8761)
Growth	0.0039	0.0034		0.0066	0.0062
	(0.3944)	(0.3579)		(0.6378)	(0.5958)
Lev	−1.9040***	−1.9555***		−1.6453***	−1.6660***
	(−9.9791)	(−17.7046)		(−8.2470)	(−8.6272)
Size	−0.0205	−0.0175		−0.0304	−0.0968***
	(−0.9190)	(−0.8450)		(−1.0563)	(−2.9351)
Fiscal	0.0306	0.0516		−0.0657	0.0241
	(0.2256)	(0.3378)		(−0.3974)	(0.1442)
Opening	−50.2683**	−48.1841**		−59.7886*	18.5649
	(−1.9769)	(−2.0053)		(−1.7845)	(0.6721)
Pgdp	0.0129**	0.0129***		0.0134**	0.0075**
	(2.0270)	(3.3921)		(2.1413)	(2.0465)
Trade	0.1345	0.1154**		0.2434**	0.2744**
	(1.5780)	(2.1512)		(1.9763)	(2.2527)
_cons	1.6478***	1.6404***	0.6535***	1.4036***	1.2258***
	(9.5304)	(11.2272)	(18.5719)	(6.7919)	(5.3566)
聚类到城市	是	是	是	是	是
时间固定效应	否	否	否	否	是
城市固定效应	否	否	否	否	是
F			5.7412	14.8160	12.4108
r2_a			0.0006	0.0181	0.0210
N	18335	18335	21039	18335	18335

注：括号内为 t 值，*、**、*** 分别表示在 10%、5%、1%的显著性水平下通过检验。以下各表同。

资料来源：作者利用stata软件估计。

第五节 内生性讨论和稳健性检验

一 内生性讨论

土地财政与企业融资成本的关系,可能存在反向因果,即存在遗漏变量的内生性问题。前文的研究结果已经表明,地方政府对土地财政收入依赖的提高会降低企业的融资成本,但仍存在另一种可能性,即融资成本越低的企业,其所在城市的财政收入创造能力可能会越弱,这会导致地方政府通过加大土地财政力度来获取财政收入,增加了土地财政收入占比。同时,土地财政对企业融资成本的影响还可能有遗漏变量的估计偏误。具体而言,一个城市的土地财政规模与企业融资成本都可以反映当地经济的发展水平,在一个经济发展水平较高的城市,可能同时存在土地财政规模较小而企业融资成本较高的情况,这进一步导致土地财政对企业融资成本的影响被高估。面对这些反向因果和遗漏变量问题,本书通过以下三种方法来缓解内生性带来的估计偏误。

(1)房地产限购政策

因为可能存在遗漏变量同时影响解释变量和被解释变量以及土地财政指标测度误差,本书使用对土地财政有影响的限购政策来减少内生性。房地产限购政策在某种程度上抑制了房价的上涨,而房价与土地价格具有较强的正相关性(周彬和杜两省,2010),这表明限购政策对土地财政可能有抑制作用,且限购政策对土地价格的抑制作用会通过影响抵押品的价值,从而间接提高了企业的融资成本。总而言之,限购政策可能在一定程度上通过影响信贷规模,从而高估了土地财政对企业融资成本的影响,故本书通过研究限购政策对企业融资成本的影响来消除限购政策带来的混杂偏差。首先,本书用双重差分法(Difference-in-difference,DID)分别研究限购政策对土地财政和企业融资成本的影响,其次,通过交互项的形式来衡量限购政策是否高估或低估了估计结果,最后在基准模型的基础上加入限购政策来消除混杂因素带来的影响。

本书选取实施限购政策的城市作为实验组,未实施限购政策的城市作为控制组。同时,由于限购政策实施的时间点不同,而传统的DID模型只适用于对每个个体而言政策实施在同一时间的情况,故本书运用连续时间DID模型进行研究,基准回归模型设定如下:

$$Cost_{ijt} = \alpha + \beta Post_t \times treat_j + \gamma control_{ijt} + \theta_j + \delta_t + \varepsilon_{ijt} \quad (2)$$

其中,虚拟变量 $Post_t$ 表示限购政策实施时间的前后,在限购之前为0,否则为1;虚拟变量 $treat_j$ 表示城市 j 是否属于实验组,若城市 j 在样本时间内实施了限购政策为1,否则为0;$control_{ijt}$ 为城市和企业层面的控制变量,θ_j 为城市固定效应,δ_t 为时间固定效应,ε_{ijt} 为随机误差项。各城市的具体限购时间如下表所示。

表4—3　　　　　　　　房地产限购城市时间

时间	限购城市
第1批(2010年,1季度)	北京
第2批(2010年,4季度)	上海、天津、南京、杭州、福州、广州、大连、厦门、深圳、宁波、海口、三亚
第3批(2011年,1季度)	哈尔滨、沈阳、长春、呼和浩特、乌鲁木齐、银川、太原、石家庄、西宁、兰州、西安、济南、青岛、郑州、徐州、无锡、合肥、苏州、成都、武汉、舟山、绍兴、金华、温州、南昌、长沙、贵阳、昆明、南宁、佛山
第4批(2011年,3季度)	台州、衢州、珠海

资料来源:参照郑世林等(2016)整理。

估计结果表4—4第(1)列表明,限购政策对土地财政具有一定的挤出效应,第(2)(3)列结果表明,无论是否加入控制变量,限购政策的系数都显著为正,说明限购政策的实施提高了企业的融资成本,这与前文估计一致。为证明限购政策带来的影响,在第(4)列中,同时加入了土地财政以及限购政策与土地财政的交互项,发现限购政策与土地财政交互项的系数为正,且通过了1%的显著性水平,意味着房地产限购政策在土地财政对企业融资成本的影响中发挥了正向调节作用,即说明限购政策在一定程度上高估了土地财政对企业融资成本的影响。为消除这种偏差,在第(5)列中,同时加入了限购政策和土地财政依赖度,发现限购政策对企业融资成本的系数仍然为正,土地财政依赖度的系数仍显著为负,即消除限购政策影响后土地财政仍然能降低企业融资成本,这表明本书的实证结果是稳健的。值得注意的是,该系数的绝对值为0.1615,小于基准回归系数的绝对值0.1782,这进一步说明了限购政策在一定程度上高估了土地财政对企业融资成本的影响。

表4—4　限购政策对企业融资成本影响的固定效应模型回归结果

	(1)	(2)	(3)	(4)	(5)
被解释变量	*Land*	*Cost*	*Cost*	*Cost*	*Cost*
Post_treat	−0.1241**	0.1709***	0.2197***		0.1980***
	(−2.5066)	(2.7131)	(3.1694)		(2.9488)
Land				−0.1994***	−0.1615**
				(−3.1839)	(−2.5630)
Land_post_treat				0.2346***	
				(2.7912)	
_cons	1.0761***	0.4181***	0.9539***	1.2363***	1.1327***
	(7.9245)	(8.3886)	(4.4416)	(5.3833)	(4.9961)
控制变量	是	否	是	是	是
聚类到城市	是	是	是	是	是
城市固定效应	是	是	是	是	是
时间固定效应	是	是	是	是	是
F	12.3844	5.5272	13.1320	12.3542	12.9788

续表

被解释变量	（1） Land	（2） Cost	（3） Cost	（4） Cost	（5） Cost
r2_a	0.1925	0.0019	0.0209	0.0216	0.0216
N	20907	21262	18427	18335	18335

资料来源：作者利用stata软件估计。

平行趋势假设检验。实验组和控制组之间满足平行趋势假设，是保证双重差分估计结果满足无偏性的一个前提条件。如果实验组和控制组在限购政策发生之前存在时间趋势差异，就没有充足的理由说明融资成本的变化是由限购政策造成的，有可能就是事前时间趋势不同所导致的。因此，为了验证本书DID模型的合理性，本书通过动态效应验证在限购政策实施之前企业融资成本是否存在平行趋势。如图4—2所示，在限购政策实施之前的所有年份，限购政策的系数均与零无显著性差异，而在限购政策实施之后，放松管制的虚拟变量系数开

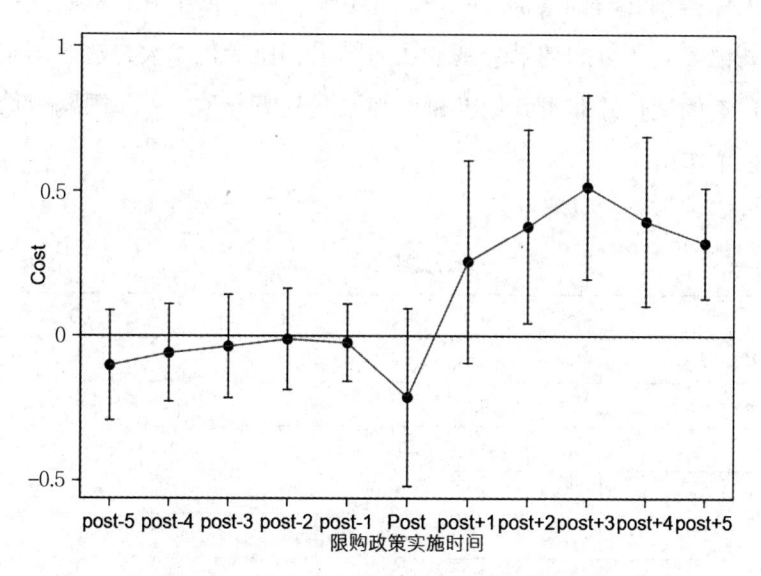

图4—2 限购政策对企业融资成本的动态效应

资料来源：作者绘制。

始变大，且在政策实施两年之后，系数在 1% 的水平上为正且显著，这说明限购政策对公司融资成本的影响具有一定的时滞性。限购政策对融资成本的影响在限购政策实施后的 4 年左右持续增长，然后开始缓慢减弱。总而言之，融资成本的变化并不先于限购政策，即该模型满足平行趋势假设。

安慰剂检验。利用 DID 进行政策评估可能面临的质疑是，所谓的"政策效果"并不一定是由限购政策带来的，而有可能是由同一时期的其他政策或因素引起的。为了排除这种可能性，借鉴已有研究的做法，通过改变政策执行时间进行安慰剂检验。本书的具体做法是，假设限购政策实施时间分别提前 1、2、3 年，并依此改变虚拟变量 post 的取值，然后重新进行 DID 估计，观察此时交互项的估计系数是否显著。若不再显著，说明企业融资成本的提高确实是由限购政策的实施带来的；反之，若依然显著，则说明前文的结果不可靠。本书考察了 2006 年到 2013 年限购城市与非限购城市的企业融资成本，结果如表 4-5 所示，无论将设立时间提前 1 年、2 年还是 3 年，交互项的系数均不显著，其他控制变量的结果与基准回归结果相比变化不大，这表明企业融资成本的变化并非由其他随机性因素或政策导致，而是限购政策本身产生了作用。

表4—5　　　　　　　　安慰剂检验

被解释变量	（1） Cost	（2） Cost	（3） Cost
post_treat1	0.0789		
	（1.1363）		
post_treat2		0.0881	
		（1.2989）	
post_treat3			0.0982
			（1.6144）

续表

被解释变量	（1）	（2）	（3）
	Cost	Cost	Cost
_cons	0.9927***	0.9684***	0.9908***
	(4.1406)	(4.1566)	(4.2704)
控制变量	是	是	是
聚类到城市	是	是	是
城市固定效应	是	是	是
时间固定效应	是	是	是
F	5.8937	5.2483	5.4174
r2_a	0.0130	0.0130	0.0130
N	11841	11841	11841

资料来源：作者利用stata软件估计。

（2）工具变量

本书参考周彬和周彩（2019），选取地方被划拨土地面积的增长率作为土地财政依存度的工具变量。首先，新增的被划拨的土地面积越多，地方政府对土地财政的依存度可能越大，但是被划拨的土地面积增多又不会直接影响企业融资成本，按照工具变量的要求，土地划拨面积的增长率只通过影响土地财政影响企业融资成本，即满足与内生解释变量的强相关性；其次，城市被划拨面积与影响企业融资成本的其他扰动项因素无关，即满足外生性条件。表4—6为估计结果，第（1）列，土地划拨面积增长率对企业融资成本的估计系数不显著，在第（2）列加上土地财政依存度后，该系数显著为正，故说明土地划拨面积的增长率只通过影响土地财政影响企业融资成本；在第（3）列中，土地划拨面积增长率估计系数为正，且通过了1%的显著性水平，意味着土地划拨面积增长率与土地财政依存度有较强的相关性，故其可以作为土地财政的工具变量。弱工具变量检验 Cragg-Donald Wald F 统计值为126.698，显然排除了弱工具变量问题。第（4）列为工具变量的估计结果，土地财政对企业融资成本的估计系数为-0.1999，大于基准回归的估计系数，这进一步证明了前文基准回归结果的稳健性。

（3）滞后变量

首先，本书对核心解释变量土地财政进行滞后一期处理，结果如表4-6第（5）列所示，土地财政的估计系数仍然显著为负，这说明是土地财政引起了企业融资成本的变化，因此，考虑了内生性后，本书结果仍具稳定性。同时为了排除控制变量可能带来的干扰，本书还将所有控制变量滞后一期处理，估计结果显示，土地财政的估计系数仍然显著为负，与上述结果一致，故本书结果仍是稳健的。

表4-6 工具变量法

	（1）	（2）	（3）	（4）	（5）	（6）
估计方法	双向固定效应		工具变量法		滞后变量	
被解释变量	Cost	Cost	Land	Cost	Cost	Cost
Land		-0.1840**		-0.1999*		
		(-2.3911)		(-1.6885)		
L.Land					-0.1090**	-0.1178**
					(-2.0020)	(-2.0959)
AllocatedLand	0.0001	0.0002*	0.0007***			
	(0.7824)	(1.7623)	(17.6579)			
_cons	1.2700***	1.4094***	0.7795***	1.4692***	1.2971***	0.7954***
	(6.2510)	(6.5779)	(6.0005)	(9.5542)	(6.1742)	(4.2118)
控制变量	是	是	是	是	是	是（滞后一期）
聚类到城市	是	是	是	是	是	是
城市固定效应	是	是	是	否	是	是
时间固定效应	是	是	是	否	是	是
F	11.6214	12.0381	55.6996		12.1609	8.5038
r2_a	0.0188	0.0196	0.2107	0.0617	0.0198	0.0107
N	16369	16369	18680	16369	16968	17064

资料来源：作者利用stata软件估计。

二 稳健性检验

（1）替换变量

邱牧远和殷红（2019）认为托宾 Q 值是能估计企业的市场价值，可以用来衡量一家企业的市场价值是否被低估或高估。托宾 Q 值越高，投资者对企业的综合能力和发展前景越认可，企业通过各种途径进行融资的成本也就越低。本书运用这一指标替代融资成本，进行稳健性检验。此外，关于土地财政的指标，用土地出让成交价款占 GDP 比重和土地出让收入替代土地财政依存度，对基准回归结果进行再验证。表 4—7 第（1）（2）（3）列结果均表明本书的研究结论非常稳健。值得注意的是，土地财政对托宾 Q 值的估计系数显著为正，这与前文提到的托宾 Q 值越高，企业融资成本相对越低相符。

表4—7　　　　　　稳健性检验

	（1）	（2）	（3）	（4）	（5）	（6）
时间段	2004—2016	2004—2016	2004—2016	2004—2008	2008—2011	2011—2016
被解释变量	Cost	Cost	Tobin_q	Cost	Cost	Cost
Land				0.0312	−0.1571*	−0.3036**
				(0.8472)	(−1.8313)	(−2.0965)
LandLn		−0.1050***	0.0756**			
		(−3.7511)	(2.3137)			
LandGdp	−2.1643***					
	(−2.8294)					
_cons	1.1416***	2.3895***	4.9239***	0.9591***	0.7100	2.7932***
	(5.3494)	(5.7278)	(7.5143)	(4.3879)	(0.9500)	(6.9803)
控制变量	是	是	是	是	是	是
聚类到城市	是	是	是	是	是	是
城市固定效应	是	是	是	是	是	是

续表

	（1）	（2）	（3）	（4）	（5）	（6）
时间段	2004-2016			2004-2008	2008-2011	2011-2016
时间固定效应	是	是	是	是	是	是
F	12.8765	13.3049	111.4673	4.1805	1.9277	14.2910
r2_a	0.0212	0.0211	0.2226	0.0119	0.0103	0.0274
N	18335	18335	20292	5740	5728	9834

资料来源：作者利用stata软件估计。

（2）异质性分析

为了分析土地财政对企业融资成本影响的稳健性和差异性，本书分别对时间、企业所在省份及其所有制分类进行分样本回归。考虑到金融危机和房地产限购政策的影响，将样本以2008和2011年为界按时间段分类回归，表4-7第（4）（5）（6）列表明，金融危机前，土地财政对企业融资成本的影响小，且不显著；金融危机后，其影响显著为负，特别是房地产限购政策实施后，土地财政系数的显著性和绝对值都更优，这是由于利率市场化在这一时间段加快推进了，中国人民银行决定自2012年6月8日起下调金融机构人民币存贷款基准利率，2013年7月20日起全面放开金融机构贷款利率管制，这些措施都在一定程度上降低了企业的融资成本。另一方面，房地产限购政策的实施，也高估了土地财政对企业融资成本的影响，这都会造成估计系数的显著提高。表4-8第（1）（2）（3）列为按企业所在省份地理位置分类①的回归结果，土地财政依存度的系数在西部不显著，而在东部地区和中部显著为负，这说明土地财政影响企业资金成本需要一定的市场环境和金融环境，西部地区民营企业比例小，市场体系发育不健全，

---

① 东部地区包括辽宁、河北、北京、天津、山东、江苏、上海、浙江、福建、广东和海南11个省份的地级市，中部地区包括山西、安徽、江西、河南、湖北和湖南6个省份的地级市，其余为西部地区。

不具备传导基础。而中东部金融市场发达，金融体系完善、金融工具丰富，资金的供给和需求都很大，一旦土地市场化，土地带来的内生货币乘数会更大，对企业融资成本的影响更显著。值得注意的是，中部地区土地财政依存度的系数在显著性与数值上均优于东部地区，这是由于中部的区域金融市场封闭性相对东部更强，土地财政通过货币内生性对企业融资成本造成的影响更理想。表4-8第（4）—（7）列为按照企业所有制分类[①]的回归结果，土地财政依存度对中央企业影响系数较小且不显著，而对地方国有企业与民营企业的融资成本有显著影响，特别是民营企业，其影响系数和绝对值都更优。这是因为在对不同规模的企业发放贷款时，部分银行存在着差别贷款的行为，相对于一般企业，拥有政治关系或者与政府有密切关系的企业更容易获得银行的贷款（Cull et al., 2005），即银行更倾向贷款给国有企业、大企业，而中小企业等民营企业贷款相对较少，这就导致土地财政通过货币内生性来影响国有企业融资成本的效用减弱甚至消失。

总体来看，本章的核心解释变量土地财政依存度对大多数子样本依然是显著的，但是也存在一定差异性，对外资企业不显著，对民营企业的影响程度大于国有企业；对西部地区不显著，对中部地区的影响程度大于东部地区，影响程度呈现一定的递减特征。

表4—8 分样本回归

	（1）	（2）	（3）	（4）	（5）	（6）	（7）
分样本	西部	东部	中部	中央企业	地方国企	民营	外资
被解释变量	*Cost*	*Cost*	*Cost*	*Cost*	*Cost*	*Cost*	*Cost*

[①] 企业股权性质按照实际持股人性质分类，其中央企的实际持股人包括中央国有企业，中央国家机关，国资委；地方国有企业实际持股人包括地方国有企业，地方国资委，地方政府；民营企业实际持股人为个人；外资企业的实际持股人在境外；剩余公司为其他，包括实际持股人不明确的企业。

续表

分样本	（1）西部	（2）东部	（3）中部	（4）中央企业	（5）地方国企	（6）民营	（7）外资
Land	−0.0902	−0.1265*	−0.3730**	0.1148	−0.1852*	−0.2101***	−0.5011
	(−0.9532)	(−1.6914)	(−2.0950)	(0.7472)	(−1.7748)	(−3.5216)	(−1.0589)
_cons	1.1058*	1.1446***	1.6896***	0.6181	1.6457***	1.2357***	1.6925*
	(1.9026)	(3.1068)	(4.1033)	(0.8325)	(3.9162)	(4.4502)	(1.9423)
控制变量	是	是	是	是	是	是	是
聚类到城市	是	是	是	是	是	是	是
城市固定效应	是	是	是	是	是	是	是
时间固定效应	是	是	是	是	是	是	是
F	5.5947	29.8213	20.1693	5.8839	16.7069	1.8632	10.0723
r2_a	0.0272	0.0221	0.0187	0.0180	0.0262	0.0018	−0.0080
N	3084	12196	3055	2692	5887	8210	501

资料来源：作者利用stata软件估计。

同时本书对企业所属行业进行了分样本回归①，表4—9结果表明，对于不同的企业，土地财政对企业融资成本有显著作用的估计系数均为负，这证明了本书结果的稳健性。其中水利、环境和公共设施管理业的显著性最优，而对文化、体育和娱乐业企业的融资成本的影响最大。

---

① 本书根据证监会行业分类标准，将样本分为18个行业，但因篇幅问题，该表格只列出了其中样本数量较大的7个行业。

表4—9　　　　　　　　　　　　　分行业回归

	（1）	（2）	（3）	（4）	（5）	（6）	（7）
行业名称	制造业	房地产业	信息传输、软件和信息技术服务业	交通运输、仓储和邮政业	建筑业	水利、环境和公共设施管理业	文化、体育和娱乐业
被解释变量	Cost	Cost	Cost	Cost	Cost	Cost	Cost
Land	−0.1232*	−0.2446	−0.3795	0.1179	0.0213	−0.6631***	−0.8433*
	(−1.6925)	(−1.5465)	(−1.4560)	(1.0511)	(0.5297)	(−3.9205)	(−1.9286)
_cons	1.3979***	1.6091	1.8712*	0.0168	0.2258	0.3680	−0.2009
	(4.7216)	(1.0495)	(1.9741)	(0.0209)	(1.1825)	(0.4228)	(−0.1131)
控制变量	是	是	是	是	是	是	是
聚类到城市	是	是	是	是	是	是	是
城市固定效应	是	是	是	是	是	是	是
时间固定效应	是	是	是	是	是	是	是
F	8.2928	82.5039	17.9640	44.3440	247.6068	45.2713	.
r2_a	0.0237	0.0230	0.0183	0.0544	0.0208	0.0312	0.0800
N	10652	1189	866.	723	514	240	219

资料来源：作者利用stata软件估计。

（3）其他方法

除此以外，本书另外完成的稳健性检验还包括以下内容：一是改变控制变量，通过增加和减少控制变量的数量，改变控制变量的定义方法。二是重新定义样本，只保留样本中连续出现至少8年的公司进行分析；使用限购政策实施后即2011—2016年的样本进行分析；采用平衡数据进行分析。回归结果显示，我们的研究结论没有发生显著变化，研究结果具有较好的稳健性。

第六节 机制检验

前文证明了土地财政能显著降低企业的融资成本,那么是什么原因导致这一现象的产生?换句话说,土地财政是怎样影响企业融资成本的,这其中的传导机制是什么?政府无论通过土地抵押获得银行贷款,还是将土地财政收入存入银行,都将改变城市的信贷规模,从而降低企业的融资成本;同时,土地财政的力度必然也影响着城投债的发行,而城投债涵盖了大部分企业债和少部分非金融企业债务融资工具,故认为政府城投债也是其作用机制;而土地财政的实施会带来地价房价的提高,而房地产作为企业融资的抵押物之一,价格上升自然降低了融资难度,减少了融资成本。为了证明上述猜想,本书分别取银行存贷款金额、城投债金额和房地产价格三个指标进行中介效应检验。

本书参考 Preacher 和 Hayes(2004)提出的 Bootstrap 方法进行中介效应检验,该方法在 Baron 和 Kenny(1986)的因果逐步回归分析法的基础上做了修订,有更高的检验力(Hayes 和 Scharkow,2013;MacKinnon,2009;温忠麟和叶宝娟,2014)。中介效应检验方程有三个,其中 mediation 代表中介变量:

$$Cost_{ijt} = \alpha_0 + \alpha_1 Land_{jt} + Control_{ijt} + \theta_j + \delta_t + \varepsilon_{ijt} \quad (3)$$

$$Mediation_{jt} = \beta_0 + \beta_1 Land_{jt} + \beta_2 Control_{ijt} + \theta_j + \delta_t + \varepsilon_{ijt} \quad (4)$$

$$Cost_{ijt} = \gamma_0 + \gamma_1 Land_{jt} + \gamma_2 Mediation_{jt} + \gamma_3 Control_{ijt} + \theta_j + \delta_t + \varepsilon_{ijt} \quad (5)$$

具体检验的步骤如下:第一步,用模型(3)检验土地财政对企业融资成本的影响,若系数 α_1 显著,则中介效应成立。第二步,依次检验模型(4)中的估计系数 β_1 和模型(5)中的估计系数 γ_2,若两个系数都显著,则间接效应显著,跳到第四步;如果只有一个显著,进行第三步。第三步,用 Bootstrap 法直接检验原假:$\beta_1 \times \gamma_2 = 0$,如果结果不显著,则间接效应不显著;否则间接效应显著,进行下一步。第四步,检验方程(5)的系数 γ_1,如果结果显著,则说明直接效应显著,进行下一步;如果不显著,则直接效应不显著,说明只有中介效应。第五步,观察 $\beta_1 \times \gamma_2$ 和 γ_1 的符号,若符号相同,说明其属于部分中介效应;若符号相反,则属于遮掩效应。

一 银行存贷款

对于中介变量银行存款增加额,中介效应检验结果于表 4-10 的第(1)至(4),第一步检验即基准回归,意味着土地财政对企业融资成本的影响存在中介效应。第二步中,模型(4)中土地财政对银行存款增加额显著为正,但模型(5)中银行存款的系数不显著,因此第三步采用 Bootstrap 法检验是否存在间接效应,结果拒绝原假设,这表明间接效应显著,即土地财政力度的加大将通过扩大银行存款规模降低企业融资成本。第四步和第五步结果表明 $\beta_1 \times \gamma_2$ 和 γ_1 的符号相同且显著,这说明直接效应显著,银行存款属于部分中介效应。

同样,对于银行贷款,本书同样选取银行贷款增加额作为中介变量。由于模型(2)固定效应结果显示不存在个体效应,故此模型用混合回归,其他模型均为双向固定效应模型。中介效应检验结果于表 4-10 第(5)至(7),第一步检验即基准回归,第二步中,模型(4)中土地财政对银行贷款显著为正,但模型(5)中银行存款的系数不显著,因此第三步采用 Bootstrap 法检验是否存在间接效应,结果拒绝原假设,这表明间接效应显著,即土地财政力度的加大将通过扩大银行贷款规模降低企业融资成本。第四步和第五步结果表明 $\beta_1 \times \gamma_2$ 和 γ_1 的符号相同且显著,这说明直接效应显著,银行贷款属于部分中介效应。

值得注意的是,当用土地出让金取代土地财政依存度时,土地财政会增加当地银行存贷款规模,而用被解释变量土地财政依存度时,土地财政对银行存款增加额正显著,对银行贷款增加额负显著,这说明银行存款增加额显著大于银行贷款增加额。由于在金融市场上，贷款属于资金需求，而存款属于资金供给，当存款增加额大于贷款时，固然会引起贷款利率的降低，从而降低企业的融资成本，即土地财政依存度通过改变信贷规模，从而降低信贷利率，最终减少企业融资成本。

表4—10　　　　土地财政、银行存款与企业融资成本

	（1）	（2）	（3）	（4）	（5）	（6）	（7）
中介变量	基准回归	银行存款			银行贷款		
被解释变量	Cost	Deposit	Deposit	Cost	Loan	Loan	Cost
Land	−0.1782***	0.1468**		−0.1773**	−0.0428**		−0.1800**
	(−2.8486)	(2.4755)		(−2.4061)	(−2.3283)		(−2.4462)
LandLn			0.1398***			0.0525***	
			(4.4222)			(3.4134)	
Deposit				−0.0535			
				(−1.1339)			
Loan							0.0344
							(1.2330)
_cons	1.2258***	0.5946***	−1.0908***	1.3532***	−0.0072	−0.6219***	1.3208***
	(5.3566)	(3.3994)	(−3.1765)	(6.5123)	(−0.2659)	(−3.5311)	(6.3812)
Bootstrap test		Z=−2.77；P=0.006			Z=−2.73；P=0.006		
控制变量	是	是	是	是	是	是	是
聚类到城市	是	是	是	是	是	是	是
城市固定效应	是	是	是	是	是	是	是
时间固定效应	是	是	是	是	是	是	是
F	12.4108	29.3302	27.1095	16.7537			12.0295
r2_a	0.0210	0.3170	0.3366	0.0203			0.0203
N	18335	21292	21292	16954	19431	19431	16954

资料来源：作者利用stata软件估计。

二 政府城投债

本书参考曹婧等（2019）给出的城投债金额数据，用城投债增长率作为中介变量。中介效应检验结果于表4—11，第一步检验为基准回归，估计系数与全样本系数基本相等，这说明了基准结果的稳健性。第二步中，模型（4）中土地财政对城投债显著为负，且在模型（5）中城投债的系数显著为负，则说明间接效应显著。又由于模型（5）中土地财政依存度系数不显著，这说明直接效应不显著，只有中介效应，即城投债规模是土地财政影响企业融资成本的中介机制。

表4—11　土地财政、城投债与企业融资成本

	（1）	（2）	（3）
	Cost	CityBond	Cost
Land	−0.1781**	−0.5669**	−0.0620
	(−2.3971)	(−2.0198)	(−0.7312)
CityBond			−0.0229**
			(−1.9741)
_cons	1.5351***	−0.2191	1.7380***
	(6.8175)	(−0.2462)	(5.5458)
控制变量	是	是	是
聚类到城市	是	是	是
城市固定效应	是	是	是
时间固定效应	是	是	是
F	10.8918	1.5670	16.1169
r2_a	0.0186	0.0133	0.0152
N	12544	8933	7707

资料来源：作者利用stata软件估计。

三 房地产价格

本书用各城市商品房销售额比销售面积替代房地产价格，用房地

产价格增长率作为中介变量，其检验结果表 4—12 所示，第一步检验为基准回归。第二步中，模型（4）中土地财政对房地产价格显著为正，但模型（5）中房地产价格的系数不显著，因此第三步采用 Bootstrap 法检验是否存在间接效应，结果拒绝原假设，这表明间接效应显著，即土地财政力度的加大将通过提高房地产价格，增加抵押品价值，从而降低企业融资成本。第四步和第五步结果表明 $\beta_1 \times \gamma_2$ 和 γ_1 的符号相同且显著，这说明直接效应显著，房地产价格属于部分中介效应。

表4—12　　　　　土地财政、房地产价格与企业融资成本

	（1）	（2）	（3）
	Cost	dprice	Cost
Land	−0.1671***	0.0821***	−0.1640**
	(−2.6632)	(4.4825)	(−2.1892)
dprice			−0.0960
			(−1.4410)
_cons	1.2278***	0.1406**	1.3843***
	(5.7236)	(2.2436)	(6.7781)
Bootstrap test		Z=−2.56；P=0.010	
控制变量	是	是	是
聚类到城市	是	是	是
城市固定效应	是	是	是
时间固定效应	是	是	是
F	11.2956	6.5930	13.1548
r2_a	0.0211	0.0347	0.0205
N	17229	18200	15860

综上所述，本书发现土地财政对企业融资成本的影响渠道有：（1）信贷规模与信贷利率，土地财政依存度的加大，扩大了银行的存贷款规模，但存款增加额明显快于贷款增加额，这导致贷款利率下降，从而降低了企业的融资成本。（2）城投债，土地财政对城投债规

模负显著,而城投债是为了城市基础设施等投资而发行的,城投债的减少固然会对企业融资成本产生挤入效应,从而降低企业融资成本。(3)房地产价格,土地财政力度的加大,会导致地价房价的快速上涨,而房地产作为企业融资的一种抵押品,其价值提升降低了企业的融资成本。

第七节 结论和政策含义

土地市场化是中国经济发展过程中内生货币的主要来源之一,而货币供给和需求的变化在区域金融市场相对封闭的条件下可以影响企业融资成本。本书利用 2004—2016 年的上市公司数据结合地级以上城市层面数据构造面板计量模型研究这些变量之间的内在规律。研究发现土地财政的增加降低了上市公司的融资成本,使用房地产限购政策作为外生冲击构造 DID 模型削弱内生性发现结论依然成立。分区域看,东部中部的效应更显著;分行业看,对水利环境、文体、制造等行业的效应更显著;分时间段看,次贷金融危机后的影响更显著。机制研究发现土地财政通过区域存贷款规模、区域房地产价格、地方城投债规模等渠道影响企业资金成本。基于上述发现,本书提出了重新看待土地财政的作用,应推进包含土地市场在内的要素市场的市场化改革,完善地方政府激励体系,统一金融市场降低企业融资成本等一系列政策建议。

政策含义:

第一,调整土地财政模式,使其对地方政府的激励更有效。土地财政的存在促使资金成本降低的效应有自我肯定的闭环链条,在高质量发展时代背景下,应该把土地财政和公共服务更密切地联系起来,充实地方的税收体系,把主要招商引资吸引企业变成主要吸引人才和劳动力,促进所在区域居民的生活水平提高,把就业率变成更重要的考核指标。

第二，顶层设计层面重新梳理财政和金融的分工和协作。金融和财政是国家治理体系的重要组成部门，货币政策机制的传导需要微观的政府财政政策约束机制的健全，财政政策效果的良好发挥也离不开宏观金融政策。财政部履行国有金融资本的出资人职能，财政支出也离不开投融资市场的有力支撑。二者应该在新时期强化协作，共同完善宏观调控效率。

第三，规范地方政府的金融行为。尽管土地财政具有正向的作用，可以在金融分割的条件下降低企业资金成本，但是地方政府这种策略行为损害了全国性的统一金融市场体系，也损害了货币政策传导机制，不利于发挥金融支持实体经济的职能，尤其是需要规范名财政实金融的一些变相融资工具。

第四，深化改革降低企业的资金成本。积极推进包含土地市场化改革在内的技术、劳动力等市场化改革步伐，例如鼓励技术更大份额更大程度参与收入分配、放松户籍制度鼓励人口流动、完善婴幼儿看护制度提高女性劳动参与率等等这些改革使得没有进入市场交易的行为或者资源变成市场行为或产品服务，这本身会带来制度红利促进经济增长，也会间接地通过市场化带来企业生产成本的降低。

第五章 土地财政、企业杠杆率与债务风险[①]

第一节 引言

土地财政作为中国经济的一个典型现象，近年来饱受争议。有学者从正面的角度评价了土地财政的作用，例如认为土地财政是伟大的制度创新，通过信用工具为城市化发展提供原始积累（赵燕菁，2014）；土地财政不仅推动了城市公共基础设施的投资，还进一步促进了城市建设与区域经济发展（张平和刘霞辉，2011）。当然即使这些从正面看待土地财政效果的学者也认为土地财政具有阶段性，在发挥了一定的作用后，负面效果会出现甚至逐渐大于正面效果。土地财政一般包含土地出让、土地相关税费、土地抵押融资等内容，其中土地抵押融资规模近年来急剧膨胀[②]。地方政府为了招商引资发展地方经济，常常压低本地区的要素价格，例如不仅在土地出让市场上压低工业用地价格，还会为所在区域的企业发展提供优惠的产业、金融等方面的政策支持。一方面城市土地虽然属于国家所有，但在分税制下土地出让收入主要由地方支配，另一方面农村集体用地转为建设用地，地方政府虽无法控制总量，但在节奏和布局方面几乎拥有绝对话语权。

[①] 本章合作者为周彩。
[②] 根据2015年《国土资源公报》数据，截至2015年底，84个重点城市处于抵押状态的土地面积为49.08万公顷，抵押贷款总额11.33万亿元。

总之土地的供给基本由地方政府垄断，在以 GDP 为标尺的指标考核与财政分权模式的财政体制背景下，地方政府对土地财政产生了高度依赖。

在中国土地城镇化高速推进的同时，非金融企业部门杠杆率自 2011 年起迅速上升：从 2011 年 9 月的 100% 上升至 2017 年一季度的 157.7%[①]。与之相关，Wind 资讯数据显示，2018 年全年新增 42 家违约主体，涉及债券 118 只。违约金额方面，2018 年债券市场涉及违约金额达 1154.5 亿元，而 2017 年这一数据为 337.5 亿元。若高杠杆一直维持在较高水平且债市违约风险高企，则会限制企业的负债融资能力、引致企业筹资的短视行为，甚至诱发企业债务危机，进而传导增加全社会的金融风险（王红建等，2018）。非金融企业部门杠杆率的上升不仅受企业的盈利水平、负债能力等内部因素的影响，还受到货币政策、银行信贷等外生宏观冲击（饶品贵与姜国华，2013）。无论是地方企业自身的发展，还是国家政策的实施与落实，都离不开地方政府的策略行为，尤其是近年来占据地方一般公共预算本级收入过半的土地财政这种策略行为。土地、资本、劳动力要素价格的变化对一个企业的生产经营活动与负债融资成本影响甚大，政府的土地出让行为必然会通过劳动力、土地要素的再配置效应影响着企业的杠杆率。因此站在全社会的角度而言，一个核心的问题是研究政府的融资和企业的融资是互补还是替代，辨析政府的这种土地出让依赖行为是挤出还是挤入了企业的负债融资。地方政府的土地财政策略与非金融企业杠杆率高升有何关联？土地财政是否诱发了非金融企业部门的过度负债行为，抑或是缓解了企业的融资约束与资金短缺压力，为企业创新与长远发展开拓了融资渠道？又是否对不同产权性质、不同地区的企业部门间产

[①] 参见《降杠杆不只是减负债——中国企业部门债务风险的再考察》，财新网，2018 年 1 月 11 日。

生差异性冲击？

　　杠杆率无节制攀升不仅影响实体经济的发展，还极大可能引发金融或者债务风险。为防范化解金融风险，中央多次出台重大政策。2016年10月10日国务院发布了《关于积极稳妥降低企业杠杆率的意见》，提出降杠杆要把握好稳增长、调结构、防风险的关系，注意防范和化解降杠杆过程中可能出现的各类风险。2017年召开的党的十九大要求坚决打好防范化解重大风险、精准脱贫、污染防治三大攻坚战，防范化解风险放在三大任务第一位。2018年全国银行业监督管理工作会议亦提出，应着力降低企业负债率，推动企业结构调整和兼并重组，严格控制对高负债率企业融资等。因此，理清土地财政与非金融企业过高杠杆率之间的关系，对于合理调整中央和地方的财政治理体系、防范化解金融风险具有重要的政策意义。同时理论上也能部分总结中国式增长的一些规律，为中国经济下一步的转型升级、迈入高质量增长阶段提供学术支持。

　　为此，本书使用2004-2016年沪深两市A股非金融类上市公司为研究样本，结合地级城市的土地出让等城市和宏观层面数据，试图捕捉土地财政与非金融类上市公司杠杆率的内在联系。为了验证这一想法，首先，本书引入过度负债程度这一变量，作为判断企业是否在长期及动态角度上存在过度负债状况的衡量指标；同时在此基础上引入企业的偿债能力指标，从当期及长期视角探究土地财政是否提高了企业的偿债能力，以更全面地考察土地财政对企业杠杆率及可能的偿债风险的影响。研究发现，地方政府对土地财政的依存增加会提高企业的过度负债概率，且增加了企业的短期偿债风险与未来偿债压力。其次，通过对土地财政影响企业过度负债行为的渠道分析，地方政府的土地财政依存行为可能会因地区房地产抵押物价值的提升，缓解企业的债务负担，增强企业的偿债能力。在土地财政的冲击下，银行信贷资源对于国有企业的倾向配给的确助长了国有企业的过度负债行为，地方政府债务显著地挤出了企业杠杆率。最后，本书进一步深入过度负债企业样本内部，试图考察过度负债企业在土地财政的冲击下，是否有效提高了企业的盈利能力与持续发展能力。

本书首次探讨了土地财政与非金融类企业高杠杆之间的内在关联，又在此基础上进一步探析了土地财政与企业偿债能力之间的关系，并深入过度负债企业内部，从企业的销售增长率、净资产回报率、研发投入、员工人均主营业务收入等多个角度，探析过度负债企业是否会因地方政府的土地出让依存行为提高企业盈利能力与可持续发展能力。本章实际上是对土地资源的错配进行一个间接评估，对于进一步理解中国供给侧结构性改革背景下非金融企业的高杠杆现象与债务危机的防范化解提供了一个新的研究视角。

第二节 文献综述

由于土地具有物质资本、金融资本和消费品属性，因而土地财政也具有多种属性。以前较多的观点认为因分税制下地方财政收支压力增加，进而逼迫地方政府进行土地财政（卢洪友等，2011；孙秀林和周飞舟，2013）。反对的观点则从晋升激励等角度认为土地财政是地方政府追求 GDP 最大化的手段，没有财政收支压力照样进行土地财政（张莉等，2011；范子英，2015）。土地财政作为地方政府发展辖区经济的一种手段，既有研究多从宏观或者区域视角考察土地财政对于地方经济增长的影响（梅冬州等，2018），而较少关注土地财政对于微观企业的影响。2008 年金融危机以来，非金融企业部门杠杆率整体层面上不断上升（钟宁桦等，2016），而一旦债务持续过高，不仅企业部门会面临现金流量问题乃至破产倒闭，金融机构的不良贷款率会上升，政府的财政可持续也将会受到冲击。但由于企业较强的负债融资是一把双刃剑，一方面能增加公司的市场价值（姜付秀和黄继承，

2011），而另一方面过高的负债也会导致较低的业绩增长，引发债务风险（Campello，2006）。已有文献对影响企业负债融资行为的相关问题进行了一些初步探讨，且主要集中在房地产抵押物效应、产业倾向政策和信贷资源配给等角度。

关于房地产抵押物效应与企业负债融资行为的研究，主要基于资产泡沫理论中的流动性效应。在过去几年里，房地产价格持续上涨，很多工业企业将原本用于制造业发展的资金转向投资回报率高的房地产业或金融业，这种现象的产生不免引起学术界与政策界对于中国是否出现泡沫危机（尤其是房地产领域）的担忧（王永钦等，2016）。资产泡沫对于企业投融资具有较为复杂的影响，一方面泡沫资产可以充当抵押品，增强信贷约束企业的负债融资能力，促使企业将资产投入到更有效率的产业（Farhi 和 Tirole，2012），另一方面资产泡沫也会引起企业将资金投向已过度繁荣的房地产业，引发类似 20 世纪 90 年代日本的泡沫危机。徐升艳等（2018）基于 1999-2015 年地级市面板数据，发现土地出让市场化通过土地与房产抵押物价值的提升，从而缓解城市融资约束，提高城市企业的信贷与投资能力。余静文和谭静（2015）利用中国工业企业数据和 35 个大中城市的宏观数据的匹配，发现了房价上涨会引起企业投资—现金流敏感度的下降，且能够更有效缓解经营时间更长或者内部资金更充裕的私有企业的融资约束程度。Gan（2007）基于包含日本所有公开交易的制造业公司的大样本，以 20 世纪 90 年代的资产泡沫危机作为自然实验，衡量抵押物价值的波动，发现土地价值崩盘后的五年内，土地价值每下降 10%，会引致企业投资下降 0.8 个百分点，并导致企业更弱的负债能力。上述文献主要是从房产或地产价值提升角度来探讨其对企业负债融资的影响，因所用数据限制或特定行业企业的选取不同，也使得研究结果存在差异。

事实上，由于地方政府对土地供给的垄断性，土地财政除通过土地、房产等资产要素的再配置效应影响企业杠杆率外，还通过相应的政策倾斜影响企业的所在行业或产业发展。如地方政府出于政治晋升的考虑，会主动将资金和土地等投向那些能够带来更多 GDP 和税收的制造业和建筑业等产业的投资以及基础设施投资（陶然等，2007）。既有研究已从多个视角探讨了土地财政的产业结构影响。郭志勇等（2013）认为地方政府的土地财政行为，在以经济增长为考核导向的激励约束下，倾向于将优惠政策给予那些富含地方财政收入的房地产等服务业，以增加土地收益，放大土地在宏观经济增长上的作用。周彬和周彩（2018）基于地级城市数据的研究，表明土地财政倾向将原本应投入工业制造业的资源转向回报率高的房地产业，产生了提前去工业化的效应。以上文献虽指出了土地财政的产业倾向效应，但多为宏观层面的视角，未深入到微观企业内部的投融资行为。

关于信贷资源配给效应与企业负债融资行为的研究争议较大。多数研究均认为在中国特殊的制度背景下，相比非国有企业，国有企业存在政府隐形担保，具有债务融资优势（陆正飞等，2015；Chang 等，2014），还有一些学者认为信贷资源配给并不存在所有制上的歧视，主要在于自身资源禀赋和宏观金融环境上的差异（苟琴等，2014）。无论持哪一种观点，已有研究普遍认为信贷资源配给对于企业的债务融资与经营发展至关重要，但并未考虑到土地财政是如何通过银行信贷资源配给影响企业杠杆率的。本书认为经济活动中连接着实体经济生产经营活动的银行信贷和政府融资在实现土地财政影响企业负债融资的过程发挥着重要的桥梁作用。

由于土地财政影响企业杠杆率的渠道较为复杂，且企业杠杆率的高低并不意味着企业具有高债务风险（陆正飞等，2015），因此对于识别影响渠道并没有得到较好的验证。有必要理清独具中国特色的地方政府的土地财政是如何影响企业负债水平的，才能较为全面地理解非金融类企业部门杠杆率高升的现象。与已有文献相比，本书主要在以下三方面有所不同：第一，本书并未将企业实际杠杆率作为被解释变量,而是测算了企业目标负债率与实际负债率的偏离程度,以此衡量企业在长期及动态视角上的过度负债状态,从而较为准确地理解中国非金融类企业高杠杆之谜。第二,土地财政除通过影响土地或房产价值波动传导至企业的负债融资成本,还通过"两手供地"①的方式影响着企业的投融资行为,并在银行信贷配给的影响下起杠杆作用。本书通过分样本回归与相关影响渠道分析(房地产抵押、信贷资源配给和地方政府债务),对土地财政影响企业过度负债水平的相关传导因素进行了较为全面的探讨。第三,非金融类上市公司杠杆率高,并不意味着这些公司长期发展能力强,本书进一步讨论土地财政与企业偿债能力的关系,考察地方政府的土地财政依存行为是否有效提高了过度负债企业的负债使用效率,进而提高企业偿债能力和缓解企业高债务风险。

第三节 特征事实与研究假说

本部分总结相关特征事实,具体描述土地财政及中国非金融类上市公司杠杆率现状,同时结合相关理论分析提出本书的研究假说。

一 土地财政的区域差异和金融工具特征

由于各地区资源、交通、历史等因素的影响,地方政府对土地财政的依存度也存在明显差异。总体来看,地级市城市土地出让收入占地方公共财政收入的比例在60%左右,反映土地财政在提高地方政府可支配收入、促进地方经济发展方面影响甚大。分区域来看,2008年以前,西部地区地方政府的土地财政依存度较大,远高于中部和东部

---

① 两手供地是指地方政府在工业用地上压低价格,在住宅用地上提高价格。2018年自然资源部发布的《2017中国土地矿产海洋资源统计公报》指出,2017年年末,全国105个主要监测城市综合地价、商服地价、住宅地价、工业地价分别为4083元/平方米、7251元/平方米、6522元/平方米和803元/平方米。

地区，而 2008 年以后虽依然处于较高水平，但 2014 年后低于中部和东部地区；2009 年刺激计划后，中部地区土地财政依存度明显提高，之后也略高于西部和东部地区；东部地区整体土地财政依存度较中部和西部低。同时从图1中也可以看出土地财政依存度具有显著的周期性变化，而且经过分析发现这种周期和利率周期高度吻合，因为利率的传导需要一定的市场化基础，这种高度吻合背后的传导机制，会在那些高度市场化的地区更显著。东部地区虽房价与地价高于中西部地区，但土地财政依存度相对来说并不高。尤其是对于杭州、深圳这些产业转型升级较好的城市来说，土地财政的重要性也在逐渐下降。东部地区市场化程度较高，发展辖区经济的渠道亦更为丰富，而中西部地区政府可选择的融资工具相对较少，由于市场化进程较低，财政收入偏低，发行的债券利率更高，所以通过土地市场融资相对更重要，使得政府或企业融资需求对成本更敏感，土地财政相对于需要支付利息的债权融资性债务来说是一个备选。因此土地财政特征事实的这种区域分化一方面说明了土地财政具有历史阶段性，另一方面说明了土地财政的准金融工具属性。

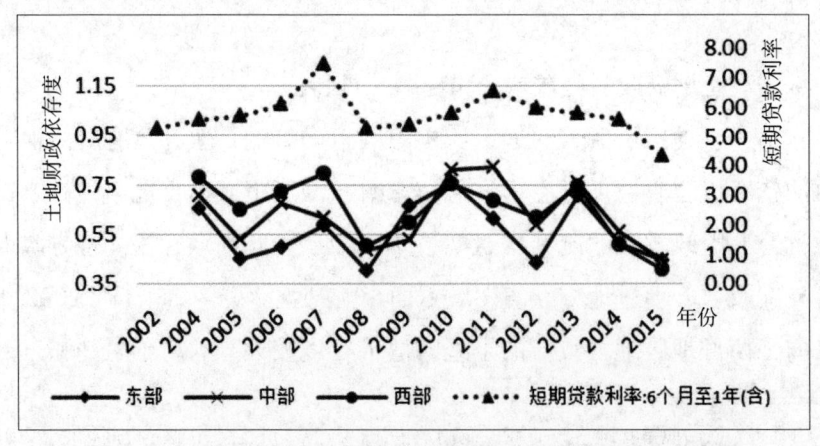

图5—1　地级以上城市分区域土地财政依存度及短期贷款利率图

资料来源：土地财政依存度根据《中国国土资源统计年鉴》城市数据整理、利率来自Wind资讯。

假说1：土地财政对市场化程度较高的东部地区企业、面临较高融资成本的中西部地区的政府的负债融资影响更大，而对中西部地区企业杠杆率的影响可能存在滞后效应。

二 企业杠杆率趋势分析

次贷金融危机后，中国的整体杠杆率持续上升，这和四万亿刺激政策增加了负债、而同时国内外环境和经济周期导致企业效益下降有关。相比政府部门和居民部门，中国企业负债率（115%）过高，远高于发达国家的水平（90%）。从非金融部门整体杠杆率上看，截至2017年上半年，中国的宏观杠杆率（255.9%）高于南非、巴西等其他主要新兴市场国家，也高于新兴市场国家的整体水平（190%）[①]。而另一方面，企业直接融资比例明显偏低，大概在23%左右，也由此造成企业杠杆率居高难下。

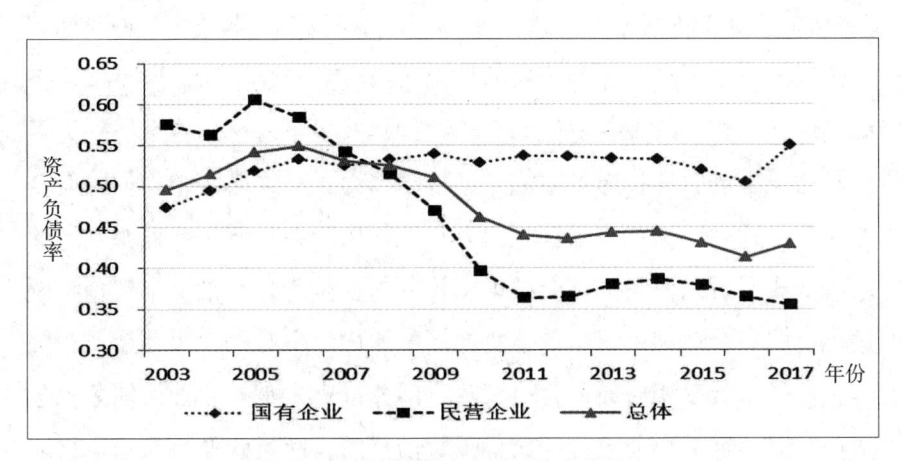

图5—2 非金融类上市公司资产负债率

资料来源：根据国泰安数据库数据整理所得。

从非金融类上市公司整体资产负债率上看，自2006年后呈现缓

[①] 参见《降杠杆不只是减负债——中国企业部门债务风险的再考察》，财新网，2018年1月11日。

慢下降态势，而近期（2016年起）又有所回升。分企业所有制来看，2008年后，国有企业资产负债率远高于民营企业和外资企业，虽在2014年以后有缓慢下降趋势，但2016年起出现回升。民营企业资产负债率整体呈下降趋势，2011年以后虽有小幅上升，但2014年以后呈下降趋势。由此可以看出，近年来中国非金融类上市公司资产负债率偏高主要体现在国有企业上。

地方政府高度依赖土地出让收入偿债使得土地财政的风险与地方债务的风险交织在一起（何杨和满燕云，2012）。次贷金融危机后，四万亿的刺激计划主要是投向了基础设施和国有企业。对于政府来说，在应对风险、抵御衰退的时候，国有企业最能贯彻政府意图，倾向于增加土地投资从而稳定经济（杨继东等，2016）。对于银行来说，国有企业的隐性政府担保以及土地资产抵押价值较大，都使得央行更倾向于对国有企业放贷，这样就放大了国有企业的杠杆率。Chen等（2018）从货币政策传导机制的角度也说明了国有企业成为衰退时期刺激政策的一个渠道。这和经典的货币政策传导机制分析有所不同，传统理论认为货币政策在宽松和紧缩两种模式下不对称：像缰绳一样可以勒住飞驰的骏马，但是不能通过推动缰绳让马飞驰。中国的国有企业改变了这种定论：在预算软约束和道德风险在经济下行需要刺激的时候变成了可以信赖的刺激政策工具。这也是为什么图2中次贷金融危机后国有企业和民营企业走势逆转的原因。但是相比民营企业，国有企业经营效率相对较低，尽管政府部分或完全承担企业的债务风险责任，以及这类企业更容易获得银行信贷的青睐，企业自身的道德风险叠加导致这类企业出现过度负债行为，引致偿债风险。国有企业尤其是地方国有企业本身在土地的存量市场占有了大量的土地，其次在土地交易市场因为存在各种倾斜性政策也更容易成为土地财政的利益获得者，更不用说政府成立的投融资平台公司直接管理土地资产。

假说2：土地财政由于经济下行时期国有企业的刺激政策工具性

质与政策传导机制伴随的道德风险助长了国有企业的过度负债行为。

三 土地财政对企业杠杆率的动态影响

企业杠杆率高，并不意味着企业将来会发生债务危机，企业的外部融资能力与内部盈利水平对于提高负债利用率、缓解债务风险也很重要。在控制其他因素的情况下，地方政府的土地财政行为对于地方企业的负债融资与发展影响甚大。土地财政属于一种金融工具，是地方政府为了发展经济一石多鸟的策略，首先，最明显的是在商住用地上增加土地出让收入和其他税收收入，其次，低价供应工业建设用地扩大招商引资增加地方 GDP，再次，一般忽略的就是土地市场化过程中增加的货币流动性，货币具有内生性，增加土地市场的交易，会增加这一区域的货币流动性，资金供给增加，从而利率降低，缓解企业的融资约束。这从另一个角度说明了土地财政在信贷资源配给的冲击下更加剧了产业资源的倾向配置，进而影响该产业企业的负债能力。土地财政对于企业负债融资能力的影响较为复杂，一方面因土地与工资成本的增加，引致以劳动密集型产业为主的中小企业在产业结构转型中遭受巨大的融资冲击，另一方面因土地与房产价值的提升，使得企业负债能力提高，一定程度上缓解了企业（尤其是私有企业）的融资约束（余静文和谭静，2015），若企业当期的盈利水平持续下降，所预期的未来现金流不足以在将来偿还所负债务，则极有可能引发企业未来的高债务风险。

假说3：土地财政缓解企业的融资约束的同时，亦可能因企业负债使用效率低下引致企业的偿债风险。

第四节 实证研究设计

一 模型设定

基于本书的研究目的和研究假说，设定如下基本模型，主要检验土地财政如何影响非金融类企业负债水平。具体模型如下：

$$disdebt_{ijt} / paydebt_{ijt} = \beta_0 + \beta_1 landrely_{it-1} + \beta_2 Control_{t-1} + \delta_i + \mu_t + \varepsilon_{ijt} \qquad (1)$$

其中，下标 i 表示城市，j 表示企业，t 表示年份；被解释变量为企业资产负债率，但在现实中，仅看企业资产负债率高低无法判断一个企业的负债水平是否合理（陆正飞等，2015），主要是因为一方面企业负债率高有可能是企业当前盈利水平高或所投资产品的资产回报率高，另一方面，如果企业具有政府或银行担保，尽管当期会存在较高的资产负债率，但从长期来看企业偿债压力并不大。所以实证中，本书将被解释变量调整为企业过度负债程度 $disdebt_{ijt}$，过度负债程度在一定程度上反映了企业未来的股票市场回报与经营风险（Caskey 等，2012），并同时使用资产负债率作为稳健性检验。本书主要关注的解释变量为上一期城市层面的土地财政依存度 $landrely_{it-1}$，即土地出让成交价款与地方公共财政收入的比值，以反映地方政府对土地财政的依赖程度会如何影响企业过度负债。同时，根据相关文献（Zhou 等，2016）的分析，本书将其他可能影响企业过度负债的因素加以控制，主要包括企业层面的经营性风险（$sdroa$）、销售利润率（$sale$）、公司规模（$size$）、所得税税率（tax）、非债务税盾（etr）、投资机会（$tobinq$）、企业现金流（$cash$）、有形资产占比（$tang$）和城市层面的人均国内生产总值（$pgdp$）；此外本书使用双向固定效应对模型（1）进行估计，所有解释变量均滞后一期；ε_{ijt} 为复合误差项。

二 主要变量选取和说明

1. 企业过度负债

本书借鉴 Uysal（2011）、陆正飞等（2015）的思路，测算目标负债率与实际负债率的偏离程度作为企业的过度负债指标。根据目标资本结构文献中的标准方法，基于模型（2）估计目标负债率。

$$mdebt_{ijt} = \beta_0 + \beta_1 X_{t-1} + \varepsilon_{ijt} \qquad (2)$$

其中，$mdebt_{ijt}$ 为企业资产负债率，模型（2）控制 X_{t-1} 的选取借鉴 Chang 等（2014）的思路，主要包括资产报酬率、固定资产与存货净值占总资产比例、公司规模、资产负债率的行业中位数、股权性质。进而对样本分年度进行 Tobit 回归，以预测企业的目标负债率，再计算企业的实际资产负债率与模型（2）测算的目标负债率的差额，即为过度负债（disdebt），该指标数值越大，表明企业过度负债程度越大，本书设定了企业过度负债的虚拟变量 odebt（若 disdebt 大于 0，则该变量取 1，否则取 0），作为稳健性检验。

2. 企业偿债能力

过度负债指标的设定主要是从长期及动态视角检验的负债情况，而企业存在过度负债现象并不意味着企业存在经营风险，还需要考虑企业整体的偿债或盈利能力有没有实质改善。本书从短期和长期两个角度选取衡量企业偿债能力的指标 $paydebt_{ijt}$，一般来说，衡量企业短期偿债能力的指标包括流动比率、速动比率和现金比率，该指标越大，反映公司短期偿债能力越强；衡量企业长期偿债能力的指标包括利息保障倍数、产权比率、带息负债比率，其中，前 3 个指标值越大，表明公司目前的长期偿债能力越强，带息负债比率反映企业负债中带息负债的比重，值越大，企业未来的偿债压力越大。以上指标从短期和长期视角来考察企业是否有能力偿还债务，避免出现违约风险，以维持企业正常经营活动。

3. 土地财政

土地财政收入主要来自农地被征用转为建设用地、城市建设用地变更用途进行商业开发的增值收益。长期以来，土地出让金在土地财政收入份额中占较大比重（蒋震，2014），且土地出让金的发展经历了从预算外到预算内调整的过程，这种管理模式给予了地方政府出让土地及获取土地收益较大的活动空间。因而与众多学者一致（卢洪友等，2011；邵朝对等，2016），本书选取土地出让收入作为地方政府土地财政的决策变量。由于本书主要考察政府出让土地的行为对企业负债的影响,单从土地财政的绝对规模不足以反映政府对于土地财政的依赖程度和在城市建设上进行土地融资与吸引企业投资的倾向度,因而本书构建了地方土地出让金依存度的衡量口径:土地出让成交价款与地方公共财政收入的比值,作为本书的核心解释变量。同时选用土地出让收入绝对规模进行稳健性检验。

4. 变量描述

表5—1 变量的定义

	变量名		变量说明
企业负债特征	debt	资产负债率	资产总计/负债总计
	disdebt	过度负债程度	实际负债率与目标负债率的偏离度
	odebt	是否过度负债	disdebt 大于 0 时取 1,否则取 0
企业偿债能力特征	flow	流动比率	流动资产合计/流动负债合计
	rate	速动比率	(流动资产合计—存货净额)/流动负债合计
	cash1	现金比率	(现金+现金等价物)/流动负债合计
	interest	利息保障倍数	(净利润+所得税费用+财务费用)/财务费用[①]
	equity	产权比率	负债合计/所有者权益
	lidebt	带息负债比率	(短期借款+一年期长期负债+长期借款+应付债券+应付利息)/负债合计
土地财政特征	landrely	土地财政依存度	土地出让成交价款/地方公共财政收入
	landinc	土地出让价款	ln(土地出让价款)
	xlandrely	协议出让依存度	协议出让价款/地方公共财政收入
	zlandrely	招拍挂出让依存度	招拍挂出让价款/地方公共财政收入
企业层面控制变量	sdroa	经营性风险	企业在过去 3 年中 ROA 的标准差
	sale	销售利润率	利润总额/主营业务收入
	size	公司规模	ln(总资产)
	tax	所得税利润	应缴所得税/利润总额

---

① 由于会计实务中将利息费用计入财务费用,并不单独记录,通常用财务费用代替利息费用进行计算。

续表

	变量名	变量说明	
企业层面控制变量	etr	非债务税	本年折旧/主营业务收入
	tobinq	投资机会	账面市值比
	cash	企业现金流	经营活动中的企业现金流量
	tang	有形资产占比	（固定资产净值＋存货净值）/总资产
城市层面控制变量	lpgdp	人均国内生产总值	ln（人均国内生产总值）
	house	房地产投资额	ln（房地产投资额）
	finance1	金融发展水平1	贷款余额/地区国内生产总值
	finance2	金融发展水平2	存款余额/地区国内生产总值
	hba	划拨土地面积	ln（划拨土地面积）

三 数据来源及描述性统计

本书以2004—2016年沪深两市A股上市公司为研究样本，数据来自于国泰安数据库，城市层面的土地出让收入来自2004-2016年《中国国土资源统计年鉴》，其他城市层面的变量均来自历年《中国城市统计年鉴》。样本始于2004年，是因为企业层面的数据需与城市层面的土地出让收入数据进行匹配[①]，而此数据自2004年以后才开始详细统计。样本筛选过程中，本书剔除（1）B股和新三板样本；（2）ST或PT公司样本；（3）金融类上市公司；（4）数据缺失或异常的样本。最后得到上市公司年度样本数据19339个。为了剔除异常值的干扰，本书对每一个企业层面的连续变量进行1%的缩尾处理。

主要变量的描述性统计如表5-2所示。从中可以看出，有50.2%的上市公司实际负债率高于目标负债率。平均来看，城市土地出让收入占地方公共财政收入的57.2%，表明土地财政的规模是相当可观的。

---

① 根据企业注册地城市-年份与城市层面数据的城市-年份进行n:1匹配

表5—2　　　　　主要变量的描述性统计（2004—2016年）

变量名	观测值	平均值	标准差	最小值	p25	p50	p75	最大值
资产负债率	19339	0.467	0.202	0.052	0.314	0.475	0.622	0.899
是否过度负债	19339	0.502	0.500	0.000	0.000	1.000	1.000	1.000
过度负债程度	19339	−0.003	0.157	−0.795	−0.104	0.001	0.102	0.807
流动比率	19339	2.003	2.119	0.261	0.974	1.388	2.150	16.070
速动比率	19339	1.510	1.927	0.154	0.586	0.935	1.569	14.510
现金比率	16193	0.767	1.366	0.019	0.176	0.346	0.733	10.740
利息保障倍数	19339	0.728	52.160	−295.000	−1.546	2.629	7.804	242.400
产权比率	19339	1.266	1.256	0.048	0.452	0.899	1.636	7.571
带息负债比率	17225	0.415	0.262	0.000	0.199	0.445	0.624	0.896
土地财政依存度	19339	0.572	0.372	0.043	0.293	0.487	0.759	1.830
土地出让价款	17162	14.130	1.517	5.378	13.110	14.340	15.330	16.540
经营性风险	19339	0.024	0.032	0.001	0.007	0.014	0.028	0.213
销售利润率	19339	0.081	0.172	−0.853	0.025	0.068	0.144	0.615
公司规模	19339	21.940	1.255	15.580	21.070	21.780	22.620	28.510
所得税利润	19339	0.178	0.180	−0.540	0.104	0.165	0.254	0.849
非债务税盾	19339	0.048	0.044	0.001	0.017	0.034	0.064	0.243
投资机会	19339	1.975	1.817	0.211	0.779	1.421	2.487	10.610
企业现金流	19339	0.047	0.075	−0.191	0.007	0.046	0.090	0.256
有形资产占比	19339	0.424	0.183	0.033	0.289	0.419	0.557	0.834
人均国内生产总值	19339	10.971	0.711	7.848	10.557	11.071	11.486	13.056

注：企业层面的连续变量是经过缩尾处理后的统计结果；城市层面的土地出让收入通过城市居民消费价格指数（CPI）调整为以2004年为基期的实际变量。

第五节　回归结果和进一步分析

一　基准回归

1. 土地财政与企业过度资产负债率

表5-3为土地财政影响企业过度资产负债率的回归结果。经

Hausman 检验，所有回归结果均选取固定效应模型，第（1）至（2）列因变量分别为企业资产负债率与是否过度负债，第（3）至（6）列的因变量为企业过度负债程度。表3的第（1）至（3）列显示，地方政府对土地财政的依存增加，会显著提高企业的负债融资额，并对企业的过度负债倾向产生正向影响。第（2）列的土地财政变量系数为正，z值为1.52，接近显著性水平[①]，后续的回归结果亦表明，从长期来看，土地财政提高企业的过度负债程度的结果是具有稳健性的。总体上，地方政府对土地财政的依存度增加10%，会引致企业过度负债程度增加约0.087个百分点。说明土地财政通过低价出让工业用地，降低了企业的生产与融资成本，通过高价出让商住用地，抬高土地与住房价格，为企业利用房地产抵押融资提供了便利，提升了企业的负债能力。而另一方面，工业用地成本低廉或房地产价值的提升为促进企业当期发展壮大提供借债支撑的同时，也引致了企业的过度负债行为。

表5—3　　　　　　　基准回归：土地财政与企业过度资产负债率

因变量	(1) 资产负债率	(2) 是否过度负债	(3) 过度负债程度	(4)	(5)	(6)
土地财政	0.0116***	0.0231	0.0087***	0.0039		
	(0.0036)	(0.0152)	(0.0032)	(0.0035)		
土地财政$_{t-1}$				0.0070*		
				(0.0038)		
Ln 土地出让价款				0.0035**		
				(0.0016)		

[①] 这里不显著的原因可能在于该被解释变量的设置不太合理，对于划分是否过度负债的依据在于企业实际负债率是否超过目标负债率，而这样的做法可能过于武断，将企业实际负债率略高于或低于目标负债率的企业样本划分为过度负债或负债不足企业，可能会存在偏误。

续表

	(1)	(2)	(3)	(4)	(5)	(6)
因变量	资产负债率	是否过度负债		过度负债程度		
协议出让依存度						−0.0024
						(0.0029)
招拍挂出让依存度						0.0086*
						(0.0051)
控制变量	yes	yes	yes	yes	yes	yes
常数项	−1.0064***	−0.9597***	−0.3768***	−0.2923**	−0.3928***	−0.4097***
	(0.0996)	(0.3623)	(0.0933)	(0.1220)	(0.0929)	(0.1446)
N	16169	16169	16169	13424	16137	11037
组内 R^2	0.1402	0.0234	0.0521	0.0537	0.0522	0.0409

注：回归使用双向固定效应模型，所有自变量滞后一期，其中土地财政t−1为滞后两期。括号内标准误聚类到城市层面；***、**、*分别代表估计参数在1%、5%、10%的水平上显著。以下各表同。

土地财政通过低价供应工业建设用地扩大招商引资，高价供应商住用地补充土地协议出让收入和其他税收收入，再者利用银行信贷优惠政策缓解辖区企业融资约束，增强企业的负债融资能力。值得注意的是，地方政府的土地出让策略行为传导至企业层面的负债融资可能存在一定的滞后效应，因而表5-3的第（4）列加入了土地财政依存度滞后二期项，进一步考察其对于企业负债的影响。由回归结果可知，地方政府对土地财政的依存会对企业负债过度产生持续的影响，进一步验证了地方政府对土地财政依存度的增加会引致企业的过度负债。

为了进一步验证本书的研究假说，本书选取了土地财政的替代指标作为稳健性检验。如表5-3的第（5）列所示，本书使用土地出让价款（绝对规模）替代土地出让依存度（相对规模）作为土地财政的代理变量，结果显示土地财政对于企业长期过度负债具有显著的正向影响,与本书结论一致。另一方面,本书将土地财政依存度具体化为协议出让与招拍挂出让相对于地方公共财政收入的比值。由于数据所限,本书将数据期间设定为2009—2016年,回归结果如表5-3中的第(6)列。结果显示,地方政府对招拍挂出让土地的依存度越大,越有可能在长期引发企业过度负债。可能的原因如下:一般来说,土地协议出让价较招拍挂出让价低,地方政府通过协议出让工业用地以及金融优惠政策吸引企业投资,发展辖区经济,很大程度上降低了企业的用地成本、缓解了企业的融资约束,并不会引致企业的长期过度负债危机;地方政府通过招拍挂出让商住用地以弥补协议出让土地带来的收益损失,一定程度上提供了房地产行业类的企业获取超额回报的机会,因而对于此类企业,土地财政可在短期内提高企业的利息偿付能力,同时为引致企业长期过度负债危机埋下伏笔。总之,虽然不同的土地出让方式对企业负债水平的影响不同,但总体上与基准模型结论一致。

2. 影响渠道分析

土地财政对企业过度负债的影响主要通过以下几个渠道实现:一是通过影响房地产抵押物价值波动,进而影响企业债务的偿还能力;二是由于银行信贷的倾向配给,使得不同企业间负债融资能力存在差异;三是地方政府债务扩张对企业负债融资的挤出效应。为了验证企业的过度负债程度是否受到以上渠道的影响,本书再加入了对以上影响渠道的分析。

表5—4 影响渠道分析:土地财政与企业过度资产负债率

	(1)	(2)	(3)	(4)	(5)	(6)	(7)	(8)
分组变量	H 高	H 低	国有企业	民营企业	东部	中西部	Gdebt 高	Gdebt 低
土地财政	-0.0004	0.0126***	0.0124***	0.0070	0.0085**	0.0078	-0.0200	0.0100**
	(0.0056)	(0.0046)	(0.0045)	(0.0069)	(0.0041)	(0.0049)	(0.0225)	(0.0039)
控制变量	yes	yes	yes	yes	yes	yes	yes	yes

续表

	（1）	（2）	（3）	（4）	（5）	（6）	（7）	（8）
分组变量	H 高	H 低	国有企业	民营企业	东部	中西部	Gdebt 高	Gdebt 低
常数项	−0.3905**	−0.3384*	−0.2239*	−0.7117***	−0.3918***	−0.3870	−0.5936	−0.1678
	(0.1452)	(0.1891)	(0.1349)	(0.1692)	(0.1080)	(0.2421)	(0.3627)	(0.1501)
N	7694	8475	8958	6213	10806	5363	2766	9478
组内 R^2	0.0496	0.0543	0.0639	0.0487	0.0545	0.0647	0.0976	0.037

注：H表示房地产投资额。东部地区包括辽宁、河北、北京、天津、山东、江苏、上海、浙江、福建、广东、海南11个省份的地级市，中部地区包括山西、安徽、江西、河南、湖北、湖南6个省份的地级市，其余为西部地区。Gdebt是省级城投债发行规模，数据来源于Wind资讯，数据期间为2008-2016年。所有自变量滞后一期，括号内标准误聚类到城市层面。

首先，如果土地财政是通过影响房地产抵押物价值波动而影响企业的过度负债程度，那么在房地产抵押物价值高的地区，土地财政对企业过度负债程度的影响会因企业抵押物价值的提升而被削弱。由于房地产抵押物价值数据难以获取，而一般来说，房地产投资商多会在房地产价值高的地方投资，因而我们使用地区房地产投资额作为衡量房地产抵押物价值的指标，并以该指标的中位值作为临界值（高于中位值的即房地产投资较活跃的地区，反之则为房地产投资额较低地区）对样本进行分组回归，结果如表5-4的（1）至（2）列所示，土地财政对企业过度负债程度的影响在房地产投资额较低的地区显著为正，而在房地产投资额较高的地区系数为负，且不显著。

其次，由于银行信贷在企业间的倾向配给，那么相比民营企业，国有企业具有债务融资优势，土地财政对于国有企业的过度负债程度会起到"加速器"作用。从表5-4的（3）至（4）列可以看出，土地财政影响企业长期过度负债主要体现在国有企业上。多数研究认为，企业产权性质会影响上市公司的融资成本。国有企业所在行业一般为战略性重点行业，对于整个社会的长远发展和国计民生领域发挥着重要作用，国家为了保护这些重要产业、防止财务风险扩大而部分或完全承担企业的债务风险责任,因而更容易获得银行信贷的青睐,从而地方政府的土地依存行为在以上因素的影响下,更易导致企业的过度负债行为,引致偿债风险。而民营企业因不完善的债券市场和法律环境限制等因素,银行不愿意轻易承担贷款给民营企业的风险,即使土地财政在一定程度上缓解了民营企业的融资约束,也会由于民营企业自身特征及环境等因素,而不会在长期产生过度负债现象。

其三,由于各地区资源、交通、历史等因素的影响,地方政府对土地财政的依存程度在地区间存在明显差异,形成了东部地区城市土地财政的整体依存度小于中西部地区城市的不平衡格局,因而地方政府的土地财政依存行为对于不同区域的企业也会存在不同影响。由表5-4的第(5)至(6)列可知,土地财政对企业过度负债的影响主要体现在东部地区的企业上,对中西部地区企业并无显著影响。东部地区更为发达的金融体系与较为完善的土地市场化进程,使得企业能够利用完善的信息披露与法律作为保障,获得商业银行贷款,地方政府的土地财政依存行为则加速了这一进程。

最后,土地出让收入的增加会使得地方政府城投债发行规模扩大(杨继东等,2018),而地方政府债务的提高有可能会对企业的杠杆率产生替代作用(Demirci等,2017),从而土地财政对企业过度负债程度的影响会因政府债务负担的减轻而被加强。由于地方政府债务数据难以获取,而城投债发行通常以土地出让收入作担保(杨继东等,2018),因而本书使用城投债发行规模作为地方政府债务的代理变量,并取该指标的前1/3作为地方政府债务较高地区,对样本进行分组回归[①]。结果如表5-4的第(7)至(8)列所示,土地财政对企业过度负债程度的影响在地方政府债务较低的地区显著为正,而在地方政府债

---

① 同时本书还借鉴 Baron 和 Kenny(1986),使用中介效应逐步检验法进行回归,与本书所得结果类似,地方政府债务与企业过度负债程度呈现显著的负向关系。

务较高的地区显著为负，且不显著。

3. 稳健性检验

一般来说，企业层面的某个因素较少会对城市层面的变量指标产生影响，反向因果关系较弱（盛丹与王永进，2013）。尽管本书尽可能控制了城市、企业层面可能影响企业过度负债的指标以及年度虚拟变量，并使用固定效应回归，在一定程度上缓解了遗漏变量带来的偏误，但依然有可能存在某些宏观或者城市层面的政策因素同时影响企业负债与土地财政，产生遗漏变量偏误，例如地方制度背景可能同时影响土地财政和企业杠杆。为了在一定程度上克服土地财政与企业负债程度间潜在的内生性问题，本书采取以下两种补充途径：一是依次引入可能对回归结果产生干扰的控制变量，如市场化程度、金融发展水平等因素；二是尝试选取工具变量加以缓解。

首先，一个地区的市场化水平或者企业自主决策程度，可能会同时影响地方政府的土地财政依存行为与企业的负债融资行为。因而本书加入市场化指数（樊纲等，2011）中"政府与企业关系"作为控制变量，以检验土地财政对企业负债程度的影响是否会因地区市场化水平而被削弱。结果如表 5-5 的第（1）列所示，土地财政变量的系数从 0.0087 降为 0.0057，略有下降，但依然在 5% 的统计水平上显著，验证了本书结论的稳健性。其次，一个地区金融发展水平越高，地方政府与企业的借贷抵押活动也会更为便利。因而本书进一步加入地区金融发展水平作为控制变量，以银行存贷款余额占地区国内生产总值的比率作为金融发展水平的衡量指标。结果如表 5-5 的第（2）至（3）列所示，地区金融发展水平的确对企业负债程度产生显著的正向影响，但土地财政影响企业过度负债程度的效应依然存在。再者，地方被划拨的土地面积越大，地方政府对土地财政的依存度可能更大，企业的负债融资成本亦可能会产生变化，因而本书进一步加入划拨土地面积（取自然对数）作为控制变量，结果如表 5-5 的第（4）列所示，地方被划拨的土地面积并不显著影响企业的过度负债程度，这为本书使用此变量作为土地财政的工具变量创造了条件。最后，将以上3个控制变量同时放入模型，结果如表5的第（5）列所示，土地财政对企业过度负债程度的影响效应依然存在，再次验证了本书结论的稳健性。

然后，由表5-5的第（4）至（7）列可知，地方被划拨土地面积并不直接影响企业的过度负债程度，且与地方政府的土地财政依存行为紧密相关，可在一定程度上作为土地财政的工具变量。一阶段F统计量为753.892，可以排除弱工具变量问题[①]。相比基准模型，在用工具变量控制了潜在的内生性问题后，土地财政显著增加了企业的过度负债程度，进一步验证了上文对土地财政与企业过度负债程度关系的分析具有稳健性。

表5—5　　　稳健性检验：土地财政与企业过度资产负债率

	（1）	（2）	（3）	（4）	（5）	（6）	（7）
估计方法			双向固定效应			工具变量估计	
因变量			过度负债程度			土地财政	过度负债程度
土地财政	0.0057**	0.0086***	0.0077**	0.0084**	0.0060**		0.0656***
	(0.0026)	(0.0032)	(0.0032)	(0.0032)	(0.0027)		(0.0160)
市场化指数	0.0038*				0.0045*		
	(0.0023)				(0.0024)		
金融发展水平1		0.0018**			0.0019*		
		(0.0009)			(0.0010)		
金融发展水平2			0.0045**				
			(0.0022)				

① 使用两阶段最小二乘估计的结果虽是一致的，但是有偏的，会带来"显著性水平扭曲"现象。为了稳健起见，本书使用对弱工具变量不太敏感的有限信息极大似然法（LIML）进行估计，结果显示，LIML的系数估计值为0.0656，与两阶段最小二乘估计结果十分接近，从侧面印证了"不存在弱工具变量问题"。

续表

	(1)	(2)	(3)	(4)	(5)	(6)	(7)
估计方法		双向固定效应				工具变量估计	
因变量		过度负债程度				土地财政	过度负债程度
Ln 划拨土地面积				0.0019	0.0003		0.0506***
				(0.0014)	(0.0009)		(0.0018)
其他控制变量	yes	yes	yes	yes	yes	yes	yes
常数项	−0.2760**	−0.3822***	−0.4104***	−0.3451***	−0.2705**	2.6765***	−0.0218
	(0.1203)	(0.0924)	(0.0937)	(0.1021)	(0.1278)	(0.0744)	(0.0542)
N	14268	16134	16134	15715	13811	15715	15715
组内 R2	0.0431	0.0527	0.0529	0.0518	0.0435		

注：受数据所限，市场化指数指标选取期间为2004—2014年，为省级层面指标；金融发展水平1为银行贷款余额与地区国内生产总值的比率，金融发展水平2为银行存款余额与地区国内生产总值的比率。所有自变量滞后一期，括号内标准误聚类到城市层面。

二 进一步研究

1. 土地财政与企业偿债能力

虽然前一部分对地方政府的土地财政依存行为与企业过度资产负债率进行了相应分析，但更值得关心的问题是：在长期可能会引致过度负债的企业是否会因地方政府的土地依存行为于当期有效地提高资金使用效率，进而提高企业的偿债能力？抑或如部分学者所言，土地财政通过"两手供地"行为，使得部分融资能力较强的企业倾向投资收益较高的房地产行业，从而挤出了企业创新研发投入，增加了企业的潜在生存风险？正基于此，只有从各个角度深入分析企业内部的资金或债务使用是否得当，才能更好地解析土地财政引发的企业过度负债问题。因而接下来本书将从企业的长期与短期偿债能力角度，探析地方政府的土地出让依存行为如何影响企业的偿债能力。

在表5-6中，本书选取流动比率、速动比率、现金比率作为衡量企业短期偿债能力的 3 个指标，同时选取利息保障倍数、产权比率、带息负债比率 4 个指标以衡量企业的长期偿债能力水平。以上指标的选取可以帮助本书更好地理解土地财政如何影响企业短期和长期的负债状况。

表 5-6 的第（1）至（3）列报告了土地财政对企业短期偿债水平的影响，第（4）至（6）列报告了土地财政对企业长期偿债水平的影响。结果显示，无论在短期还是在长期，土地财政都显著地降低了企业的偿债能力。这个结果为前文土地财政可能引发企业过度负债风险提供了进一步的证据。另外，除第（6）列外，土地财政对企业长期偿债水平并无显著影响，可能的解释是，衡量企业长期偿债能力的 3 个指标分别从不同的角度反映企业的财务状况（如产权比率侧重于公司内部资金对于偿债风险的承受能力，带息负债比率则在一定程度上反映了企业未来的偿债压力），因而土地财政对企业长期偿债能力的影响不一。准确来说，地方政府对土地财政的依存度越高，地方企业未来的偿债压力会明显增大，进一步强化了土地财政引发企业未来债务风险的可能性。

表5—6　　　　　　　　土地财政与企业偿债能力

因变量	（1）	（2）	（3）	（4）	（5）	（6）
	短期偿债能力指标			长期偿债能力指标		
	流动比率	速动比率	现金比率	利息保障倍数	产权比率	带息负债比率
土地财政	−0.1561***	−0.1305***	−0.0882***	0.0989	0.0336	0.0237***
	(0.0420)	(0.0347)	(0.0272)	(2.0262)	(0.0262)	(0.0080)
控制变量	yes	yes	yes	yes	yes	yes
常数项	7.8974***	6.6469***	4.1737***	−49.8749	−7.5992***	−1.1295***
	(0.8948)	(0.7755)	(0.7363)	(35.5507)	(0.7536)	(0.2068)
N	16169	16169	14239	16169	16169	14331
组内 R2	0.0398	0.0523	0.0383	0.0026	0.0958	0.0947

注：所有自变量滞后一期，括号内标准误聚类到城市层面。

2. 土地财政与企业持续发展能力

企业要实现持续发展，除了增强企业的获利能力外，还要提高企业的经营效率（Ru，2018）。接下来本书将从销售增长率、净资产回报率、研发投入、员工人均主营业务收入等角度，探析过度负债企业是否会因地方政府的土地出让依存行为提高贷款或资金使用效率，如果过度负债的企业在盈利能力、可持续发展指标上表现较好，那么这种负债就是高效率的；如若不然则是土地财政扭曲了资源配置：提高的负债水平更多地配置了那些效率低下的企业。

表5—7 土地财政与企业盈利和持续发展能力

分组变量	（1）H高	（2）H低	（3）国有企业	（4）民营企业	（5）东部	（6）中西部
因变量：销售增长率						
土地财政	−0.0241	−0.0541**	−0.0341	−0.0697*	−0.0340	−0.0390
	(0.0529)	(0.0246)	(0.0296)	(0.0373)	(0.0380)	(0.0264)
N	3169	3544	3841	2535	4292	2421
组内 R2	0.1364	0.1021	0.1081	0.1239	0.1282	0.0952
因变量：净资产回报率						
土地财政	0.0019	0.0010	−0.0085	0.0201	0.0232**	−0.0229
	(0.0190)	(0.0115)	(0.0109)	(0.0136)	(0.0099)	(0.0179)
N	3169	3546	3841	2535	4292	2423
组内 R2	0.0509	0.0466	0.0517	0.0484	0.0557	0.0508
因变量：研发投入						
土地财政	0.1988	−0.0429	−0.0685	0.1185	0.1217	−0.2201
	(0.1754)	(0.1093)	(0.1889)	(0.0858)	(0.1009)	(0.1937)
N	1750	1177	1291	1487	2002	925
组内 R2	0.1708	0.2660	0.2341	0.3175	0.2808	0.1594
因变量：员工人均主营业务收入						
土地财政	−0.0387	−0.0405	−0.0592***	−0.0016	0.0074	−0.0694**
	(0.0535)	(0.0314)	(0.0215)	(0.0442)	(0.0356)	(0.0304)
N	3049	3438	3679	2475	4140	2347
组内 R2	0.5961	0.6494	0.6819	0.5906	0.6456	0.6739

注：控制变量中删除了与企业盈利能力指标关联性强的企业经营性风险、销售利润率，增加了企业管理费用率这一指标，所有自变量均滞后一期，其余控制变量与基准回归一致。分组变量同表4的前6列一致。括号内标准误聚类到城市层面。

在表 5-7 中，我们选取过度负债企业样本（odebt>0），并分房地产投资额高低、分企业股权性质、分地区探究土地财政与企业的销售增长率、净资产回报率、研发投入[①]、员工人均主营业务收入之间的关系。回归结果显示，总体上土地财政引致企业的高负债额并未显著提高企业的经营效率，反而在一定程度上降低了过度负债企业的盈利能力。根据表 4 的分析，土地财政引致企业过度负债现象在房地产抵押物价值较低地区企业、国有企业或东部地区企业中表现尤为明显。而表 5-7 的回归分析中则为这种现象的产生提供了进一步的证据，具体来看，在过度负债企业样本中，土地财政显著降低了房地产投资额较低地区企业的销售增长率，从而更加剧了房地产抵押物价值较低地区企业的负债程度。其次，相对于民营企业，土地财政显著降低了国有企业的劳均主营业务收入；最后，区域差异方面，东部地区企业更发达的银行信贷体系与更高的资产回报预期，地方土地财政在增强企业融资能力的同时，也可能加剧了企业的长期负债程度，而中西部地区企业在土地财政的影响下，劳均主营业务收入显著下降，企业经营效率较低，亦可能引发该地区企业未来的高债务风险。

第六节　研究结论与政策含义

土地财政不仅促进了城市建设与区域经济发展，而且为地方企业的长足发展提供了融资平台与优惠的政策支持。但土地的有限供给与跨期抵押效应使得土地与房地产价格迅速上扬，亦使得企业用地与用工成本增加，有可能抑制实体经济持续发展。在中国土地城镇化高速推进的同时，非金融类企业部门杠杆率整体层面上迅速上升，这种现象的持续不仅影响实体经济的发展，还有可能增加金融和债务风险。

---

① 国泰安数据库中记录上市公司研发投入数据的起始时间为 2007 年。

本书研究发现：地方政府对土地财政依存的增加会引致企业的过度负债行为，并增加企业的短期偿债风险与长期偿债压力，同时降低了过度负债企业的盈利能力与持续发展能力。这种现象在房地产抵押物价值较低地区企业、国有企业或东部地区的过度负债企业中表现尤为明显。在某种程度上说明土地财政的资源扭曲效应，使得过高的负债更多地配置到了经营效率低下的企业。

根据本书的研究结论，主要提出以下政策建议：

第一，适当调整中央和地方关系，完善国家财政治理体系。土地财政是分税制改革留下的一个尾巴，在新时代应把土地财政更多地和民生发展、地方公共服务支出挂钩联系在一起。鉴于地方政府对土地财政的依存行为可能会引发企业的长期负债风险，房地产和基础设施建设的倾向政策虽一定程度上增强了地方企业的融资能力，但同时亦挤出了实体经济盈利能力以及创新驱动的新产业、新业态和新产品的涌现机会，因此，完善地方政府在土地市场上的垂直监督，地方政府要合理调整土地出让策略，建立公开透明的土地收支制度，减少土地市场上的要素价格扭曲行为，营造良好的市场竞争环境，为地方企业的长远发展提供持续的动力。

第二，去杠杆应考虑系统性风险的负外部效应，稳妥化解上市公司财务风险。高杠杆主要是指非金融类国有上市公司。杠杆是一把双刃剑，适当的杠杆率是现代企业提高效率必须使用的工具，过高的杠杆率和风险联系在一起。当然对一个成长阶段的企业而言，高杠杆本身不是问题，杠杆高而投资回报低才是问题。企业应尽量避免投资回报率下降的同时，而债务还在不断增长。而在供给侧结构性改革背景下，实体经济去杠杆已初见成效，原来高杠杆的市场主体则可能会产生紧缩债务的压力，若大量出现通过出售长期固定资产缓解债务压力的过度负债企业，就有可能引发风险交叉传染的明斯基时刻，导致其他企业也面临风险。因此，在去杠杆中注意防止由于因处置风险引发新的风险。上市企业需在控制财务风险的前提下，适当使用杠杆，确保整体债务负担与企业基本经济面相适应。

第三，去杠杆的微观政策要更加精准，依照区域和行业有一定灵活性。一刀切的政策由于政策制定成本较低，监督执行成本也较低，便于比较。经济新常态下结构性问题突出，为了贯彻产业政策准、微观政策活的要求，政策必然更加多样化、更加精准化，这就为政策的执行和监督提出更高要求，具体到去杠杆问题上就不能采取一刀切的政策。在实体经济去杠杆过程中，传统"两高一剩"行业经过两年多的调整，"优胜劣汰"效果显著，但是地方政府隐性债务、房地产行业的杠杆不降反升。因此，应当有针对性地对房地产、"两高一剩"、地方政府等预算软约束的行业，明确提出降杠杆目标，采取配套财政和税收政策等针对性措施，相关领域控制债务风险进一步攀升。而对于一些有发展前景、预算约束较强的行业或企业则应该采取稳杠杆的政策，避免引致全社会的债务危机或信用紧缩。

第六章　土地财政、产业结构与经济增长[①]

第一节　引言和文献综述

2017年10月召开的十九大提出中国经济已经从高速增长阶段向高质量发展阶段转变，还提出"必须把发展经济的着力点放在实体经济上"、坚持"房子是用来住的，不是用来炒的"的定位。这些表述说明决策层已经意识到房地产市场关乎实体经济的健康发展，而且房地产价格持续上涨积累了较大的金融风险。这些发展中出现的问题同中国独有的经济激励体系和财政模式是分不开的。从财政部数据来看，2016全国土地出让收入3.7万亿元，房地产相关税费收入1.4万亿元，同期地方一般公共预算本级收入是8.7万亿元；2017年全国土地出让收入5.2万亿元，房地产相关税费收入1.6万亿元，同期地方一般公共预算本级收入9.1万亿元。尽管土地出让收入属于政府性基金收入，和地方政府一般公共预算本级收入属于并列关系，但是这一规模不可谓不大。土地财政在地方政府招商引资、基础设施建设等方面，起到了积极作用。同时指责土地财政推高房价、腐蚀实体经济、带来腐败的观点也屡见不鲜。经济新常态下亟需研究土地财政和实体经济的关系，以便建立符合国情、适应市场规律的基础性制度和长效机制，促使经

[①] 本章合作者为周彩。

济发展方式从要素驱动转变到创新驱动，实现经济结构的优化升级。

土地财政作为政府的一种行为显然影响了经济中要素资源的价格和分配，而另一方面遵循配第—克拉克定理，主导产业会从第一产业转换到第二产业和第三产业。这种经济结构的升级必然促进经济增长，著名经济学家钱纳里认为发展就是经济结构的转换。从中国各地实践情况看，东部地区经济较为发达，产业结构已经处于后工业阶段，财政比较富裕，城市化发展水平也比较高，城镇建设资金匮乏问题相对不是那么突出，加上地价高、需求大，通过土地使用权拍卖获得了大量收入。中西部地区加快推进工业化、城镇化发展的愿望更为强烈，但资金十分匮乏，通过土地获得的收入很有限。土地财政特点也在不断变化，2009年以来为应对国际金融危机的冲击，地方政府新设立了一些融资平台，通过土地抵押或者其他资产抵押获得资金。经济发展越好的地方土地价值越大，这一机制清晰明了，节省了中央政府监督地方发展经济的成本，这也是土地财政短时间内没有替代解决办法的原因之一。

对于土地财政的产业结构影响，研究争议较大。刘志彪（2010）提出土地财政一定程度上有利于以城市化为内容的产业转型升级。黄少安等（2012）论述了土地财政导致企业成本上升，进而降低企业利润率和地方政府税收收入。邹薇和刘红艺（2015）、李勇刚和王猛（2015）认为土地财政虽有助于加快工业化进程，但抑制服务业发展。相反，赵祥和谭锐（2016）认为土地财政容易导致大城市过度服务化和小城市产业空心化。邵朝对等（2016）提出工业化进程决定了房价上涨主要诱发制造业内部的"U形"梯度升级，房价上升与土地财政虽均通过产业结构影响城市集聚特征，但是二者的效应是相反的。陶长琪和刘振（2017）研究认为土地财政对产业结构合理化存在非线性效果。赵祥和曹佳斌（2017）认为地方政府两手供地策略对工业部门发展具有正向促进作用，从而阻碍了基于市场驱动的城市产业结构转换升级。

对于经济增长的影响,夏方舟等(2014)认为低价出让工业土地并未获得预期目标,土地出让收益对于经济增长的促进效果也不如土地相关税收。葛扬和钱晨(2014)研究认为土地出让收入每增加1%,对地方经济增长就有0.173%的推动作用,且还在扩大。邹薇和刘红艺(2015)认为土地财政推动了城市化和经济增长,但是抑制了第三产业的发展。岳树民和卢艺(2016)研究认为土地财政有助于中国经济增长,且土地财政对经济增长的影响通过劳动力转移来实现。影响的机制一般从劳动力的角度分析。高波等(2012)利用中国35个城市数据研究提出房价提高促使低工资劳动力流动迁徙,从而促使产业转移升级,应出台相关政策避免产业空心化。张平和刘霞辉等(2011)认为房地产价格过快上升将会阻碍人口城市化,从而出现去工业化。

现有的不少研究存在数据样本偏小,缺少控制变量的问题,所以结论差别较大甚至相反。有不少研究结论是土地财政导致工业化增加,有的研究则论述土地财政导致工业化减少,这其中的机理没有分析清楚。我们的研究贡献在于:一是我们用精心设计的识别策略考察了土地财政的提前去工业化效应,从而在前人研究的基础上把这一问题向前推进了一步;二是从土地财政的金融化角度分析土地市场化造成的货币内生性对于实体经济的影响,这在以前的研究中是被忽视的;三是结合最优规模和实际规模提出土地财政对于经济增长短期有促进作用,但是动态来看损害了长期增长潜力。

第二节 特征事实和理论分析

一 土地财政

城市土地虽然是国家所有,但是土地出让收入却是地方政府控制的经济资源。除了土地出让收入以外,还有建筑业税费、土地增值税、城镇土地使用税、房产税、耕地占用税、土地交易印花税等涉及土地的税费收入几乎都归属地方政府实质使用。1994年分税制改革奠定了目前的中央和地方财政分权格局，土地出让收入一开始属于预算外收入，后来虽纳入预算内但是由于政府官员的任期较短，而土地使用一般期限为70年或者50年，土地交易市场出现短视化。我们从图6-1可以看出，2001年之前土地出让收入和地方财政收入的关系并没有太大的变化，之后尤其是2003年以后土地出让收入比例迅速上升，大约是其一半左右，而且相对于财政收入来说波动比较大。这种波动性恰恰说明在供地节奏上存在明显的操控。

土地价格和住房价格近十多年来一直处于上涨状态，这和目前的土地使用制度安排有很大关系。地方政府就能通过在商住用地上获得土地收益，来补贴工业用地价格，甚至通过减免土地出让收入或者附加财政和金融优惠政策来吸引企业来本地投资。这是因为2001年以后，中国加入WTO以后，大量出口加工业获得更大市场空间，而这些加工业企业在劳动力充裕的条件下对于地域位置并不太敏感。

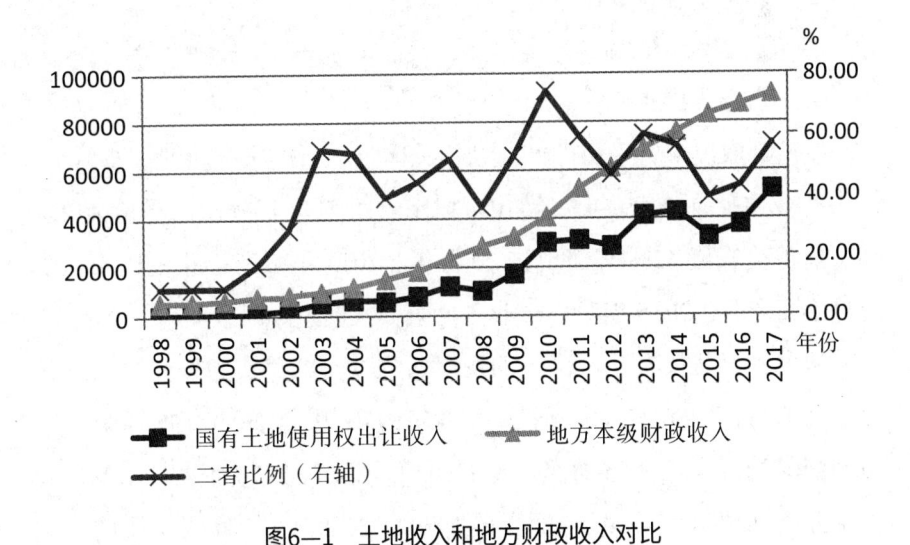

图6-1 土地收入和地方财政收入对比

资料来源：wind数据、历年中国国土资源公报。

土地财政同时也是土地市场化的产物,不同区域有显著差异,一线城市由于人口流入数量大,房地产价格高,土地出让收入也高,近年来这种状况开始向二三线城市扩散。根据中指院提供的城市土地出让收入排行榜数据,2017年,主要城市中北京土地出让金最高,为2796亿元,杭州和南京分别排名第二和第三,土地出让金分别为2190亿元和1699亿元,土地出让金收入分别是其地方财政收入的51%、140%、134%。而排名第29位和30位的分别是南宁和乌鲁木齐,土地出让金分别是295亿元和291亿元,分别是其地方财政收入的43%、73%。

近年来,地方政府不仅仅依靠土地出让和相关税费收入,还通过土地储备机构、地方国企、地方融资平台、PPP项目等为依托在金融市场上融资。这些融资大多被用来进行基础设施建设和地方公共品服务,但是基础设施和地方公共品如果没有带来相应的企业和税收,将导致地方负债率居高不下。同时由于地方财政支出主要用于经济性支出,民生性支出比例偏低,对于流动人口的吸引力不强。这几种因素的结合就会出现土地城镇化速度快于人口城镇化,出现空城鬼城、工业园区荒凉长草等现象。

二 产业结构

改革开放以来,中国的产业结构总体上不断优化,如图6-2所示。第一产业占比在2009年降至10%以下。第二产业占比的峰值47.6%和工业占比峰值42%都出现在2006年。2013年第三产业占比第一次超过第二产业,2015年第三产业占比第一次超过50%。

从世界上几大发达经济体的发展历程看,英美作为领先国家,工业增加值占比GDP峰值分别是1970年的42.1%、1950年的40%;赶超型国家的日本工业增加值占比GDP的峰值是1970年的43.5%,德国工业增加值占比GDP的峰值是1970年的48.1%,韩国工业增加值占比GDP的峰值是1991年的42.6%。根据世界银行数据库数据,以

2010年不变美元计价算，这些国家达到工业峰值的人均净国民收入占比美国的70%以上（韩国稍低，为30%），而中国的人均净国民收入即使使用2010年的数据也没有超过美国的10%，这说明中国在劳动生产率同世界前沿仍然有巨大的差距的前提下就出现了去工业化。

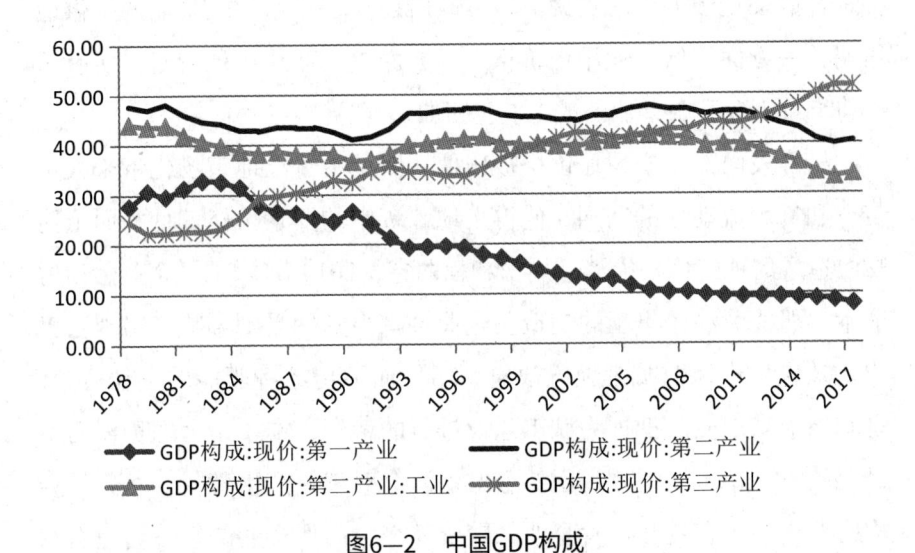

图6—2 中国GDP构成

资料来源：wind数据。

经济进入经济新常态后我们的需求结构和供给结构发生了较大变化。但是第三产业占比超过第二产业也有可能是因为第二产业发展不够或者第三产业发展提前。不能简单地提高第三产业占比视为经济转型升级。这是因为第二产业中的工业具有规模经济和范围经济的显著优势，可以提升经济的发展效率。在鲍莫尔病（Baumol's Disease）的情况下，第三产业很难提高效率。当然，近年来信息技术和互联网技术在第三产业中的广泛应用已经部分改变了这一状况。

三 理论假说

理想的市场经济环境下，要素资源自由流动到生产效率高的部门，这将促进经济增长和经济结构转变。中国现行的政治和经济约束下，不少学者称之为中国特色的财政联邦主义也好，称之为官员锦标赛也好，总之地方政府为了增加可使用收入会采取土地财政行为，增加土地出让和相关税费收入，如果条件允许还会在融资市场上利用土地抵押杠杆撬动更多的金融资源。地方政府还在土地市场上采取两手供地策略，一方面压低工业用地价格，一方面提高商住用地价格。所有这些将导致工业和服务业的成本发生扭曲。

尽管表面上工业用地价格被压低，但是由于土地市场化带来大量贷款和货币流动性的增加，使得土地和资本的要素价格偏低，而土地财政造成房地产价格上涨（周彬和杜两省，2010），增加了企业劳动力成本，那些劳动密集型的制造业企业会首当其冲受到影响，出现去工业化效应。土地财政是地方政府为增长而承担经济职能的主动行为，是利用未来现金流抵押为城市建设进行的融资，本质是金融负债而不是财政收入，土地财政占用的金融资源会对工业产生替代，尤其是会加剧恶化中小企业和民营企业的融资环境。房地产业的繁荣会吸引原本应当投入工业制造业的资源要素，这样第二产业的发展受到限制，从而峰值提前到来，土地财政就会有去工业化效应。

假设1：土地财政在短期内尽管促进了第二产业的发展，但是长期内导致了第二产业的峰值提前，出现去工业化效应。

去工业化效应会导致产业结构合理化和产业结构高级化发生背离，也即是说尽管出现表面上的产业升级、服务业占比提高，但是这是被动的不是效率驱动的伪产业升级。我们说的古典意义上的经济增长就是生产效率提高、劳动生产率提高。土地财政表面上看通过招商引资、发展房地产业促进了经济增长，但是因为提前去工业化损害了干中学[①]

---

① 干中学效应最早由著名经济学家阿罗提出，是指在生产和物质资本积累过程中引起的劳动生产率提高和技术外溢。Arrow K J. The Economic Learning Implications of by Doing[J]. The Review of Economic Studies, 1962, 29(3): 155–173.

的人力资本积累，损害了市场自发的匹配和集聚效应，缩短了生产性服务业充分发育的阶段，也使得供需结构提前发生变化，陷入低质量发展的低水平陷阱。尽管有个初期较高的经济增速，但是在折现意义上的社会福利总和并没有实现最大化。由于中国区域经济发展部不平衡，有的区域和城市对于土地财政的依赖更大，土地出让收入不是无中生有，也需要付出大量的拆迁成本和基础设施投入，这些支出如果没有经济效益和社会效益，将会造成投资的动态无效。

假设2：土地财政通过扭曲要素价格促进了短期经济增长，但是损害了长期经济增长。

第三节 模型设定、变量选取与数据来源

一 模型设定

基于本章的研究目的及其研究假说，本章的计量模型设定的主要思路着眼于土地财政依赖度高低是否会对产业结构及地区经济增长潜力造成影响。基本的计量模型设定如下[①]：

$$TS_{it}=\beta_0+\beta_1 TS_{it-1}+\beta_2 landrely_{it-1}+\beta_3 (landrely_{it-1})^2+\gamma X_{it-1}+\delta_i+\mu_t+\varepsilon_{it} \quad (1)$$

其中，下标 i 表示城市，t 表示年份；TS_{it} 为产业结构高级化，即第三产业增加值与第二产业增加值的比例，TS_{it-1} 为其滞后一期的数值，以控制产业自身的内在冲击。landrely 是土地财政依存度，用土地出让收入与地方财政预算内收入的比值表示，同时加入土地财政依存度的平方项，以检验土地财政依存度与产业结构高级化之间是否存在极值拐点，若存在则可以通过拟合函数的一阶条件把最佳土地财政依赖度计算出来。X 为控制变量，主要包括：金融机构贷款余额、职工平均

---

① 本书在基本计量模型的基础上，采用相似的方法构建了多个模型，以深入研究土地财政引致的产业结构变化。

工资、房地产投资占比、外商直接投资占 GDP 比重、人力资本、市场化水平、社会零售商品总额、人均道路面积、每百人拥有病床数、每百人公共图书馆藏书;同时,该模型还控制了城市固定效应 δ_i 和年份固定效应 μ_t,ε_{it} 为随机误差项。

为考察土地财政依存度与产业结构比例对地区经济增长潜力的作用,我们以地区生产总值增长率为被解释变量,在模型(1)的基础上构建了如下计量模型:

$$gdpr_{it}=\alpha_0+\alpha_1 gdpr_{it-1}+\beta_2 landrely_{it-1}+\beta_3(landrely_{it-1})^2+TS_{it-1}+TS_{it-1}*landrely_{it-1}+\gamma X_{it-1}+\delta_i+\mu_t+\varepsilon_{it} \qquad (2)$$

其中,gdpr 为地区生产总值增长率,由于当期的地区经济增长会依赖于水平,这需要在模型中加入 gdpr 滞后一期来解决,同时将产业结构比例及其与土地财政依存度的交互项加入模型,以进一步探讨土地财政依存度与产业结构的协同效应对地区生产总值增长率的影响。其余相关控制变量同模型(1)。

产业结构状况也会反向影响土地出让收入而产生内生性问题,对此,我们将所有解释变量滞后一期,在一定程度上缓解了这一内生性偏误;由于计量模型中加入了滞后一期的被解释变量作为解释变量,将出现解释变量与干扰项相关的问题,且滞后一期的土地财政依存度可能与滞后一期的产业结构变化相关(如某项地方政策的施行同时影响这两方面),对此我们借鉴 Arellano 和 Bond(1991)的方法,使用了更多年份的替代变量作为工具变量,通过系统 GMM 方法进行回归[①]。

---

① 系统广义矩(SYS-MM)估计是动态面板数据估计中广泛用于处理内生性问题的一种估计方法,它将方程的差分系统与水平系统结合在一起,并将两类方程视为一个系统,将解释变量的滞后项及其差分项的滞后项均视为系统的工具变量,进而提高了估计的有效性。

二 变量选取和说明

1. 产业结构

产业结构的变迁必然伴随着一个国家或地区社会生产力的发展与科学技术的进步，农业人口不断向工业部门转移，第一产业比重逐渐降低，第二、三产业不断向城镇集聚，所产生的集聚效应又进一步带动地区产业的发展。对于一个城市来说，如果因地价（房价）上升导致就业人数的减少，而经济增长并未停滞，则意味着劳动生产率的进一步提高（高波等，2012）。因而本章采用地区产业增加值占比与产业部门就业份额来衡量产业结构，以更深入地识别地区产业结构的变迁。

通过相关文献的分析，本章将产业结构变迁定义为由工业为主导转向以第三产业（或服务业）为主导的产业结构的变动过程。关于产业结构变迁的衡量指标，学术界一般采用非农产业产值占 GDP 的比重表示，但也有部分学者采用其他指标衡量产业结构变化。本章借鉴干春晖等（2011）和张捷等（2013）的思路，采用第三产业产值与第二产业产值的比值作为产业结构变迁的衡量指标。同时，采用第二产业增加值占 GDP 的比重和第三产业增加值占 GDP 的比重衡量第二产业和第三产业的增长情况。此外，为了更好地考察城市产业的集聚特征，在探讨产业结构变迁的基础上，本章进一步深入各产业部门的集聚程度。由于中国城市统计中没有各个细分行业增加值，与柯善咨和赵曜（2014）一致，使用市辖区服务业和制造业的相对就业规模来测算产业结构变迁，同时用各行业的就业份额比例来衡量产业的集聚状况。

2. 土地财政

土地财政收入一般包括四个方面：土地出让收入；通过低价出让工业用地来招商引资，并以此带动当地经济发展；城市扩张，促进建筑业和房地产业的发展，带动城市维护建设税、土地使用税、房地产税等地方税的增加；最后是以土地为抵押获得银行贷款，为基础设施投资和城市建设融资。本章选取土地出让收入作为地方政府土地财政决策变量，原因是土地出让收入占较大比重，能够准确衡量地方政府通过土地出让获取财政收入的实际规模（李郇等，2013；蒋震，2014），为了进一步度量地方政府可支配的土地出让收入占其当年全部可支配财力的比重，本章构建了地方财力土地出让金依存度的衡量口径：土地出让成交价款与地方公共财政收入的比值，作为本章的核心解释变量。

3. 控制变量

根据相关经验研究的成果，对影响产业结构与经济增长的主要因素进行控制，以减轻遗漏变量带来的研究估计偏误。主要控制变量选取如下：（1）金融机构贷款余额，并取自然对数表示。金融体系通过强化资本配置，集中社会储蓄，将资金投向生产领域，实现金融资本向产业资本的转化和资本要素的加速积累，从而促进经济总量增长。（2）工资水平，取自然对数。地区工资差异是引起劳动力流动不可忽视的因素，产业发展与经济增长必然与地区劳动报酬水平有着非常密切的关系。（3）房地产投资额比例，用房地产投资额占固定资产投资额比重表示。居民对土地持有偏好上涨能够带来房地产行业的短暂繁荣，但需以工业企业部门的衰退以及整个经济体系需求不足为代价（吕炜和高帅雄，2016）。因此，房地产行业的发展对产业结构的变迁至关重要。（4）外商直接投资，用地区实际利用外资额与地区生产总值的比例表示。由于部分城市FDI为0，将其加1后再根据历年汇率平均价调整为人民币计价（陈国亮与陈建军，2012；邵朝对等，2016）。考虑到外商直接投资具有市场扩张效应，可通过技术外溢促进该地区技术水平的提高，进而对产业升级产生积极影响。（5）人力资本。采用各市每年的普通中高等院校在校生数占当年该地区人口总量的比重衡量（沈坤荣和耿强，2001）。人力资本存量的增加可以促进技术水平的进步和生产效率的提高,因此,人力资本存量是影响产业结构演进的重要因素之一。(6)市场化水平,本章选取了地方政府预算内财政支出与 GDP 的比例(李勇刚和王猛,2015)及社会消费品零售总额来表示。一个地区的市场化水平反映了城市可获得的市场规模,通过影响消费者需求进而对城市经济产生影响。(7)基础设施。基础设施的改善可以显著促进要素流动、商贸物流和旅游业的发展等,提高经济发展效率,并对各产业的构成比例产生重要影响(Hanson and Slaughter,1999)。因而本章选取了人均道路面积、每百人拥有病床数、每百人公共图书馆藏书以控制基础设施对城市产业经济的影响(邵帅和杨莉莉,2010;邵朝对等,2016)。

三 数据来源与描述性统计

本章选取的样本为 2004—2015 年全国 284 个地级及以上城市[①]。土地出让成交价款来自 2005—2016 年《中国国土资源数据库》,历年汇率平均价来源于 2016 年《中国统计年鉴》,城市 CPI 指数与固定资产投资价格指数来源于各省份统计年鉴,其他变量数据主要来自 2004—2015 年《中国城市数据库》,本章还对存在明显异常的数据进行 Winsor 处理及部分缺失值利用插值法补足。同时,利用各城市居民消费价格指数(CPI)将贷款额、土地出让收入、工资等名义变量调整为以 2004 年为基期的实际变量,利用固定资产投资指数将固定资产投资额调整为以 2004 年为基期的实际变量[②]。本章所用主要变量的描述性统计见表 6-1。

[①] 以 2004 年为起始年,是由于《中国国土资源数据库》中地级及以上城市的土地出让价款从 2004 年才开始详细统计。

[②] 由于部分城市 CPI 指数与固定资产投资指数数据难以获取,使用城市所在省份 CPI 与固定资产投资指数代替。

表6—1　主要变量的描述性统计

变量名	变量定义	样本数	平均值	标准差	最小值	最大值
TS	第三产业增加值占第二产业增加值比重	3300	0.948	0.557	0.0940	4.761
TS1	服务业就业人数占制造业就业人数比重	3294	3.576	5.416	0.182	40.29
secondratio	第二产业增加值占GDP比重	3300	0.506	0.124	0.0860	0.910
thirdratio	第三产业增加值占GDP比重	3300	0.420	0.110	0.0860	0.797
gdpr	地区生产总值增长率（%）	3292	12.57	4.877	−19.67	29.02
landrely	土地出让依存度	3300	1.523	1.511	0.0590	8.309
ln(loan)	金融机构贷款余额（万元）	3300	10.20	1.348	6.793	15.18
ln(wage)	职工平均工资（元）	3300	5.512	0.402	2.966	6.713
house	房地产投资额占固定资产投资额比重	3300	0.218	0.120	0.005	1.081
fdiratio	FDI占GDP比重	3300	0.0230	0.0250	0	0.120
edu	人力资本	3300	0.106	0.0450	0.0120	0.850
mopen	市场化水平	3300	0.146	0.0850	0.0150	1.428
ln(retail)	社会消费品零售总额（万元）	3300	14.04	1.306	9.842	18.45
proad	人均道路面积（平方米）	3300	10.22	6.040	0.0180	35.56
ln(pmedical)	每百人拥有病床数	3300	3.967	0.866	1.200	7.092
ln(plib)	每百人公共图书馆藏书（册）	3300	3.969	0.936	0	7.691
east	东部地区虚拟变量	3300	0.351	0.477	0	1

注：所有名义值都调整为实际值。

第四节　回归结果和进一步分析

一　土地财政对产业结构的影响分析

表6-2是土地财政影响产业结构的系统GMM估计结果，根据动态面板模型的特征，本章的内生解释变量主要包括被解释变量的滞后一期项以及土地财政、贷款余额、平均工资等解释变量的滞后一期项。为增强回归结果的可靠性，对模型设定的合理性和工具变量的有效性

进行检验，表中结果显示，扰动项的差分存在一阶自相关，但不存在二阶自相关，故接受扰动项无自相关的原假设；Hansen过度识别检验显示，在5%的显著性水平上无法拒绝"所有工具变量均有效"的原假设。

对于土地财政影响产业结构的效应分析，分别采用第三产业增加值与第二产业增加值的比值（TS）与第二产业增加值占GDP的比值（secondratio）、第三产业占GDP的比值（thirdratio）作为被解释变量。从表2的第（1）列可以看出，土地财政的一次项和平方项对于TS在5%的置信水平下显著，即土地财政依存度对第三产业－第二产业增加值比例呈现明显的倒"U"形冲击。在产业结构由第二产业向第三产业演进过程中，当地方政府对土地财政依存度越过一定的门槛规模时，会阻滞城市内部的产业结构升级。根据拟合函数$Y=ax^2+bx+c$的一阶条件，可计算出最佳土地财政依存度$x_e=-b/2a$，由此可知，在控制其他变量的情况下，中国城市在产业结构演进中，地方政府对土地财政依存度的最高门槛规模为4.6，低于该门槛规模的城市，其产业结构将随着土地出让依存度的增加而实现转型升级。2004-2015年间，中国城市平均土地出让依存度为1.523（见表1），其中2013年城市平均土地出让依存度最大，为2.036，亦远低于土地财政依存度的最高门槛规模。我们发现土地出让依存度高于4.6的城市多属于中西部地区，因而土地财政对产业结构的影响可能存在地区差异，在接下来的分样本回归分析中将具体阐述。表6-2的第（2）-（5）列是土地财政影响第二、三产业增加值占比的分组回归，结果显示，土地财政依存度的增加在一定程度上会使得第二产业增加值比例下降，而提高第三产业增加值比例，但其系数项并不显著，影响有限。可能的解释是，政府主导下的土地财政扩张，增加了公共资本投资，实现了较快的经济增长和城市化速度，但因为土地价格上涨过快，导致了生产成本和城市生活成本快速上扬，从而阻碍了人口城市化的发展，不仅服务业没有大的提升，甚至有可能导致去工业化现象（中国经济增长前沿课题组，2011）。

表6—2　　　　土地财政影响产业结构的回归结果

	（1）	（2）	（3）	（4）	（5）
	TS	secondratio	secondratio	thirdratio	thirdratio
被解释变量滞后项	0.55319***	0.66853***	0.66833***	0.51254***	0.49179***
	(9.41)	(13.00)	(13.01)	(9.98)	(9.03)
土地财政	0.03277***	−0.00420*	−0.00190*	0.00255	0.00045
	(2.84)	(−1.86)	(−1.89)	(1.11)	(0.54)
土地财政的平方	−0.00356**	0.00034		−0.00026	
	(−2.56)	(1.34)		(−1.02)	
ln（贷款余额）	−0.04972**	0.00654*	0.00519	−0.00730**	−0.00718**
	(−2.21)	(1.89)	(1.59)	(−2.17)	(−2.37)
ln（平均工资）	−0.19649***	0.04930***	0.04934***	−0.04245***	−0.04157***
	(−3.19)	(3.66)	(3.49)	(−3.58)	(−3.68)
房地产投资占比	0.02966	−0.01795	−0.02185	0.01070	0.01295
	(0.37)	(−1.08)	(−1.28)	(0.65)	(0.85)
FDI	−0.71347	0.20562**	0.19341*	−0.11800	−0.06995
	(−1.45)	(2.05)	(1.93)	(−1.08)	(−0.65)
人力资本	0.16606	−0.06190**	−0.07726***	0.09776**	0.10090**
	(0.92)	(−2.12)	(−2.74)	(2.18)	(2.26)
市场化水平	−0.14151	−0.03129	−0.03095	−0.02591	−0.03416
	(−0.64)	(−0.90)	(−0.90)	(−0.83)	(−1.07)
ln（消费品零售总额）	−0.04956	0.00952*	0.00873*	−0.00847	−0.00805
	(−1.34)	(1.74)	(1.85)	(−1.45)	(−1.57)
ln（每百人拥有病床数）	−0.08195*	0.02393**	0.02210**	−0.01941**	−0.01785*
	(−1.73)	(2.37)	(2.19)	(−2.00)	(−1.88)
ln（每百人公共图书馆藏书）	0.04324***	−0.00682**	−0.00610*	0.00885***	0.00883***
	(2.69)	(−2.19)	(−1.88)	(2.67)	(2.94)

续表

	（1）	（2）	（3）	（4）	（5）
	TS	secondratio	secondratio	thirdratio	thirdratio
人均道路面积	0.00038	0.00077	0.00061	0.00013	0.00024
	(0.12)	(1.11)	(0.87)	(0.15)	(0.30)
观测值	2660	2660	2660	2660	2660
AR(1)	0.000	0.000	0.000	0.000	0.000
AR(2)	0.740	0.185	0.164	0.664	0.621
Hansen test	0.454	0.300	0.213	0.230	0.270

注：表中圆括号内为z统计量；*、**、***分别表示在10％、5％、1％水平上显著；所有回归模型均为twostep并采用稳健标准差调整的系统GMM估计结果；所有回归表中均控制了年度固定效应[①]。

就控制变量而言，金融机构贷款额对城市产业结构调整升级具有显著的负向影响，表明金融机构倾向于贷款给制造业等国家支柱性行业，有利于促进第二产业增加值占比的提高。银行主导的间接金融主要通过向企业贷款来实现资本配置，而银行信贷通常反映政府特定政策目标，是央行通过信贷资源配置调控宏观经济的重要手段（赵勇和雷达，2010）。地方政府出于绩效增长目的，通常通过差别利率、信贷倾斜等政策引导资金流向生产效率较高的制造业及其相关行业，从而影响产业供给和需求结构；工资水平的提高不利于产业向服务业转型。在地方政府进行土地财政期间，地方政府为招商引资压低工业地租，导致商住地租承担了巨大的财政收入压力，推高了居民住房价格和城镇化成本（雷潇雨与龚六堂，2014），工资水平的提高并不足以弥补居民从事服务行业的生活成本；房地产投资占比虽为正，但并不显著影响产业结构的转型升级，可能是因为房地产行业的发展需以地方工业甚至整个经济体系需求不足为代价（吕炜和高帅雄，2016），地方政府

---

① 本书系统GMM回归结果和模型检验均使用stata13中的外部命令xtabond2，而xtabond2不包括在变换后的方程差分GMM的常数项（详见xtabond2命令的help文件）。

干预或抑制所致；FDI 占 GDP 比重的提高会促进第二产业增加值占比的提高，却对城市产业结构的转型升级并无显著影响。长期以来 FDI 进入中国以工业投资为主，FDI 的进入不仅直接导致工业投资规模的增长，而且还会产生技术和管理上的外溢效应，会在一定程度上促进本地工业部门的发展；一般来说，城市人力资本水平越高，城市人们对精神文化的需求越丰富。从回归结果来看，城市人力资本水平并不显著影响城市产业结构的变迁；反映城市市场需求的市场化水平对城市产业发展并无显著影响；反映城市基础设施建设的 3 个变量对城市产业结构变迁并无明确的作用方向，这说明城市的基础设施建设水平仅是影响城市产业发展的因素之一，不起主导作用。

二 细分行业就业份额视角

上一部分已讨论了土地财政依赖度对产业增加值比例的影响呈倒"U"形冲击，相关研究表明，土地和人口等要素在城乡间的再配置，推动了城市部门的产业发展和集聚生产力提高，形成经济增长的巨大动力（雷潇雨与龚六堂，2014）。那么，在地方政府对土地财政依存度逐渐增加时，是否有助于劳动力从低端产业到高端产业的再配置转移，又是在何种行业中进行？因而有必要进一步探讨土地财政对各产业内部就业份额的影响机制，才能更好地解答以上疑惑。

在表 6-3 中，本章分别使用服务业与制造业就业人数比值及制造业就业人数、各类服务业就业份额比例[①]作为被解释变量，进一步探讨土地财政依存度对行业内部就业份额的影响。从第 1 列可以看出，土地财政对产业结构向服务业转型的影响呈"U"形冲击，却并没有显著影响，因此，有必要深入到制造业与服务业细分行业内部具体考察。

---

① 服务业就业份额比例指各类服务业就业人数在服务业行业就业人数中所占比例，以更好地刻画各类服务行业间就业人数的相对变化。

表6-3第2列反映土地财政对制造业集聚水平呈现出明显的先降后升"U"形结构,进一步显示,地方政府对土地财政依存度的提升首先会对增长粗放、附加值低的制造行业进行排挤,做出有利于改善自身区域间效用的行业间流动选择,但当地方政府对土地财政的依赖越过相应门槛后,制造行业则再次形成集聚,这缘于制造行业内部构成复杂多元,技术含量差异非常明显(高波等,2012)。由于缺乏制造行业内部具体数据,土地财政依存度对制造行业集聚水平的差异影响仍有待验证。由(3)-(5)列可知,在服务行业内部,土地财政依存度与生产性服务行业就业份额呈"U"形结构,而与公共性服务行业就业份额呈现倒"U"形形态,与消费性服务行业并无明显关系。经拟合函数的一阶条件,我们分别计算生产性服务业与公共性服务业各自的土地财政依存度临界值,为3.93与4.36。这也为土地财政初期地方政府加强公共基础设施建设、提供公共服务进行招商引资等方面(曹广忠等,2007;陶然等,2007)提供了机制上的证据。随着土地财政依存度越过临界值,城市制造业的生产技术水平不断精进,需要规模越来越大的生产性服务业与之匹配,由此促进产业结构合理转型升级与经济持续有效发展。

表6—3　　细分行业就业份额视角:土地财政影响产业结构的回归结果

	(1) 服务业-制造业	(2) 制造业	(3) 生产性服务业	(4) 消费性服务业	(5) 公共性服务业
被解释变量滞后项	0.44244***	0.77009***	0.23822***	0.33502***	0.32417***
	(3.61)	(18.56)	(3.20)	(3.15)	(5.40)
土地财政	−0.13475	−0.47829**	−0.00582**	−0.00548	0.00968**
	(−0.55)	(−2.33)	(−2.03)	(−1.09)	(2.43)
土地财政的平方	0.01473	0.03096*	0.00074**	0.00063	−0.00111**
	(0.56)	(1.72)	(1.99)	(0.93)	(−2.19)
ln(贷款余额)	−0.48282	−0.27259	−0.00545	0.00248	0.00044
	(−1.55)	(−1.02)	(−1.46)	(0.57)	(0.09)

续表

	（1）	（2）	（3）	（4）	（5）
	服务业－制造业	制造业	生产性服务业	消费性服务业	公共性服务业
ln（平均工资）	0.70927	-1.81214*	0.00814	-0.03900**	0.03205**
	(0.98)	(-1.67)	(0.88)	(-2.53)	(2.10)
房地产投资占比	-3.98720**	-0.54540	0.00574	0.01427	-0.04355*
	(-2.52)	(-0.57)	(0.39)	(0.72)	(-1.73)
FDI	-1.1e+01	-1.1e+01*	-0.05887	0.06797	0.04799
	(-1.25)	(-1.67)	(-0.60)	(0.61)	(0.40)
人力资本	-5.32008	0.87044	0.00300	0.07231*	-0.09446**
	(-1.28)	(0.30)	(0.09)	(1.77)	(-2.18)
市场化水平	0.02265	-7.06503	-0.00916	0.02616	-0.05145
	(0.01)	(-1.27)	(-0.28)	(0.84)	(-1.04)
ln（消费品零售总额）	0.76574	-0.54079	-0.00352	0.00922	-0.00144
	(0.90)	(-1.03)	(-0.70)	(1.18)	(-0.15)
ln（每百人拥有病床数）	1.64415	-0.70965	0.00795	0.01048	-0.02063
	(1.60)	(-1.13)	(0.94)	(1.01)	(-1.50)
ln（每百人公共图书馆藏书）	-0.34998	0.29779	-0.00151	0.00716	-0.00347
	(-1.35)	(1.18)	(-0.60)	(1.55)	(-0.80)
人均道路面积	0.06322	-0.11345	0.00019	0.00124	-0.00141
	(0.91)	(-0.92)	(0.26)	(1.53)	(-1.35)
观测值	2652	2660	2655	2655	2655
AR（1）	0.012	0.044	0.003	0.004	0.000
AR（2）	0.270	0.221	0.703	0.234	0.318
Hansen test	0.403	0.546	0.476	0.290	0.219

注：表中圆括号内为z统计量；*、**、***分别表示在10%、5%、1%水平上显著；所有回归模型均为twostep并采用稳健标准差调整的系统GMM估计结果；所有回归表中均控制了年度固定效应。在服务行业的分类中，将交通运输、仓储和邮政业，信息传输、计算机服务和软件业，金融业，租赁和商务服务业，科学研究、技术服务和地质勘查业归为生产性服务业；将批发和零售业，住宿和餐饮业，房地产业，居民服务和其他服务业归为消费性服务业；将水利、环境和公共设施管理业，教育业，卫生、社会保障和社会福利业，文化、体育和娱乐业，公共管理和社会组织归为公共性服务业（邵朝对等，2016）。

三 分样本回归

由前文描述可知,东部与中西部的土地财政依存度存在明显差异。由表 6-4 可知,地方政府对土地财政的依存度对中西部产业结构演进有较为显著的影响,而对东部地区产业升级虽呈倒"U"形冲击,系数却并不显著。值得注意的是,土地财政对第二、三产业增加值占比存在明显的区域差异,西部地区土地财政对第二产业增加值占比的影响呈现"U"形结构,对第三产业增加值占比影响呈倒"U"形形态,而东部地区土地财政对第二、三产业增加值占比的影响与中西部地区完全相反,但系数并不显著。经拟合函数的一阶条件计算得出,使得第二、三产业增加值占比出现转折的土地财政依存度在东部和中西部分别为 2.735、2.5 和 5.69、5.65。东部地区经济较为发达,财政比较富裕,城市化发展水平也比较高,城镇建设资金匮乏问题相对不是那么突出,发展辖区经济的渠道亦更为丰富;而中西部地区对加快推进产业升级的愿望更为强烈,但资金十分匮乏,同时经济相对落后,从而加强了地方政府对土地财政的依赖,对地区城市产业结构的变迁表现出更为明显的冲击,如若对土地财政的依赖程度越过门槛值 4.597(-0.04781/(2*0.0052)),则会对地区产业结构转型升级形成阻滞效应。

表6—4　　　　分样本回归:土地财政影响产业结构的回归结果

	(1)	(2)	(3)	(4)	(5)	(6)
	东部			中西部		
	TS	secondratio	thirdratio	TS	secondratio	thirdratio
被解释变量滞后项	0.44875*** (2.66)	0.78887*** (7.39)	0.68145*** (4.20)	0.54884*** (7.77)	0.77966*** (8.25)	0.64932*** (4.74)
土地财政	0.01371 (1.48)	0.00186 (0.59)	-0.00135 (-0.46)	0.04781*** (3.32)	-0.00660** (-2.13)	0.00904*** (2.85)
土地财政平方	-0.00164 (-0.95)	-0.00034 (-1.03)	0.00027 (0.82)	-0.0052*** (-3.25)	0.00058* (1.92)	-0.00080** (-2.52)

续表

	（1）	（2）	（3）	（4）	（5）	（6）
	东部			中西部		
	TS	secondratio	thirdratio	TS	secondratio	thirdratio
ln（贷款余额）	−0.09718 (−1.39)	0.02643* (1.93)	−0.01726* (−1.67)	−0.14121* (−1.85)	0.01121 (1.18)	−0.01035 (−1.15)
ln（平均工资）	0.00529 (0.26)	−0.00179 (−0.38)	0.00486 (1.39)	−0.06692 (−1.63)	0.00214 (0.37)	−0.00535 (−0.90)
房地产投资占比	0.02743 (0.33)	−0.00913 (−0.46)	0.01122 (0.59)	0.10247 (1.22)	−0.01899** (−2.26)	0.00782 (0.72)
FDI	−0.40634 (−0.82)	0.08900 (1.05)	−0.13669 (−1.64)	0.48294 (0.67)	0.17590 (1.44)	−0.17177 (−1.62)
人力资本	0.17214 (0.39)	0.07556 (0.74)	0.03138 (0.50)	0.13349 (0.57)	−0.02228 (−0.65)	0.03085* (1.71)
市场化水平	−0.12040 (−0.55)	0.02293 (0.35)	0.05992 (0.97)	0.25686** (2.26)	−0.02886 (−1.11)	0.03780 (1.13)
ln（消费品零售总额）	−0.05023* (−1.80)	0.02007*** (3.54)	−0.0175*** (−2.96)	−0.06312 (−1.11)	0.00208 (0.62)	−0.00190 (−0.50)
ln（每百人拥有病床数）	−0.07646** (−2.19)	0.02162** (2.02)	−0.0244*** (−3.11)	−0.02467 (−0.74)	0.00536 (0.74)	−0.00136 (−0.23)
ln（每百人图书馆藏书）	0.01931 (1.48)	−0.00356 (−0.88)	0.00555* (1.80)	0.02353* (1.95)	−0.00385** (−1.97)	0.00306* (1.74)
人均道路面积	−0.00065 (−0.25)	0.00032 (0.39)	0.00076 (1.40)	0.00250 (0.76)	0.00048 (1.00)	−0.00031 (−0.57)
观测值	936	936	936	1724	1724	1724
AR(1)	0.075	0.000	0.002	0.000	0.000	0.000
AR(2)	0.236	0.234	0.364	0.402	0.168	0.426
Hansen test	0.114	0.436	0.652	0.113	0.302	0.173

注：表中圆括号内为z统计量；*、**、***分别表示在10%、5%、1%水平上显著；所有回归模型均为twostep并采用稳健标准差调整的系统GMM估计结果；所有回归表中均控制了年度固定效应。东部地区城市包括辽宁、河北、北京、天津、山东、江苏、上海、浙江、福建、广东、海南11个省份的地级市，其余省份的城市为中西部。

四 经济增长效应评估

前文已考察了地方土地财政依存度对产业结构变迁形成倒"U"形冲击，土地财政一方面导致工业用地成本降低，促进了地方工业的发展，另一方面提高了商住用地价格，导致劳动力成本较高，使得工业提前进入比例最大值。中国许多城市通过土地财政下"两手供地"的方式，产生了较高的第三—第二产业比，似乎实现了产业转型升级，但对地区的经济增长潜力上存在显著差异（表6-4已提供了相关证据）。本章以地区生产总值增长率作为被解释变量，通过构建一个第三产业—第二产业（TS）关联的模型，研究城市土地财政依存度（landrely）和产业结构（TS）如何协同作用、共同影响城市经济增长速率（gdpr）。

我们通过两种方式验证这一想法，第一种方式如下：我们在模型（2）中用土地财政哑变量与第三产业—第二产业增加值比例的交互项替代原有交互项，鉴于模型设定形式，模型中不加入土地财政二次项。对于某"城市—年份"，如果其土地财政依存度在同一"城市—年份"的所有城市中处于前10%，该哑变量等于1，否则为0。同时，我们用土地财政依存度哑变量代替土地财政相对依存度。回归结果如表6-5第（1）列所示，该交互项对应系数为正，但不显著。同时，第（2）、（3）列分别用前25%、前50%作为划分土地财政依存度的标准，回归得到的交互项系数仅第（2）列在1%的水平显著。交互项的显著程度随着定义为土地财政依存度的高低呈现先增加后减少的趋势，显示出土地财政依存度在与产业结构的协同作用下会在某种程度上损害地区经济增长率。

第二种方式如下：根据模型（2）的设定，我们得到了表6-5第（4）列的回归结果。产业结构与土地财政依存度的交互项为负，说明了随着产业结构不断升级，地方政府对土地财政的依存增进地区经济增长的阈值下移，在本章的理论机制下进一步体现为土地财政依存度与城市经济增长率"U"形关系阈值的左移。具体而言，利用模型（2）的参数估计值，可以进一步得到$\partial(gdpr)/\partial(landrely)=-0.00565+0.0014*landrely-0.00031*TS$。显然，城市经济增长率的边际效益不仅受土地财政依存度的影响，而且随着产业结构比例（TS）的上升而降低。这也为某些城市产业结构比例（TS）较高而经济增速下降提供了一个角度的验证。

表6—5　土地财政与产业结构对地区经济增长的影响回归分析

	（1）	（2）	（3）	（4）
	10%	25%	50%	连续
TS*landrely	0.00031	−0.01885***	−0.00223	−0.00031*
	(0.07)	(−2.68)	(−0.53)	(−1.92)
landrely	−0.00343	0.01412**	−0.00255	−0.00565**
	(−0.47)	(2.03)	(−0.54)	(−2.19)
(landrely)^2				0.00070**
				(2.47)
TS	−0.04635***	−0.03712***	−0.04966***	0.00134
	(−3.88)	(−2.98)	(−4.05)	(1.24)
控制变量	yes	yes	yes	yes
观测值	2647	2647	2647	2640
AR(1)	0.000	0.000	0.000	0.000
AR(2)	0.937	0.835	0.993	0.904
Hansen test	0.651	0.524	0.510	0.751

注：表中圆括号内为z统计量；*、**、***分别表示在10%、5%、1%水平上显著；所有回归模型均为twostep并采用稳健标准差调整的系统GMM估计结果；所有回归表中均控制了年度固定效应。

第五节　结论和政策含义

土地财政占用的金融资源会对工业产生替代，尤其是会加剧恶化中小企业和民营企业的融资环境。房地产业的繁荣会吸引原本应当投入工业制造业的资源要素，这样第二产业的发展受到限制，从而峰值提前到来，土地财政就会有去工业化效应。土地财政表面上看通过招商引资、发展房地产业促进了经济增长，但是因为提前去工业化损害了干中学的人力资本积累，损害了市场自发的匹配和集聚效应，缩短了生产性服务业充分发育的阶段，也使得供需结构提前发生变化，陷入低质量发展的低水平陷阱。尽管有个初期较高的经济增速，但是在长期损害了经济增长潜力。我们使用地级以上城市数据验证了这些假说，证明了土地财政具有提前去工业化的效果，从而损害了长期的经济增长。

相应的政策含义：

一是充分重视实体经济尤其是制造业的发展。制造业充分发展是中国改革开放的巨大成绩，应加大传统产业的升级改造力度，培育新的经济增长点。当前，世界新的一波产业和技术革命呼之欲出，人工智能、新能源、大数据等产业的发展一日千里，中国和国外发达国家几乎处在同一起跑线。只要提供良好的公共服务，发挥市场的决定性作用，推进大众创业、万众创新，支持战略新兴产业和高新技术产业发展，不断积累新的经济动能，中国经济有可能进入新一轮中高速增长周期。

二是促进金融业支持实体经济发展。近年来金融业和房地产业互相结合推出了很多土地和房地产相关的金融产品，吸收了大量的金融资源，同时由于金融监管制度不够健全，理财产品、信托、委托贷款为主要形式的"影子银行"出现，在金融体系内部空转套利，吸纳了大量社会资金，却不能有效地服务于实体经济，对制造业的发展形成消极约束。要完善和健全金融监管机制，使金融业更好地服务于制造业的发展。

三是提高制造业服务化水平。生产性服务业是制造业提高专业化水平的关键，贯穿于企业生产的上游、中游和下游诸环节。这部分环节附加值高、规模经济大。制造业相关的研发设计、检测、营销等生产性服务业环节缺失严重影响工业制造业效率提升。例如工业化检测缺失，制约机器人产业量产。新产品设计同样需要大量的实验和检测，否则新产品无法上市，导致专业化服务企业难以嵌入生产制造企业供应链，无法形成生产性服务业与装备制造业融合发展的格局。企业新产品产业化过程需要大量资金投入和中介机构提供服务，企业生产经营可以利用"互联网+"、电子商务等技术推动业务和流程模式创新。

第七章 土地财政对企业技术创新的影响[①]

第一节 引言和文献综述

政府、高校、科研院所、社会单位、个人都是创新体系中重要的要素，但都不能代替企业在创新体系中的地位。本章从企业层面着手，研究土地财政对于企业技术创新的影响及其影响机制分析，并进一步研究土地财政对于企业技术创新影响的异质性。

熊彼特认为"企业家"的职能就是实现"创新"，将创新定义为"生产函数的重新建立"，或"生产要素之新的组合"。在经典的 Solow 模型和 Ramsey 模型中，经济增长主要依赖外生的技术进步。正如 Krugman（1994）对东亚经济高速增长的评价一样，如果中国缺乏技术进步和效率增进，那么高速经济增长将难以维持。Acemoglu et al.(2003) 同样认为保持技术的领先地位，是使一国技术水平处于世界前沿是获得持续竞争优势的关键。

中国经济尽管快速增长，但企业的研发创新比例普遍较低，整体研发创新的投入也低于最优的研发创新规模。丁重和张耀辉（2009）论述了对垄断厂商在制度与政策上的倾斜，会削弱非垄断企业进行创新的动力。进一步地，这会使得非垄断企业减少研发人员投入并增大

[①] 本章合作者为李昕。

其成为垄断厂商中间制品生产者的概率，同时使垄断厂商成为创新主导者的概率增大，于是创新对经济增长的贡献减少，最终使得经济增长主要是通过资本投入实现。严成樑等（2010）指出，工业企业研发创新比例也较低，2005-2007年间只有10%的企业有研发投入的行为；研发创新的投入也低于最优的研发创新规模。全球500强企业排行榜前十名中，中国的企业均是金融类企业，而反观美国等发达国家，则多为研发创新类企业，这也反映出了中国创新型企业与发达国家的差距，以及中国企业的研发创新水平与国际水平还相距较远。

造成中国企业技术创新水平低下的原因有多重，从微观层面即企业自身因素看，包括企业规模、企业性质、公司治理等方面。Ace 和 Audretscn（1987）研究发现企业规模与企业研发之间并不是简单的线性关系，而是呈现出 U 形的非线性关系。Cohen 等（1987）从理论上对这种 U 形关系进行了解释，由于企业规模较大，层级较多，更有可能出现管理控制问题，这将会降低研发效率，同时交易成本随着企业层级的增加而有所提高，这将会抑制企业的研发投入，因此规模较小的企业在研发方面具有一定的优势。冯根福等（2017）指出企业性质对中国资本市场的股票流动性与企业技术创新之间的关系有明显调节作用，即对于民营企业而言，股票流动性的提高降低了企业的技术创新水平，而对于国有企业，股票流动性的提高有助于企业技术创新水平的提升。冯根福等（2008）还曾就中国上市公司指出中国上市公司的内部治理与企业技术创新具有多方面的关系。李姝等（2018）采用2007-2016年上市公司数据实证研究发现非控股股东的投票率与企业研发投入和专利申请数量均呈显著的正相关关系，且验证了其主要通过抑制控股股东的掏空行为而促进企业技术创新。

除了企业自身因素外，市场结构也会对研发创新产生影响，Scherer（1967）早前曾指出市场结构与企业研发之间的关系并不必然是线性的。即在垄断性市场结构中，由于竞争压力的缺乏，官僚主义风气可能会在企业蔓延，从而不利于企业研发活动；而在具有良好知识产权保护的环境下，竞争性市场结构能够促使企业投入更多资源用于研发，通过研发获取更高的利润（Porter，1990）。范红忠（2007）从国家创新能力假说出发，提出了有效需求规模假说。市场需求规模从以下三方面影响了企业研发：第一，分摊研发成本，提高研发盈利的预期水平。第二，影响市场结构和技术创新动力。如果市场需求规模较大，那么由研发产生的垄断利润会激励更多厂商提高研发投入，从而有利于打破技术垄断。第三，对技术创新效率产生决定性影响，因为需求规模提高能够集聚更多的人才，并且决定了社会分工，分工则有利于提高研发效率。

企业技术创新水平还受到国家政策、产业政策、地方政府政策选择等方面的影响。Romer（1990）认为政府对技术创新活动的扶持和干预是可行和必要的，可以引导和促进多种经济资源流向社会的创新部门，进而推动社会进步和经济发展。Patel、Pavitt（1994）进一步指出政府通过多种政策措施手段的组合，有利于弥补不同政策手段的不足，从而营造有利于企业技术创新的发展环境。李翠芝等（2013）发现，在财税扶持力度水平越高的地区，企业的技术创新水平越高，且较大的财税扶持力度对非国有企业和中小企业的技术创新水平的作用更加明显。余明贵（2016）研究发现，产业政策能显著提高被鼓励行业中企业发明专利数量，并且这种正向关系在民营企业中更显著。且与一般鼓励相比，产业政策对重点鼓励行业中企业技术创新的影响更大。政府的研发计划对于企业的创新影响也是十分显著的，Guo（2016）等研究发现政府的创新基金项目对中小科技企业的创新影响十分巨大，政府创新基金的支持显著提高了企业的技术和商业化创新水平。然而，国家的这种扶持政策对企业技术创新的影响还有一种消极的声音，即认为政府扶持政策对企业的创新存在一定的"消极效应"，不仅未能促使企业增加创新投入，相反抑制了它的投入，政府由于承担本该由企业或市场承担的开支导致社会资源的浪费和损失。Lach（2000）的研究表明，政府对创新项目的选择存在较为严重的官僚主义，使得政府对企业技术创新的作用可能为负。安同良等(2009)也发现，企业会通过一些虚假手段来获取政府支持，这使得踏实搞创新的企业无法获得政府扶持，而善于投机取巧的企业因此获利，这导致政府扶持没有发挥出促进企业技术创新的作用。

由于土地财政的影响造成房地产业过热，使得房价增长过快，进而对实体经济中的企业创新产生影响。中国房价处于高位水平，其增速过快。房价过快增长也拉高了房地产投资收益，形成了巨大的套利空间。2000—2010年全国住房价格年均增长率高达9.44%，同时期35个大中城市的房价平均增速更是高达11.89%，而2000—2010年中国企业平均投资回报率仅为5.59%（Li 和 Wu，2014）。吕江林（2010）基于上市公司的数据计算出2008年房地产企业的平均利润率高达28.7%，而工业企业仅为7.4%。在房地产业过快增长甚至产生"暴利"的情况下，可以预见更多的资源将被配置到进入门槛低、投资收益高、回收周期短的房地产行业，而不确定性高、回收周期长的研发投资将相应减少。许多研究表明房地产业对于企业技术创新的影响巨大，如王文春和荣昭（2014）利用中国35个大中城市1999—2007年规模以上工业企业的数据，就验证了这种可能的负面影响效应。他们发现，房价的快速上涨对中国工业企业新产品开发活动造成了显著的负面影响，房价上涨越快的地区中，当地工业企业进行新产品开发活动的倾向越弱，这种抑制效应对规模较小的企业以及外资企业影响较小。张杰等（2016）也利用中国省级层面面板数据发现，房地产投资增长越快的省份其创新研发投入和发明专利授权量的增长率越低，且在中国工业部门这种阻碍作用表现得更为突出。他们进一步发现，中国金融体系通过房地产贷款期限结构的这种偏向效应，对中国的创新活动尤其是工业部门的创新活动形成了进一步的抑制效应。刘愿等（2017）

采用上市公司数据库实证研究发现面临高房价和企业房地产投资增值，软预算约束和偏向型研发补贴政策使国有企业增加研发投入，硬预算约束使追求短期利润最大化的民营企业削减研发投入。

造成上述房地产行业替代和挤出其他产业现象的原因主要有以下几个方面。余静文等（2015）利用匹配的中国工业企业数据和35个大中城市宏观数据发现，在房价增速快、房地产投资回报率高的背景下，企业将资源配置到房地产部门，从而挤出投资风险高、回报周期长的研发投资。Chen等（2015）利用中国的数据发现，房地产价格的快速上涨对微观企业部门非房地产投资形成了显著的"挤出"效应，扭曲和加剧了不拥有土地企业的融资约束，扩大了拥有土地和不拥有土地企业之间的融资约束差距，造成了投资效率的下降，导致了资源错配现象的发生。张杰等（2016）指出房地产业对于创新的影响机制主要从四个方面体现，第一是房地产投资的快速膨胀以及房地产泡沫的形成，显然会对企业创新研发活动所需的长期投资资金造成显著的挤占效应，进而对创新活动形成抑制效应；第二在房地产投资快速增长的情形下，中国金融体系通过对房地产贷款期限结构的偏向效应，对中国的创新活动形成了进一步的抑制效应；第三在房地产泡沫发展的特定阶段，房地产价格的快速上升可能会扭曲一国的消费结构，其主要表现，为导致家庭将储蓄的主要部分用于购买创新活动相对较低的房地产行业；第四，在一国特定的发展阶段，如果房地产部门的净利润率远大于制造业部门，就有可能会激励制造业部门的微观企业将自身用来进行创新研发活动的资金或积累利润，通过多元化投资策略或者是对房地产的投机行为，转移到高投资收益回报率的房地产部门，从而对制造业部门的创新活动造成突出的抑制效应。赵西亮等（2016）通过对工业企业数据库实证研究发现，劳动力成本上升尽管会对制造业企业带来很大的生存压力，但总体上会促进中国企业技术创新水平的发展，企业专利申请数量、新产品产值、研发投入水平及研发人员数量均会显著增加。

综合以上文献可以发现,土地财政在发展初期是具有一定历史阶段性作用的:不仅增加了地方可支配收入,也缓解了企业的融资约束。但随着中国经济形势的发展转型,土地财政已越来越显现出多方面的弊端,对于房地产业以及实体经济方面均存在消极影响。现有的文献数据多使用省级和城市层面数据,没有使用企业层面数据,对于内生性的考虑也不够。中国总体技术创新水平还较低,这有微观层面的企业自身以及市场等因素,也有宏观层面国家政策、产业政策等方面的影响,现有文献中对于影响技术创新水平的以上几方面因素均有研究,但还不足。

第二节 特征事实和理论分析

一 土地财政

土地财政的含义可以分为以下四个层面,一是最直接的政府通过出让土地获取的土地出让金收入;二是与土地直接相关或者间接相关的税费收入;三是以土地作为融资工具获得的银行抵押贷款即土地金融收入;四是土地出让市场的价格歧视,政府通过在工业市场低价出让土地而在住房市场高价出让土地而获取的收入。现阶段对于土地财政收入的衡量分为"宽口径"和"窄口径"两类,广义的"土地财政"不仅指土地出让金收入,还包括与房地产业相关的租税费以及依靠土地抵押所进行的各类融资活动等。狭义的"土地财政"则仅指地方政府的土地出让金收入。

自 1988 年 4 月 12 日第七届全国人民代表大会第一次会议通过的《中华人民共和国宪法修正案》第二条规定:宪法第 10 条第 4 款"任何组织或者个人不得侵占、买卖、出租或者以其他形式非法转让土地"。修改为:"任何组织或者个人不得侵占、买卖或者以其他形式非法转让土地。土地的使用权可以依照法律的规定转让"。这是土地有偿使用制度的基本法律依据。土地收入从无至有，由少至多，乃至逐渐发展成为地方政府的重要财政来源。20世纪90年代以来，伴随着土地使用权制度的变迁，尤以1994年的"分税制"改革为重要的转折点，改革后中央与地方财权事权的不匹配，城镇化进程的加快又带来地方公共事业资金需求的增加，在此背景下，地方政府把更多的注意力放在了土地上，由于中国的土地管理制度，地方政府对土地既有管理权又有国有土地的经营权，在资金极度缺乏的压力下，地方政府寻求土地增值的最大化也是最自然的选择。随之而来的中国注重"GDP"增长的政绩考核制度，造成地方政府官员短视化，盲目地追求经济增长和财政收入，更加大肆发展土地财政。2001—2015年间，地方政府的土地出让金收入从1296亿元增长到2.9万亿元，占地方财政总收入的比重从16.6%上升到76.6%。

从总体趋势看，"土地财政"收入在全国范围内收入直线上升，近年来，上升趋势有所平稳，但总体上呈现增长的趋势。如表7-1所示，为全国"土地财政"相关指标变化情况。

表7-1　　　　全国"土地财政"相关指标变化情况

年份	土地出让宗数	土地出让面积（公顷）	土地出让收入（万元）
1999	99017	45390.68	5143294.46
2000	118846	48633.22	5955848
2001	170157	90394.12	12958896.06
2002	242763	124229.84	24167925.18
2003	207387	193603.96	54213112.88
2004	184850	181510.36	64121759.67
2005	162112	165586.08	58838170.95
2006	186667	233017.88	80776447.01
2007	160404	234960.6	122167208.3

续表

年份	土地出让宗数	土地出让面积（公顷）	土地出让收入（万元）
2008	123358	165859.68	102597987.9
2009	122498	220813.9	171795255.8
2010	141941	293717.81	274644791.2
2011	151249	335085.18	321260823.1
2012	138588	332432.32	280422827.8
2013	168844	374804	437452967.1
2014	132398	277346.59	343773734.1
2015	109408	224885.95	312206471.5
2016	101930	211850.82	364616830.4

数据来源：中国国土资源年鉴。

中国"土地财政"存在区域差异性。根据1999—2015年全国各地区土地出让成交价款规模进行对比来看，东部地区明显高于中部地区，中部地区又明显高于西部地区，呈现自东向西"阶梯状"的差异特征。据统计，近些年的土地出让收入总量中，绝大多数发生于沿海发达地区，特别是在一些大城市，而中部只有约两成，西部则一成左右，表现出不同区域的悬殊差异。如表7-2所示列举了2015年全国土地出让的分地区的情况，该表按照土地单价排序，因为表中包括了直辖市、省以及自治区，行政级别不同使得土地出让面积和土地出让收入不具有可比性，因而按照土地出让单价排序，可看出北京和上海的土地出让单价遥遥领先，显著高于其他省、直辖市，而一些东部省份如广东、浙江、福建等又显著高于中部和西部省份，新疆、内蒙古等自治区与北京、上海等相差悬殊。另外该表中列出了各地区的土地依存度指标，即为该地区土地出让收入与地方一般公共预算收入的比值。

表7—2　　　　　　　　2015年全国土地出让分地区情况

地区	土地出让面积（公顷）	土地出让价款（万元）	土地依存度	单价（万元/公顷）	排名
北京	790.69	20597768.11	0.4360	26050.3713	1
上海	1105.79	16088143.28	0.2915	14549.0041	2
广东	11010.96	29701334.08	0.3171	2697.4337	3
天津	2340.51	5808875.85	0.2178	2481.8847	4
浙江	8384.74	19510290.16	0.4056	2326.8808	5
福建	5112.61	11868694.21	0.4665	2321.455	6
海南	991.48	2143234.38	0.3414	2161.6517	7
重庆	7321.82	14362158.95	0.6665	1961.5559	8
江苏	24085.29	46523725.31	0.5795	1931.624	9
四川	9738.66	13160711.39	0.3922	1351.3883	10
安徽	12603.65	15160245.99	0.6177	1202.8457	11
湖南	8350.28	9711753.2	0.3861	1163.0452	12
湖北	12868.75	14838406.11	0.4937	1153.0573	13
广西	5845.65	6077608.68	0.4011	1039.6806	14
江西	9878.36	10134906.92	0.4680	1025.9706	15
河南	11957.73	11417986.61	0.3786	954.8624	16
河北	12133.4	11400679.17	0.4303	939.6113	17
山东	21057.05	19779815.41	0.3577	939.3441	18
山西	3070.26	2733605.19	0.1664	890.3497	19
贵州	6030.98	5342284.26	0.3554	885.807	20
云南	3223.25	2823169.34	0.1561	875.8766	21
辽宁	8254.1	6652887.11	0.3127	806.01	22
陕西	5342.68	4075952.23	0.1979	762.9041	23
吉林	3179.42	2271817.5	0.1848	714.5383	24
甘肃	4875.29	2383297.97	0.3204	488.8526	25
黑龙江	4652.46	2202112.39	0.1889	473.3222	26
西藏	276.74	100791.4	0.0735	364.2097	27
青海	1130.93	343187.74	0.1285	303.4562	28
宁夏	3143.92	902340	0.2416	287.0111	29

续表

地区	土地出让面积（公顷）	土地出让价款（万元）	土地依存度	单价（万元/公顷）	排名
内蒙古	8024.76	2202510.74	0.1121	274.4644	30
新疆	8103.74	1886177.79	0.1417	232.754	31

数据来源：中国国土资源年鉴。

土地出让收入区域差异产生的根本原因在于区域间经济发展水平的差距以及政府的治理行为模式不同。各地土地出让收入规模与经济发展水平直接相关，经济发达程度较高的地区，如北京、上海、广东等，土地出让收入也较多；反之，土地出让收入则较少。经济发展水平对土地出让收入区域差异的影响具体是通过地区间土地出让的价格差异和土地供给的规模差异发挥作用的，经济发展水平较高的地区，其地价要显著高于经济欠发达地区，因而造成各地区间差距显著。

如图 7-1 所示，做出了中国东、中、西部及全国[①]的土地依存度

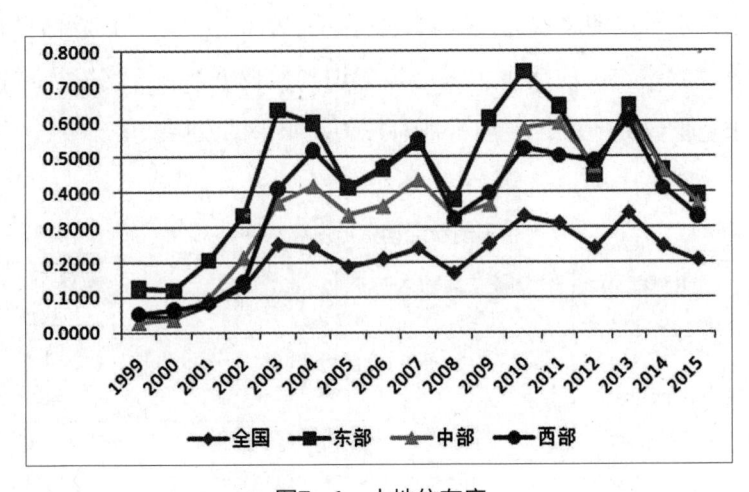

图7—1　土地依存度

数据来源：中国国土资源年鉴。

① 全国土地依存度采用全国土地出让金收入与全国一般财政预算收入的比值，非各省财政收入的加总。

自1999年至2015年变化情况。从图中可以看出，中国东、中、西部土地依存度差距较大，2012年前，东部地区的土地依存度显著高于中部和西部地区，但2012年后差距逐渐缩小。从图上来看，国家整体上土地依存度偏低，这可能与国家总的财政收入不仅包括地方财政收入的加总，还包括海关税等中央收入，即国家财政收入较高造成的土地依存度会偏低的情况。

二 技术创新

现阶段中国技术创新水平总体上已经有了显著的提高，但与国际发达国家相比，创新水平仍有差距，当前中国技术创新水平存在严重的区域不平衡的现状。

由表7-3可看出，无论从创新活动的投入还是从创新活动的产出角度，中国的创新指标均在显著且稳步的上升中，这与中国这些年来对科技创新的高度重视密切相关，表明了中国在经济快速发展的同时科技创新水平也随之快速发展着，尤其自2010年以来，创新活动指标均显著大幅增长，说明了中国已经意识到科技创新在经济发展中占据着越来越重要的地位，愈加重视科技创新水平的发展。

表7-3　　　　　　　中国创新活动指标发展水平

指标	R&D经费支出	R&D科技活动人员折合全时当量	专利申请授权数	发明专利申请授权数
单位	亿元	万人/年	件	件
2000	895.66	92.2	105345	12683
2001	1042.49	95.7	114251	16296
2002	1287.64	103.5	132399	21473
2003	1539.63	109.48	182226	37154
2004	1966.33	115.26	190238	49360
2005	2449.97	136.48	214003	53305
2006	3003.1	150.2	268002	57786

续表

指标	R&D经费支出	R&D科技活动人员折合全时当量	专利申请授权数	发明专利申请授权数
2007	3710.24	173.6	351782	67948
2008	4615.98	196.54	411982	93706
2009	5802.11	229.1	581992	128489
2010	7062.58	255.38	814825	135110
2011	8687	288.3	960513	172113
2012	10298.41	324.7	1255138	217105
2013	11846.6	353.3	1313000	207688
2014	13015.63	371.06	1302687	233228
2015	14169.88	375.88	1718192	359316
2016	15676.75	387.81	1753763	404208

数据来源：中经网统计数据库。

近年来，中国企业在创新活动的投入和产出上均有大幅提升，越来越多的企业意识到创新对于企业发展的重要性，开始增加研发投入，且新产品的收入也在逐年增加，如表7-4所示，为中国规模以上工业企业的创新活动发展情况。

表7-4　　　　规模以上工业企业创新活动发展情况

指标	规模以上工业企业有科技活动的企业单位数	规模以上工业企业R&D经费支出与主营业务收入之比	规模以上工业企业新产品销售收入	规模以上工业企业专利申请受理数
单位	个	%	万元	件
2011	37467	0.71	1005827245	386075
2012	47204	0.77	1105297711	489945
2013	54832	0.8	1284606903	560918
2014	63676	0.84	1428952867	630561
2015	73570	0.9	1508565473	638513
2016	86891	0.94	1746041534	715397

数据来源：中经网统计数据库。

地方政府对土地财政的依赖日益增加，对其区域创新水平以及企业的创新活动会产生重要影响。对于创新而言，企业是创新的主体，政府在政策支持及环境保障上均会对企业的创新活动产生影响。政府是土地财政与企业创新之间影响的逻辑纽带，土地财政通过影响政府行为进一步影响企业的创新活动。基于以往文献的梳理与调查研究，本章将土地财政对企业创新的影响主要概括为以下三个方面。

首先，土地财政会推高房地产价格而对企业创新行为产生影响。一方面，土地财政的快速发展所带来的最直观的影响应为带动房价与地价的上升，随之而来的就是房地产行业的过热发展，房地产的快速膨胀以及房地产泡沫的形成，会对实体经济产生多方面的影响。从动态来看，房地产泡沫的存在会在一定程度上缓解企业的融资约束。随着企业投资的房地产市场价格的升高，企业的资产价值也随之提高，这使得企业拥有的财富总额在增加，也即企业的资源禀赋在增加。在此种情况下，一是企业通过房地产行业获取利润，为企业带来了更多的收入和流动性资金，企业可以将其应用于研发创新投入，从而提高企业的研发创新水平，在长远上获取更多的利润；二是房地产价格的升值，企业可以通过这些升值的固定资产作为抵押从银行获取更多的贷款，可进一步缓解企业的融资约束。因而，从这个角度来说，土地财政推高房地产价格缓解了企业的融资约束从而促进企业技术创新的发展。另一方面，房地产的快速膨胀带来的高投资回报率，可能会对企业研发创新活动所需的长期投资资金造成显著的"挤占效应"。对于一个企业的研发创新活动来说，其所需投资规模大且投资回报周期较长，因而需要充足的资金支持。房地产行业与此有着相似的特征，投资规模大且周期长，因而企业在具有融资约束且企业资源禀赋有限的条件下，要对此进行权衡。企业是在一定约束条件下追求利润最大化的经济人，即在给定资源禀赋下，企业会选择当前利润最大化的投资方式以提升自己的利润，因而高房价所带来的高投资回报水平，使得企业会将更多的资源投入到房地产领域，从而减少研发创新投入。从中国的现状及现实来看，房地产部门和其他部门的利润率存在巨大的落差，这会激励企业将用来进行研发创新活动的资金转移到具有更高投资收益回报的房地产行业，因而对中国企业的研发创新活动造成了不可低估的抑制效应。且在这种利润率存在巨大落差的条件下，使得那些以银行为主导的金融体系更倾向于将有限的贷款资金优先提供给低风险高收益的房地产行业，这更进一步加剧了企业的融资约束限制，对企业研发创新活动所需的长期投资资金造成了显著的挤占效应，加剧了对企业研发创新活动的抑制效应。综合以上分析可知，土地财政的发展极大地促进了房地产市场的繁荣和房地产价格的上涨，提高了房地产行业的利润，产生泡沫效应和挤占效应对企业的技术创新产生影响。

其次，土地财政缓解了地方政府的财政压力提高了地方基础设施建设水平，促进了企业技术创新水平的发展。土地财政由来之初就是为了缓解地方政府的财政压力，土地财政的发展也确实增加了地方政府的收入，使得地方政府有更充足的资金增加基础设施投入，增加地方的基础设施资本存量，而这些基础设施供给能够为地方企业技术创新活动营造良好的外部环境。首先，地方基础设施的资本存量会影响当地的市场规模和投资环境，从而影响企业的研发投资。基础设施包括道路交通、水电供应、仓储及邮电通信等设施的完善，为企业的发展和扩张创造了良好的环境，也为各种外资引进等投资项目创造了良好的投资环境，一方面为企业向远方扩张创造了良好的条件，一方面为企业吸引投资创造了良好的条件，使得企业的产品销售、生产规模等可以进一步扩大，进而促进企业的研发投入，为研发创新投入提供充足的资金和技术环境。因而完善且良好的基础设施环境有助于提高市场一体化程度，企业为了追求规模报酬的递增会选择增加研发投入。其次，基础设施完善的地区会吸引更多的企业进入，使得潜在市场规模扩大且市场竞争激烈,在这种条件下会激励企业加大研发投入从而获得成本优势以抢夺那些低效率企业的市场份额,以获得更高的利润,即激烈的市场竞争和高利润回报会促使企业自动自发地加大研发投入。综上分析,土地财政的发展为地方政府增加了收入,使得地方政府有充足的资金进行基础设施建设,而良好的公共设施环境会促进企业技术创新的发展。

再者,在土地财政模式下,会影响政府的基建与科技的支出偏向,这种支出偏向会对企业的技术创新活动产生影响。创新是一种准公共物品,且创新投资周期长投资大风险高,会大大加大企业的经营风险,或面临资金不足的境况,因此增加政府科技支出,加大政府的补贴力度是促进企业进行创新的行之有效的方法。因此理解土地财政对企业技术创新水平的影响时,需要分析现行的政府科技支出偏向,地方政府科技支出偏向大,该地区企业会更倾向于进行技术创新投资,而一个地区的政府科技支出偏向小,即政府扶持力度较弱,该地区的企业会大大减少技术创新投资。然而,政府在不同的政策激励机制的影响下,其公共支出政策会有明显的差异。在中国唯GDP论的政绩考核背景下,各地方政府发展的着力点都聚焦在了经济增长上,其中基础设施投入的增长效应最为明显,成为各地方政府在经济增长竞争上的重要手段,广大地方政府普遍存在为了追求经济增长而扩大基础设施支出的行为。土地财政增加了地方政府的收入,缓解了地方政府财政压力,为地方政府基础设施建设提供了充足的资金。而基础设施的完善,又进一步增加了地方土地的价值,即增加了地方政府的卖地收入。在这种模式下,政府会更偏向于将财政资金用于基础设施建设而非科技支出上,政府的这种支出偏向会对企业的技术创新水平产生影响。

综上,土地财政的发展增加了地方政府的收入而完善了地方创新环境且通过提高房地产价格缓解了企业的融资约束;但土地财政推高了房地产价格及房地产行业的利润,对企业的创新要素产生了挤占效应，会抑制企业创新的发展；而随着土地财政规模的增大，地方政府对土地财政依存度越来越高，对地方政府的支出偏向产生影响而进一步影响了企业的创新行为。因此，土地财政通过以上各个方面均会对企业技术创新行为产生影响。

第三节　数据、模型和回归结果

一　模型的构建

本章旨在研究土地财政对企业技术创新的影响，根据理论分析和经验研究归纳，我们以企业技术创新水平作为被解释变量，以土地财政收入作为核心解释变量，从土地财政的视角来探究当前企业技术创新水平偏低的原因。但是，影响企业技术创新水平低下的原因众多，仅考虑土地财政这一核心解释变量，会对实证结果的有效性产生严重偏误，所以，也将影响企业技术创新水平的其他因素以控制变量的形式纳入模型中，从而剔除其对企业技术创新水平的影响，进而得到土地财政与企业技术创新之间的关系。因此，构建如下模型1：

$$Y_{it} = c + \beta_1 Land\,\mathrm{Re}\,v_{it} + \gamma Control_{it} + \delta_i + \theta_t + \varepsilon_{it}$$

其中，被解释变量Y为企业的创新水平；核心解释变量LandRev是企业所在城市的土地财政水平；控制变量$Control$包括企业层面的企业的年龄、企业的规模、企业的总负债、企业的盈利能力，城市层面的地区人均国民生产总值、产业结构、对外开放程度以及地方财政中科技支出占地方财政总支出的比重；ε_{it}为误差项。

由于企业技术创新需要一定的时间周期，因而当年的技术创新水平往往会受上一年企业技术创新情况的影响，因此我们将滞后一期的企业技术创新加入模型中；从实践看，当年土地财政规模的增加，会通过影响下一年的房价、劳动价格、资本价格以及当地基础设施建设进而影响企业的技术创新水平，因而在此计量模型中控制土地出让指标当期和一期滞后项。因而建立起如下动态面板回归模型2：

$$Y_{it} = c + \alpha Y_{i,t-1} + \beta_1 Land\,Rev_{it} + \beta_2 Land\,Rev_{i,t-1} + \gamma Control_{it} + \delta_i + \theta_t + \varepsilon_{it}$$

其中，其中，$Y_{i,t-1}$是创新水平的一阶滞后项，$Land\,Rev_{i,t-1}$是土地财政指标的一阶滞后项，其他指标同上。

二 计量方法

本章所用数据为面板数据，首先构造了一套静态面板数据，采用固定效应与随机效应分别对其进行估计，对比分析在该模型中采用哪种估计方法更为有效。在本章建立的回归模型中，解释变量土地财政和被解释变量企业技术创新水平之间存在一定的"双向因果"关系，即土地财政会对该地区企业的技术创新水平产生影响，同样的企业技术创新水平高的地区一般经济发展水平较高，该地区的房地产价格也会较高，从而进一步会刺激当地的土地财政规模的增大。因此，模型很可能存在"双向因果"导致的内生性问题。另一方面，创新具有持续性，一个企业的创新水平可能会对下一期甚至今后的创新水平产生影响。且土地财政的影响也具有滞后项，当期土地财政规模的大小会影响下一年的房地产价格等进而影响企业的技术创新水平。鉴于此，本章使用阿雷拉诺（Arellano）等提出的动态面板模型并进行广义矩估计（GMM），以解决现有文献变量内生性问题，提高实证分析有效性。GMM方法又分为差分广义矩估计（Difference GMM）和系统广义矩估计（System GMM），其中，差分广义矩估计的核心是将水平变量作为差分变量的工具变量进而得到一致估计，而系统广义矩估计的核心是将差分方程与水平方程作为一个方程系统，使差分变量和水平变量互为工具变量进行系统估计，从而使参数估计更具有效性。总体来说，这两种方法均是为了解决模型的内生性问题，在理论上并无优劣之分，需要在具体实践中进行比较，因此本章将同时使用两种方法进行估计和对比分析。

三 变量选取及数据来源

1. 变量选取

本章参考了相关土地财政以及企业技术创新文献中采用的指标，在下表中归纳汇总了相关文献的指标选取情况及其数据来源。

表 7—5　　　　　　　　相关文献指标选取及数据来源

作者	被解释变量	核心解释变量	数据来源	主要结论
王文春、荣昭（2014）	企业新产品产值	房价上涨率	工业企业数据库，《城市统计年鉴》，中经统计数据库	房价上涨抑制工业企业新产品开发
余静文、王媛、谭静（2015）	企业研发投入占总资产的比重；企业人均研发投入	商品住宅价格年度增速	2005—2007年中国工业企业数据库；中国城市统计年鉴；CEIC数据库	房价增速的提高显著降低了企业研发投入
张杰、杨连星、新夫（2016）	各省的R&D支出、发明专利授权量增长率	中国各省份地区的房地产开发投资额增长率	《中国科技统计年鉴》；专利数据库；《中国房地产统计年鉴》	房地产投资增长对创新活动造成了显著的阻碍作用
刘愿、连玉君、郑姣姣（2017）	企业房地产投资；研发投入	城市房地产投资的回报率	上市公司和企业债的企业财务数据；城市数据	高房价抑制私企研发投入，促进国有企业研发投入
白俊红（2011）	专利；新产品销售收入	政府R&D资助	中国科技统计年鉴、中国统计年鉴	政府的R&D资助显著地促进了企业的技术创新
蔡晓慧；茹玉骢（2016）	是否研发、研发密度	基础设施资本存量、企业规模及二者交互项	工企数据库、统计年鉴，金戈（2016）估算的省级基础设施资本数据	基础设施改善总体上对大企业研发产生激励作用，对小企业研发产生抑制作用

被解释变量：本章采用了多种代理变量对企业的创新水平加以衡量，第一类是创新活动的投入角度指标，我们采用上市公司数据库的公司研发投入指标以及公司研发人员数量占比两个指标对公司的研发

投入予以衡量；第二类是创新活动的产出角度指标，我们采用上市公司的发明专利授权量指标予以衡量，因为采用发明专利而非外观设计专利及实用新型专利等指标对于衡量企业的创新情况更具有代表性，也在之前的文献中更为人所接受认可，除此之外，采用授权量而非申请量更能体现企业的创新实质性质量。此外，本章在稳健性检验中，还对规模以上工业企业的创新水平与土地财政的关系进行了分析，在工企数据库中衡量企业创新水平的指标有两种，分别为新产品产值和研发投入，但因受数据库本身数据完整性的限制，无法得到企业连续稳定的新产品产值的数据，而研发投入存在三年连续的数据，也是在之前的文献中研究工业企业创新能力时较为常用的指标，因而本章也选取工业企业的研发投入作为工业企业创新水平的代理变量。

解释变量：参考已有文献，我们以土地财政收入来度量土地财政的规模，很多研究都从土地财政的宽口径收入着手，将土地的各项相关税收也纳入到土地财政的分析中，但笔者认为，宽口径的"'土地财政'收入"所涉及的收入范围过于宽泛，不仅复杂，而且相关程度低，不易把握；相比较而言，窄口径的"土地财政"收入从根本上反映了"土地财政"的内涵，在现实中产生了显著效应，也集中了各方关注的焦点，最能满足分析的需要。因而本章从"土地财政收入"的窄口径着手，以国有土地的出让收入来指代"土地财政收入"。考虑到各城市发展水平不同，从而土地价格差异较大，同等土地面积出让规模的收入差异较大，因而本章在稳健性检验中还从土地出让面积角度衡量土地出让规模。各城市的财政收入水平差异也较大，本书构造了土地依存度这一变量来分析研究各城市对土地财政收入的依赖程度，土地依存度采用土地财政收入占地方一般公共预算收入的比重予以衡量，也将在稳健性检验中予以说明。

控制变量：基于现实观察和既有研究，为避免一些其他重要变量遗漏而严重影响实证结果的有效性，我们还将在模型中加入其他对企业技术创新有影响的控制变量，我们参考已有文献和现有研究，最终选择了如下控制变量。①企业规模。用企业的总资产予以衡量，根据过往相关研究可以发现，企业的规模大小会影响企业的融资约束情况等，一般来说，规模较大的企业，融资约束相对较小，企业可以有更充足的资金用以技术创新。②企业现金流。用企业总负债及速动比率予以衡量，一个企业的负债情况决定了现金流的充裕程度，进而影响企业的技术创新水平。③企业盈利。用企业利润总额予以衡量，一般而言，企业盈利状况良好，更有技术创新的物质基础。④地区经济程度。用人均国民生产总值予以衡量，地区经济发展程度代表了各市的经济发展水平、技术水平以及内需规模的差异等，而这些也是影响创新水平的重要因素。GDP 总量和 GDP 增长率更多地反映的是经济发展的规模和速度，而忽视了人口规模及经济发展基础的影响，而人均 GDP 则能够较为准确地反映地区的经济发展程度。⑤地区产业结构。用地区的第二产业增加值除以第三产业增加值的比值来衡量。中国各地区的产业结构发展水平差异必然会对当地企业的技术创新水平有所影响。一般来说，产业结构偏向第二产业的地区，创新活动相对会更活跃一些。⑥开放程度。用城市外商投资额占固定资产投资额的比重来衡量。无论是从宏观还是微观的角度，贸易的开放都是影响创新的重要因素。⑦科技支出比重。用城市地方财政科技支出占总支出的比重来衡量。地方财政科技支出的比重决定了地方政府对科技创新的重视及支持程度，即企业可获得的政策支持程度。

本章实证研究主要变量含义界定如下表所示。

表7—6　　　　　　　　　　变量含义

变量名	代码	说明
专利指标 1	lnApplyGrant	上市公司专利申请授权个数的对数
专利指标 2	lnIApplyGrant	上市公司发明申请授权个数的对数

续表

变量名	代码	说明
研发指标1	lnRDSpendSumRatio	上市公司研发投入金额的对数
研发指标2	RDSpendSumRatio	上市公司研发投入占营业收入的比重
土地财政指标1	lnprice	城市土地出让收入的对数
土地财政指标2	lnland	城市土地出让面积的对数
土地财政指标3	rate	土地财政收入占地方一般公共预算收入的比重
总资产	lnTotalAssets	上市公司年报总资产的对数
总负债	lnTotalLiability	上市公司年报总负债的对数
净利润	lnNetProfit	上市公司年报净利润的对数
企业年龄	lnage	上市公司注册日期至今年份的对数
人均国民生产总值	lnPGDP	城市人均国民生产总值的对数
产业结构	thirdratio	城市第三产业增加值占国民生产总值的比重
对外开放程度	open	城市外商直接投资占固定资产投资的比重
科技支出比重	science	城市地方财政科技支出占总支出的比重

2. 数据来源

本章的被解释变量上市公司的创新指标主要选取了公司的各项专利、发明申请以及授权情况、公司的研发投入等几个指标，对于上市公司的创新指标、财务指标以及公司基本信息主要来自于国泰安和wind数据库；在稳健性检验中还对中国规模以上工业企业的创新情况进行了研究分析，工业企业的创新指标选取了企业的研发投入这一指标，工业企业各项指标来源于规模以上工业企业数据库。城市层面的数据本章选取了中国地级市层面数据，这其中删去了一些数据缺失或行政区划有所改变的城市，最后得到了270个城市的数据信息，其中土地财政指标使用了土地出让价款、土地出让面积及土地依存度三个指标，数据来源于1999—2015年的中国国土资源年鉴，因为中国国土资源年鉴从1999年开始数据相对比较系统化完整化，因而本章选取1999—2015年的数据，力图让数据更完善从而计量结果更加准确；其余城市层面数据则来源于中国城市统计年鉴以及中经网统计数据库。对上市公司的研究中，将国泰安中企业创新指标数据整理成表，通过证券代码作为唯一匹配标准用 stata 将 Wind 数据库中企业的财务指标与不同的创新指标一一匹配，形成上市公司财务与创新指标的数据总表；城市层面的数据，通过城市名称和年份将土地财政指标与城市层面控制变量指标匹配到一张表上；最后通过城市和年份将企业层面数据与城市层面匹配到一张表上，形成上市公司的计量数据表，进行下一步的计量运算。

本章还使用中国工业企业数据作为稳健性检验。对于中国工业企业数据库，将每年的企业创新指标、财务指标、所在省市等指标分别摘取出来，然后将各年的数据叠加匹配到一起，最后通过城市和年份将企业层面数据与城市层面数据相匹配形成规模以上工业企业的计量数据表。

3. 变量描述性分析

表中列出了主要变量的描述性统计。

表7—7　　　　　　　　变量的描述性统计

变量	观察值	均值	标准差	最小值	最大值
lnApplyGrant	10,097	2.0544	1.3618	0	6.2046
lnIApplyGrant	6,997	1.2661	1.1528	0	5.3132
lnIGrant	6,485	1.1120	1.0763	0	4.7536
lnGrants	10,174	1.9454	1.3522	0	6.0521
lnRDSpendSum	7,943	17.3974	1.2928	13.4041	21.2057
RDSpendSumRatio	7,452	4.2728	3.7610	0.0300	25.9400
lnprice	25,760	13.8749	1.8806	7.7286	16.8407
lnland	25,522	6.9958	1.0071	3.7072	8.9380
rate	25,380	0.8730	0.9536	0.0316	8.6005
lnTotalAssets	25,481	21.5753	1.2444	18.8473	26.5284
lnTotalLiability	25,480	20.6741	1.5249	17.2931	26.2114

续表

变量	观察值	均值	标准差	最小值	最大值
lnNetProfit	22,708	18.2361	1.5167	14.2877	23.0544
lnPGDP	23,840	10.7691	0.7436	8.6402	12.1299
lnage	25,373	3.0949	0.1976	2.5649	3.5835
thirdratio	25,619	43.9572	10.0960	19.7400	66.0300
open	25,432	0.0924	0.0755	0.0004	0.4407
science	21,768	0.0273	0.0204	0.0014	0.0786

四 实证结果

1. 静态面板模型

表7—8　　　　　固定效应及随机随机效应回归结果

VARIABLES	FE RDSpendSumRatio	FE RDSpendSumRatio	RE RDSpendSumRatio	RE RDSpendSumRatio
lnprice	0.284***	0.0413***	0.237***	0.0360***
	(0.0119)	(0.0130)	(0.0106)	(0.0121)
lntotalassets		0.421***		0.361***
		(0.0332)		(0.0312)
lntotalliability		0.0792***		0.0755***
		(0.0212)		(0.0204)
lnnetprofit		0.00960		0.0111
		(0.00998)		(0.00979)
lnpgdp		0.554***		0.552***
		(0.0387)		(0.0346)
lnage				−0.380***
				(0.146)
thirdratio		−0.00709***		−0.00412**
		(0.00256)		(0.00186)
open		−1.381***		−2.404***
		(0.421)		(0.349)
scienceratio		0.312		−0.994
		(1.154)		(1.047)

续表

VARIABLES	FE RDSpendSumRatio	FE RDSpendSumRatio	RE RDSpendSumRatio	RE RDSpendSumRatio
Constant	13.20***	0.0539	13.83***	2.537***
	(0.175)	(0.461)	(0.160)	(0.591)
Hausman		0.0000		0.0000
Observations	7,943	6,669	7,943	6,477
R-squared	0.086	0.362		
Number of symbolcode	1,836	1,763	1,836	1,690

注："***"、"**"和"*"分别表示在1%、5%、10%的显著性水平下显著。

在本章计量模型中，采取逐步引入变量的方式进行检验以确保估计结果的稳健性。表中，模型（1）和（3）是只有土地财政出让收入这一核心解释变量，利用公式估计所得到的回归结果；模型（2）与（4）是在模型（1）和（3）的基础上，加入一系列控制变量得到的估计结果。从表中可以看到，固定效应模型和随机效应模型在系数值上偏差不大，但在模型（2）与（4）的结果中进行 Hausman 检验 P 值为0.0000，强烈拒绝原假设，因此本章认为应该使用固定效应模型。

使用固定效应模型的静态面板估计结果如表的模型（1）、（2）所示。土地财政出让收入的系数在1%的水平下显著为正，从数量关系上看，土地财政出让收入与企业研发投入之间的弹性系数为0.0413，且在1%的水平下显著为正，表明土地财政面收入每增加1%，相应的企业技术创新研发投入会增加0.0413%。即随着土地出让收入的增加，会增加企业技术创新的研发投入，这与前文我们在理论分析中得到的结论并不十分相符，这可能有以下两方面的原因，一是与内生性有关，土地财政与企业技术创新之间具有很强的内生性，造成了结果与预期不相符合的情况；另一方面，企业的技术创新是一个动态过程，当年的研发投入水平会影响到下一年的研发投入水平，忽略掉影响的滞后性可能会对实证结果造成严重影响。基于此，为了解决上述两个问题，本章引入动态面板模型，并采用差分 GMM 和系统 GMM 的方法来解决内生性问题。

2. 动态面板模型

动态面板估计结果如下表所示，分别采用了差分广义矩估计（DIF-GMM）和系统广义矩估计（SYS-GMM）对动态面板进行了估计，以解决模型中存在的内生性问题。在公式中，分别加入滞后一期的企业研发投入水平作为解释变量进行回归。首先，在不引入其他控制变量的情形下，本章采用差分广义矩估计对模型 2 进行回归，回归结果如下表（1）中所示。然后，加入一系列控制变量后，再利用差分广义矩估计和系统广义矩估计分别对模型 2 进行估计，回归结果如下表（2）和（3）所示。从回归结果来看，差分 GMM 和系统 GMM 估计下的土地财政与企业技术创新水平分别在 10% 和 5% 水平下显著，进一步证明了土地财政水平会对企业的研发投入造成影响。在两种方法的估计下，滞后一期的研发投入水平在 1% 的水平下显著为正，证实了上文中的猜想，即前一期的研发投入水平会对后一期的研发投入水平存在显著的正向影响，证实了上文中的猜想，即研发投入具有惯性。从数量关系看，系统 GMM 估计下的土地财政系数为 –0.132，差分 GMM 估计下的土地财政系数为 –0.118，两种方法的回归结果基本一致，估计结果稳健。在未引入控制变量时，土地财政的回归结果不显著，且系数显著小于引入控制变量时的回归结果，可以得出，控制变量会显著影响企业的技术创新水平，因而本章所控制的控制变量是稳健的，与预期基本一致。此外，从表中 AR（2）的检验结果来看，动态面板估计结果均通过了残差项二项不相关的检验；Sargan 检验对应的 P 值均大于 0.5，说明回归结果不存在过度识别。因此，通过克服内生性的差分 GMM 和系统 GMM 估计结果是有效和稳健的。在采用了动态面板模型，并引入差分 GMM 和系统 GMM 方法后，得出的实证结果与理论预期相一致,因而可以证明在上述固定效应回归中,是由于内生性和影响滞后性的原因造成的结果偏差。

表7—9　　　　　　　　差分GMM和系统GMM回归结果

VARIABLES	（1） DIF-GMM RDSpendSumRatio	（2） DIF-GMM RDSpendSumRatio	（3） SYS-GMM RDSpendSumRatio
L.RDSpendSumRatio	0.152*** (0.0306)	0.0986*** (0.0148)	0.659*** (0.00956)
lnprice	−0.0446 (0.171)	−0.118* (0.0681)	−0.132** (0.0522)
L.lnprice		−0.0769** (0.0357)	0.00168 (0.0394)
lntotalassets		0.490* (0.270)	0.684*** (0.194)
lntotalliability		0.393** (0.200)	−0.877*** (0.138)
lnnetprofit		−0.319*** (0.0786)	−0.00222 (0.0430)
lnpgdp		−0.0793 (0.147)	0.841*** (0.125)
thirdratio		0.0127 (0.0129)	−0.0281*** (0.00921)
open		−0.953 (1.445)	−0.752 (1.962)
science		−3.470 (3.685)	5.087 (8.433)
Constant			−1.782 (1.891)
AR(1)		0.0000	0.0000
AR(2)		0.7527	0.6324
sargan		0.8483	0.2799
Observations	3,890	2,919	4,635
Number of symbolcode	1,425	1,237	1,507

注:"***"、"**"和"*"分别表示在1%、5%、10%的显著性水平下显著。

3. 分样本回归

①分地区回归

中国地域辽阔，不同地区的土地财政规模、企业创新水平等情况各有不同，其中决定企业创新水平的影响因素也具有差异性。因此需要从区域层面探究土地财政对企业技术创新水平的影响，以地理位置和经济发展水平为依据，将中国划分为东部、中部和西部三个区域进行分样本回归。从下表分样本估计结果可得知，东、中、西部地区土地财政与企业技术创新之间均存在显著的相关关系，在东部地区在5%的水平上显著为负，而在中部和西部地区在1%水平上显著为正。结合土地财政与区域创新之间的倒U形曲线关系，可以理解之所以会产生如下差异，与各地区的土地财政发展规模有关。东部地区经济发展水平较高，相应的房地产价格也较高，在各项发展中均处于前列，有土地财政与企业技术创新的负相关关系可以得出此时东部地区的土地财政规模已处于倒U形曲线的右端的抑制阶段，而中部和西部地区的土地财政规模还处于倒U形曲线左端的促进阶段。这对于中国在进行土地财政改革时具有重要借鉴意义，要区分不同地区的土地财政发展程度，有针对性的提出改革方案。在控制变量中人均国民生产总值这一项也可看出，在东、中、西部地区的经济发展水平与该地区的企业技术创新水平之间的系数均在1%的水平下显著为正，可以看出该地区的经济发展水平对企业技术创新的影响是巨大的，也可进一步解释土地财政对于东、中、西部影响的差异化，很大一部分是由地区发展水平的不平衡造成的。

表7—10　　　　　　　　分地区回归

VARIABLES	东部 RDSpendSumRatio	中部 RDSpendSumRatio	西部 RDSpendSumRatio
L.RDSpendSumRatio	0.671*** (0.0144)	0.675*** (0.0170)	0.736*** (0.00442)

续表

VARIABLES	东部 RDSpendSumRatio	中部 RDSpendSumRatio	西部 RDSpendSumRatio
lnprice	−0.0615** (0.0293)	0.105** (0.0415)	0.132* (0.0180)
lntotalassets	0.627*** (0.204)	1.519*** (0.0719)	0.640*** (0.0780)
lntotalliability	−0.728*** (0.155)	−1.659*** (0.0663)	−0.852*** (0.0411)
lnnetprofit	0.0286 (0.0561)	0.111*** (0.0246)	0.104*** (0.0144)
lnpgdp	0.489*** (0.137)	0.206 (0.150)	0.547*** (0.0334)
thirdratio	−0.0435*** (0.0117)	0.0774*** (0.00423)	−0.0393*** (0.00623)
open	−0.202 (2.024)	−16.92*** (2.695)	−3.345*** (0.417)
science	−35.29*** (9.607)	8.227 (5.053)	28.15*** (3.362)
Constant	0.0962 (1.715)	−4.511*** (1.002)	−1.709* (0.907)
Observations	3,363	713	527
Number of symbolcode	1,065	247	183

注："***"、"**"和"*"分别表示在1%、5%、10%的显著性水平下显著。

②分行业回归

各行各业特点不同，则所需研发创新投入创新水平也不同，进而土地财政的发展对其影响程度也会有所不同。中国行业细分种类较多，本章列举了如下较有代表性行业的分行业的回归结果。其中制造业和互联网行业，土地财政的发展显著抑制了企业的研发投入，在众多行业中，制造业和互联网行业是研发创新较多的行业，受外部政策环境影响也较大。而在采矿业、能源供应以及房地产等行业，土地财政对其研发投入是促进作用，这些行业的创新极大地依赖于政府的资金补贴等，土地财政为地方政府带来的收入的增加，政府有更充足的资金补贴企业的研发创新，因而对企业的研发创新行为具有促进效应。

表7—11 分行业回归

VARIABLES	(1) 制造业 RDSpendSumRatio	(2) 采矿业 RDSpendSumRatio	(3) 能源供应 RDSpendSumRatio	(4) 互联网 RDSpendSumRatio	(5) 房地产业 RDSpendSumRatio
L.RDSpendSumRatio	0.644*** (0.00906)	0.998*** (0.0202)	0.834*** (0.0162)	0.768*** (0.00717)	0.572*** (0.0275)
lnprice	−0.151*** (0.0570)	0.278*** (0.0689)	0.676*** (0.0613)	−0.415*** (0.0669)	0.321** (0.150)
lntotalassets	0.394** (0.181)	0.980*** (0.153)	0.606*** (0.221)	1.979*** (0.113)	0.364 (0.544)
lntotalliability	−0.343** (0.137)	−0.776*** (0.139)	−0.377** (0.190)	−1.711*** (0.0847)	−0.216 (0.464)
lnnetprofit	−0.0598 (0.0491)	0.110*** (0.0305)	0.00758 (0.0426)	0.611*** (0.0679)	−0.0115 (0.0385)
lnpgdp	0.502*** (0.167)	−1.439*** (0.0867)	−0.147 (0.180)	0.586*** (0.133)	0.564*** (0.183)
thirdratio	0.00313 (0.0133)	−0.0183 (0.0115)	−0.110*** (0.00576)	−0.0165 (0.0106)	−0.0177 (0.0137)
open	−0.259 (2.096)	5.692 (3.721)	4.320 (2.848)	−13.58*** (1.540)	−12.95*** (4.050)
science	14.63* (8.356)	−33.40*** (7.573)	−16.64*** (4.359)	−34.28*** (7.446)	−9.524 (7.137)
Constant	−2.976 (1.917)	5.969*** (1.333)	−8.868*** (2.340)	−14.30*** (0.715)	−11.58** (4.847)
Observations	3,406	80	87	368	109
Number of symbolcode	1,080	35	39	120	46

注："***"、"**"和"*"分别表示在1%、5%、10%的显著性水平下显著。

第四节 稳健性检验

一 利用工业企业数据库

本章正文部分研究的是土地财政对上市公司的企业技术创新水平的影响，但因上市公司大都是大型企业，一般来说创新水平较高，可能会对回归结果产生有偏影响。因而本章使用工业企业数据库的研发投入水平进行分析，以期进一步验证土地财政对企业技术创新水平是否有影响。

本部分采用工业企业数据库进行计量回归，在工业企业数据库中关于企业技术创新的指标有两种，分别是研究开发费和新产品产值，但新产品产值这一指标数据并不连续，存在多年缺失，而研究开发费在2005—2007年具有连续的数据，且综合已有关于工业企业技术创新的文献来看，多以研究开发费作为企业技术创新水平的代理指标，因而本部分也选取规模以上工业企业的研究开发费来代表企业的技术创新情况。由于在这些规模以上工业企业中，有很大一部分企业是没有研发投入的，即其研究开发费这一项为0，此时采用普通固定效应模型可能会产生不一致的估计，因而本部分采用Tobit模型进行回归估计，Tobit模型是指因变量虽然在正值上大致连续分布，但包含一部分以正概率取值为0的观察值的一类模型，Tobit提出了受限因变量的估计方法，即利用最大似然估计方法，使这类数据得到一致性估计结果，因而可以采用Tobit模型处理样本中存在大量观测值为0的情况。目前发展较为成熟的是混合面板Tobit模型和面板随机Tobit模型，本部分构建了如下回归模型：

$$Y_{it} = c + \beta_1 Land\operatorname{Re}v_{it} + \gamma Control_{it} + \delta_i + \theta_t + \varepsilon_{it}$$

其中，Y为企业技术创新变量，即规模以上工业企业的研究开发费；LandRev为企业所在城市的土地财政变量，即土地财政收入；

Control 为控制变量，包括企业层面的企业营业收入、流动资产、流动负债、企业规模，以及城市层面的城市人均国民生产总值、第三产业占比、对外开放程度以及城市科技支出比重。

实证结果如下表所示，结果显示，土地财政指标系数显著为负，表明土地财政收入越高，企业的研究开发支出越低。由表中可以看出，土地财政收入的 Tobit 回归系数为 -162.9，边际效应为 -25.44，即土地财政依存度每增加一个单位，企业的研究开发支出减少 25.44%。相应的各控制变量的结果也基本符合预期，因而可以得出，在规模以上工业企业中，土地财政收入规模会抑制其研发支出，也验证了本章的观点。

表7—12　　　　　　　　工业企业数据库回归结果

VARIABLES	(1) R&D	(2) dy/dx
landrev	−162.9** (71.75)	−25.44** (11.19)
income	−0.000340** (0.000150)	−5.31e−05** (2.33e−05)
size	−23,319*** (2,677)	−3,641*** (410.9)
Currentassets	0.0313*** (0.00530)	0.00489*** (0.000817)
Currentliabilities	−0.00512*** (0.000984)	−0.000799*** (0.000152)
PGDP	−0.0286** (0.0117)	−0.00447** (0.00182)
thirdratio	6.174 (11.47)	0.964 (1.790)
open	2,741 (2,430)	428.1 (378.9)
science	243,865*** (38,127)	38,080*** (5,878)

续表

VARIABLES	(1) R&D	(2) dy/dx
Constant	−848.3 (3,383)	
Observations	579,421	579,421

注："***"、"**"和"*"分别表示在1%、5%、10%的显著性水平下显著。

二 创新指标和土地财政的再度量

本章正文部分从企业研发投入角度来衡量企业的创新水平,即以研发投入支出作为创新水平的代理变量,稳健性部分从衡量企业创新水平的另一个维度入手,即企业的创新产出角度,采用企业专利申请授权个数作为企业技术创新水平的代理变量。此外,关于土地财政的指标,用土地出让面积和土地依存度即土地财政收入占地方财政收入的比重来衡量,作为稳健性检验。回归结果如下表所示,可以得出,专利指标与土地财政收入在1%水平上显著为负,与用研发指标所得结果一致。研发投入指标与土地出让面积之间关系不显著,这与地方经济发展水平有关,各地区房地产价格差异巨大,因而用土地出让面积来衡量土地财政规模情况偏差较大。研发投入指标与土地依存度指标在1%水平上显著为负,与正文所得结果一致。因而,本章的实证结果是稳健的,不因度量指标改变而有所变化。

表7—13 创新指标和土地财政指标再度量

VARIABLES	(1) lnapplygrant	(2) RDSpendSumRatio	(3) RDSpendSumRatio
L.lnapplygrant	−0.106*** (0.0163)		
L.RDSpendSumRatio		0.682*** (0.00881)	−0.0865*** (0.0139)

续表

VARIABLES	(1) lnapplygrant	(2) RDSpendSumRatio	(3) RDSpendSumRatio
lnprice	−0.0993*** (0.0280)		
lnland		−0.0712 (0.0521)	
rate			−0.157*** (0.0458)
lntotalassets	0.260** (0.108)	0.819*** (0.181)	0.300 (0.271)
lntotalliability	−0.00445 (0.0713)	−0.968*** (0.132)	0.319 (0.196)
lnnetprofit	0.0789*** (0.0244)	−0.0130 (0.0343)	−0.304*** (0.0898)
lnpgdp	0.364*** (0.0710)	0.796*** (0.116)	0.0633 (0.124)
thirdratio	0.00352 (0.00572)	−0.0185** (0.00776)	0.00903 (0.0129)
open	−0.560 (0.760)	−1.728 (2.227)	−0.799 (1.487)
science	1.176 (1.664)	−2.180 (8.387)	−4.520 (3.836)
Constant	−7.253*** (1.252)	−3.781* (1.995)	
Observations	6,044	4,618	2,895
Number of symbolcode	1,374	1,507	1,227

注:"***"、"**"和"*"分别表示在1%、5%、10%的显著性水平下显著。

三 倾向得分匹配法

本章已经控制了相关可能会影响企业技术创新水平的变量的影响,但仍有可能会遗漏部分重要变量而导致内生性问题,因此本章选择能够有效缓解由于遗漏变量而造成的内生性问题的倾向得分匹配法

（psm）进一步进行稳定性检验。由于倾向得分匹配法对数据量要求较高，因而本章选择数据量较大的工业企业数据库进行实证研究。首先将企业按照其所在城市的土地财政出让金收入由大到小进行排序，土地财政出让收入较高的前三分之一样本归为土地财政水平高的处理组，土地财政出让收入较低的后三分之一样本归为土地财政水平低的控制组，并据此设立虚拟变量 p，土地财政出让收入较高时 p 取值为 1，土地财政出让收入较低时 p 取值为 0。本章选择的匹配方法为"近邻匹配倾向得分匹配法"，采取流动资产、流动负债、主营业务收入、企业规模、城市人均 GDP、城市第三产业产值、城市对外开放程度、城市科技支出比重作为配对变量。

由表7-14可知，匹配后的企业其ATT值在5%的水平上显著为负，即土地财政水平较高会对企业的研发投入产生抑制效应。平衡性检验结果显示，此匹配结果较好地平衡了数据，即该匹配方法所得到的结果是可信的。结果表明，在企业其他条件相同的情况下，所在城市土地财政水平高的企业的研发投入水平要显著低于所在城市土地财政水平低的企业的研发投入水平。与前文所得结果一致，说明本章得到的结果是稳健的。

表7—14　　　　　　　　　倾向得分匹配法结果

产出变量	匹配变量	处理组	控制组	差异	T-tset
企业研发投入	匹配前	517.07752	180.438234	336.639286	6.18***
	ATT	518.353378	13422.2872	−12903.9338	−2.45**

注："***"、"**"和"*"分别表示在1%、5%、10%的显著性水平下显著。

第五节　机制分析

在上述分析中，我们可以发现土地财政与企业技术创新之间存在显著的关系，且总体上土地财政会对企业技术创新发展起到抑制的作用,但其具体影响机制错综复杂,土地财政对企业技术创新的影响正负交错,本部分将对其具体影响机制进行详细分析。为了更为全面、清晰地探究可能存在的影响机制,本章采用中介效应的方法对影响机制进行分析。

一 土地财政缓解融资约束促进企业技术创新

土地财政规模的增大提高了地区的房地产价格,形成资产泡沫,而泡沫能够通过流动性效应缓解融资约束,从而促进企业的技术创新。主要因为泡沫可以提高企业抵押资产的价值,从而使企业可以获得更多的信贷资源,在此种情况下,泡沫能够缓解企业面临的融资约束,发挥流动性效应,起到促进企业技术投资的作用。在已知土地财政与企业技术创新具有显著关系的前提下,那么我们只需要验证土地财政是否会缓解企业的融资约束,而企业所获得的额外的融资是否会对其技术创新水平造成影响,即可明确其影响路径。本章企业的融资额由企业的长期借款、向中央银行借款及抵押物贷款等加总得到。回归结果如下表所示,即企业融资额与土地财政系数在1%的水平下显著为正,而企业融资与企业技术创新水平之间系数在5%的水平下显著为正。由此我们可以得出土地财政可以缓解融资约束进而促进企业技术创新发展。

表7—15　　　　　　　　缓解融资中介效应回归结果

VARIABLES	First lnloan	Second lnRDSpendSum
lnprice	0.245*** −0.0236	
lnloan		0.191** −0.0896
Constant	15.58*** −0.281	13.76*** −1.698

续表

VARIABLES	First lnloan	Second lnRDSpendSum
控制变量	yes	yes
Observations	1,838	351
R-squared	0.084	0.035
Number of symbolcode	654	224

注:"***"、"**"和"*"分别表示在1%、5%、10%的显著性水平下显著。

二 土地财政促进企业持有房地产资产挤出企业技术创新要素

土地财政大大提高了一个地区的房地产价格,很多企业把眼光聚焦到了投资回报高且回报较快的房地产行业进行投资,而会更多地放弃掉投资高,回报周期长且风险大的创新项目的投入,因而会挤出企业的技术创新要素。仍采用中介效应对其进行检验,由下表可以看出,土地财政规模与企业房地产投资系数在1%的水平下显著为正,可以看出土地财政会促进企业增加房地产行业的投资,而企业房地产投资与企业研发投入之间系数在5%的水平下显著为负,可以得出房地产投资的增加会挤出企业在研发创新方面的投入,由此可以得出结论土地财政会促进企业房地产投资增加而挤出企业的技术创新投入。

表7—16　　　　　　　房地产中介效应回归结果

VARIABLES	First lninvestment	Second lnRDSpendSum
lnprice	0.171*** −0.053	
lninvestment		−0.108** −0.0606
Constant	14.91*** −0.69	15.21*** −1.031
控制变量	yes	yes

续表

	First	Second
VARIABLES	lninvestment	lnRDSpendSum
Observations	683	279
R-squared	0.028	0.043
Number of symbolcode	324	170

注："***"、"**"和"*"分别表示在1%、5%、10%的显著性水平下显著。

三 土地财政增加地方政府基础设施投入促进企业技术创新

土地财政的发展大大增加了地方政府收入，缓解了地方政府的资金压力，使得地方政府有更充足的资金投入到基础设施的建设中，在已有研究土地财政的文献中，多次提及土地财政会增加地方的基础设施投入。健全的基础设施建设会为企业营造一个良好的创新环境，如交通等的便利，基础设施的完善是企业进行创新发展的保障。对此仍采用上述中介效应检验方法，首先检验土地财政与地方基础设施建设的关系，再进一步检验地方基础设施建设与企业创新的关系。如下表所示，我们可以看到，土地财政与基础设施建设及基础设施建设与企业技术创新均在1%的水平上显著为正，由此我们可以得出结论土地财政增加了地方政府的基础设施建设投入，进而促进了企业的技术创新。

表7—17　　　　　　　　基础设施中介效应回归结果

	First	Second
VARIABLES	construction	lnRDSpendSum
lnprice	1.286*** −0.078	
construction		0.0648*** −0.0198
Constant	−5.269*** −1.004	16.49*** −0.251

续表

VARIABLES	First construction	Second lnRDSpendSum
控制变量	yes	yes
Observations	2,293	790
R-squared	0.159	0.03
Number of symbolcode	850	437

注:"***"、"**"和"*"分别表示在1%、5%、10%的显著性水平下显著。

四 土地财政提高劳动成本促进创新技术替代

土地财政的发展促进了房地产市场的繁荣,推高了房地产的价格,使得居民的生活成本变高,家庭需要投入较大的资金在租、购房上,随着生活成本的提高,个人维持生活所需基本工资也随之提高,推高了劳动力成本的价格。劳动力成本的上升会对企业造成极大的生存压力,此时企业会转而采取更先进技术水平的劳动力来替代劳动力,此时企业会更多地考虑将资本要素投入到技术创新中去,促进了企业的研发创新投入。对此仍采取中介效应方法对其进行检验,首先检验土地财政收入与劳动力成本之间的关系,再进一步检验劳动力成本与企业研发投入之间的关系。如下表所示,劳动力成本与土地财政收入之间在1%水平上显著为正,表明土地财政规模的增加会推动劳动力成本的上升;企业研发投入与劳动力成本之间在1%水平上显著为正,表明劳动力成本的上升促进了企业的创新技术替代,增加了企业的研发投入。

表7—18 劳动力成本中介效应回归结果

VARIABLES	First lnwage	Second lnRDSpendSum
lnprice	0.335*** −0.00163	

续表

VARIABLES	First lnwage	Second lnRDSpendSum
lnwage		1.627*** −0.0354
Constant	5.814*** −0.0226	−0.46 −0.387
控制变量	yes	yes
Observations	27,361	8,079
R-squared	0.631	0.254
Number of symbolcode	2,612	1,850

注："***"、"**"和"*"分别表示在1%、5%、10%的显著性水平下显著。

第六节 结论及政策含义

一 结论

采用1999—2015年中国270个地级区域的面板数据,并分别对上市公司及工业企业进行了回归分析,实证检验了土地财政对企业技术创新水平的影响。研究发现土地财政与企业技术创新水平之间具有显著关系,总体上呈现抑制效应。本章还实证检验了土地财政对企业技术创新的影响机制,土地财政在影响企业技术创新发展时既有促进效应也有抑制效应,首先在促进效应上,土地财政提高了房地产价格缓解了企业的融资约束从而可以促进企业的技术创新水平发展;土地财政增加了地方政府的收入而促进了地方政府的基础设施建设,完善了创新环境从而会促进企业的技术创新发展以及创新型企业的集聚;土地财政会提高劳动力的成本,但劳动力成本的提高却会促使企业采取创新技术替代劳动力,而使得企业增加了研发创新的投入;其次在抑制效应上,土地财政提高了房地产行业的利润促进了房地产业的投资,对企业的创新要素产生了挤出效应。综合以上各点,土地财政对企业技术创新既有促进又有抑制效应，但总体上土地财政与企业技术创新呈现抑制效应。

二 政策建议

尽管本章最后得出总体上土地财政会抑制技术创新的发展，但不可否认的是土地财政在发展初期对于创新的发展是具有促进作用的，在缓解融资约束、促进基础设施建设等方面均具有积极的作用，这些会对企业的技术创新发展产生正面影响，但土地财政当前过度且粗放的模式，使得其政治弊端愈加明显，对创新发展等已逐渐产生了抑制效应。因而我们意在为今后如何进行土地财政改革提供一些启示，即通过政策改革进一步深化加强土地财政对企业创新的促进效应，而弱化土地财政对企业创新的负面影响。

完善政府财政投入结构。当前中国财政支出较大比例的投入在硬环境建设方面，主攻固定资产投入，而较少比例投入在软环境建设方面，在今后的改革中，政府应该调整对硬环境与软环境的投入的结构比例，更加重视软环境建设，如司法公平、产权保护等方面，搭建科技创新平台等，为企业、高等院校、科研机构等营造一个良好的创新环境。

控制土地财政发展节奏。土地财政并非完全有害无利，但政府应该适当控制土地财政的发展节奏，结合东中西部不同的经济发展水平，使得土地财政的发展规模与当地的经济发展相匹配，使土地财政保持与当地经济相匹配的最优发展规模，保留土地财政的益处，摒弃土地财政的弊端。

地方政府增加研发投入并完善企业融资机制。研发投入政策对企业技术创新的影响是巨大的，可以大大地促进企业进行创新活动，但当前各地方政府对于研发方面的投入还不足，国家对各地方政府的研发政策补贴可以出台相应的标准，鼓励促进地方政府将资金投入到研发活动中，给予当地企业更多的财力和政策的支持，促进地方企业的研发活动。但企业的研发活动只依靠政府的补贴是远远不够的，要完善地方的企业融资机制，以缓解企业的融资约束，从而促进企业的研发创新。

调控房地产价格。国家要对房地产行业进行重点调控，降低土地财政对房地产价格的影响，将房地产价格稳定在一个可控的范围内，房子是用来住的不是用来炒的，严控房地产行业的利润水平，建立长效基础性制度，例如可以采用征收房地产税、严控房地产行业土地供给等政策对其进行控制，从而降低房地产投资对企业创新要素的挤出效应，将企业的注意力从房地产投资转回实体投资上来。

鼓励地方政府基础设施投入。地方基础设施资本存量会影响当地的市场规模和投资环境，道路交通、邮电通信、仓储等基础设施的完善为企业的发展和扩张提供了良好的环境，也会进一步吸引外资投入，均会对企业的技术创新发展产生促进作用。因而政府应注重基础设施的建设，国家可以出台相关政策等，在财力和政策上支持地方政府的基础设施建设，并进一步明确各城市的最低基础设施标准等，以此促进地方政府在基础设施上的投入发展。

完善市场环境。要使市场发挥资源配置的基础性作用，减少政府对其的干预，在市场环境下，劳动力成本上升，企业为了追求利润最大化，必然会寻求研发及技术创新的发展，从而对劳动要素进行替代，这进一步可以推动中国制造业的转型升级。政府在其中只需要不断完善创新的制度及外部环境，完善市场环境，为企业的研发创新清除阻碍。

第八章 持有金融资产抑制了实体经济发展[①]

第一节 引言

当前中国经济进入新常态后,结构性问题如虚拟经济和实体经济的失衡日益突出,党的十九大报告也明确指出"必须把发展经济的着力点放在实体经济上"。近年来,一些业绩较差的上市公司通过出售房产或其投资的股票扭亏为盈,实现业绩变脸,一度引起舆论界热议。金融行业和房地产业的过度发展不仅影响了上市公司,也影响了一般企业。一些原本主业不是金融或者房地产的国有企业纷纷打造自己的金融平台,参股控股银行、证券、保险等金融机构,或者大举进入房地产市场成为地王的制造者。民营企业也不甘示弱,除了竞相申请难度较大的传统金融牌照,还纷纷成立互联网金融机构。宝能集团、安邦集团等企业则依靠保险资金、理财资金在股票市场、并购市场上攻城略寨。在虚拟经济超额回报率的驱使下,实体部门企业配置金融类资产、逐渐影响实体主业,已经成为中国经济重要的特征事实之一。因此,了解虚拟经济发展对微观实体企业的影响和机制是化解结构性失衡,防范金融风险,培育经济增长新动能的重要前提和基础。

虚拟经济的概念由马克思提出的虚拟资本衍生而来,并随着信用

[①] 本章合作者为谢佳松。

经济的高度发展而发展。二战后，经济全球化和金融自由化背景下，虚拟经济尤其是金融衍生品行业得到迅猛发展，进入到"国际金融的集成化"阶段（成思危，1999）。但随着制造业服务化等现象涌现，虚拟经济和实体经济界限越来越模糊（李扬，2017）。黄群慧（2017）提出了一个关于实体经济分类的分层框架，将制造业、农业、建筑业及其他工业、除金融业和房地产业外的其他服务业归为广义的实体经济概念。

在次贷金融危机爆发之前，学术研究一般强调了金融业对经济的促进作用。McKinnon（1974）、Shaw（1973）基于发展中国家视角提出"金融抑制"对实体经济发展不利，而"金融深化"即"金融自由化"能够促进经济增长。Banerjee（2003）强调金融体系的发展缓解了信贷约束，对企业家精神的释放具有促进作用，带动了经济增长。此外，一些研究也表明虚拟经济的发展对实体经济具有显著的"溢出效应"，可以带动服务业的发展，进而推动实体经济增长（王爱俭，2003；刘金全，2004）。也有研究认为，虚拟经济不断发展将会抑制实体经济的增长，并导致产业结构空心化和服务化（胡晓，2015）。罗来军等（2016）研究发现虚拟经济本应提供给实体经济的一些融资资金也没有进入实体经济，而是仍留在虚拟经济中运转，抑制了企业对实体部门的投资。可能的原因之一是两者的投资回报率存在差异引起了虚实背离，而收益率差异又根源于股市结构和实体经济结构的非对称性，这种非对称性背后的根本原因在于资本市场体制改革的滞后（刘骏民和伍超明，2004；吴晓求，2006）；另一方面，合意贷款规模管制导致了流动性错配，使得虚拟经济脱离实体经济（于泽等，2015）。

在微观企业角度，随着虚拟经济的繁荣发展，实体部门企业积极投资股票、债券等虚拟资本，也即实体部门企业的"金融化"。一部分研究表明，企业过多持有金融资产，会显著降低企业的实业投资率（Orhangazi，2007；张成思和张步昙，2016）。同时，过度的金融化会使得社会高素质人力资本更多地进入非实体部门，导致人力资本错配（Ronald，2008），一旦投机盛行，就会导致社会有效投资下降，生产部门萎缩，资源配置效率低下，长期内经济增长缺乏动力（Dell Ariccia，2012）。另一部分研究表明，企业金融化在短期内存在正效应，有助于缓解企业的外部融资约束（宋军和陆旸，2015）。王红建等（2017）的研究还发现，当实体金融化超过一定程度后，金融化对企业的创新呈现出了"促进效应"。当金融市场足够完善后，实体企业将过剩现金流配置金融类资产，可以通过金融资产收益及金融资本的逐利性驱使企业进行技术创新。

  对文献的梳理可以发现，已有的研究从多个角度探讨了虚拟经济与实体经济间的互动与背离，但对当前中国经济"新常态"宏观背景下中国实体与虚拟经济结构失衡机制论述不够充分。中国经济进入新常态，新特征和新现象不断地出现需要新的解释。随着中国经济高速发展，仅仅是银行为代表的部分虚拟经济已无法解释一些新的问题，影子银行——游离于监管之外的且迅速发展的平行银行系统非常值得关注。此外，地方融资平台造成的期限错配与信用错配也影响了实体经济，造成结构失衡。因此需要进一步拓展研究二者关系，总结提炼出新的模式和经验，这也正是本章的着力点。鉴于此，本章试图从微观企业层面考察在虚拟经济发展的驱使下，实体部门企业配置金融类资产行为这一"金融化"过程对实体经济部门产出和效率的影响。本章运用上市公司数据研究发现，2008年后虚拟经济的快速发展对实体经济产生显著且长期的抑制作用，这种抑制主要体现在民营企业和制造业，在经济周期中经济下行的"新常态时期"对实体经济的负面影响更迅速。从宏观环境角度，影子银行的高速扩张、地方政府融资平台对实体经济的影响是这种抑制作用的主要传导机制。从微观企业角度，套利动机使得实体部门企业配置金融类资产，挤出资本投资并最终降低了企业运行效率。这些结论对于厘清实体经济部门与虚拟经济部门间关系及未来中国金融、房地产改革方向具有重要的借鉴意义。

本章的可能创新之处在于一是按照行业和企业性质等细分标准，对二者的动态关系进行了深入梳理，发现了虚拟经济对实体经济各组成部分的影响具有异质性；二是根据中国的经济发展历程，从微观企业外部和内部两个维度剖析虚拟经济发展对微观实体企业的影响机制；三是对于这些关系和机制背后的政策因素例如利率市场化改革需要金融产业政策配合、地方债务的预算软约束也进行了初步分析。

本章的框架安排如下：第二部分描绘中国特征事实并提出理论机制假设；第三部分构建基准计量模型，分年份、分企业所有制考察虚拟经济对实体经济的影响并进行内生性讨论；第四部分进一步分析企业持有不同金融类资产、在不同经济周期中可能存在的异质性；第五部分是对前文理论假设机制佐以实证分析；最后是研究结论以及基于结论提出的政策含义。

第二节 特征事实和理论假设

改革开放后，中国经济持续高速增长，这其中金融行业功不可没。1998年后住房市场化以后，房地产业也成为经济发展的动力源之一。中国的虚拟经济体系逐渐健全，也发挥了促进经济发展的作用。互联网产业更多地体现在实体经济的工具性质方面，工业化信息化和实体经济的关系一直密切，所以本章没有把其纳入研究范围，讨论的虚拟经济主要是金融业和房地产业。次贷金融危机后，尤其是2012年中国经济增速下行以来，虚拟经济的发展模式发生了显著的改变。

一 虚拟经济和实体经济的脱节表现

1. 行业增加值。从增加值规模来看，金融业增加值占GDP的比例在2006年以后出现显著上升，2016年已达到8.3%，超过美国、日本、德国等发达国家。从利润指标来看，刘瑞和李荣华（2013）根据wind

数据库的数据研究发现2005—2011年制造业行业的平均净资产收益率为13.4%，并呈现逐年下降趋势，而金融保险业的平均净资产收益率为18%，一直保持平稳态势。

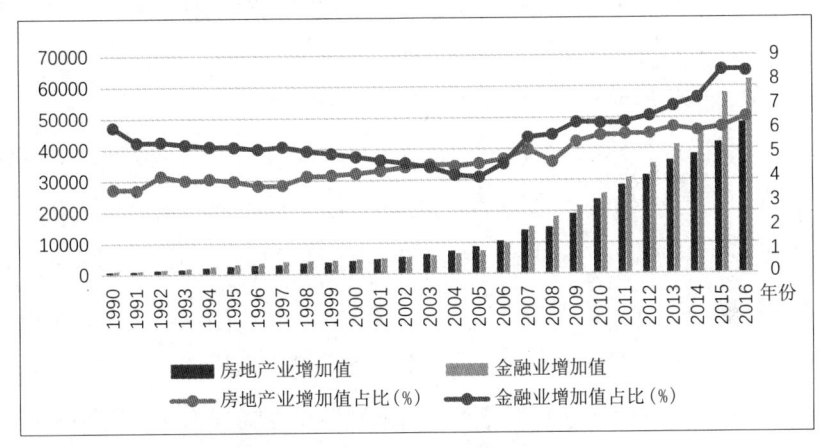

图8—1　金融业和房地产业增加值

资料来源：中经网产业数据库。

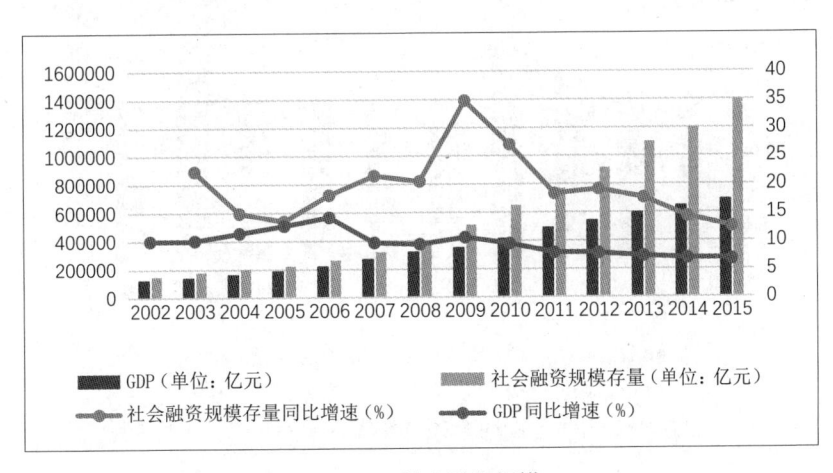

2.社会融资规模。从社会融资规模存量来看，社会融资规模存量增速大于GDP增速，在2008年，社会融资规模增速大幅上升，背离

图8—2　社会融资规模

资料来源：中经网产业数据库。

GDP增速，至2015年二者的比值已经接近2。这说明中国经济金融深化的程度提高，同时也说明金融效率和投资效率下降，金融服务实体经济的效率下降。金融和政府部门创造的货币增速在上升，而居民、企业、国外部门创造的货币增速下降。从融资规模结构上看，2009年以来非银行机构尤其是保险和多元金融的融资规模增长迅速，直接融资规模迅速膨胀。

3. 上市公司金融类资产配置。由图8-3可以看出，2008—2010年上市公司持有金融资产占总资产比重大幅上升。2011年相比2010年虽然持有金融类资产绝对值变化不大，但是占总资产比例下降说明企业总资产增加更快，这是由于刺激计划加杠杆所致。2012年企业配置金融类资产总值出现下滑，主要体现在投资性房地产净额上，随后至2014年又重新呈现快速增长态势。有意思的是2016年相对2015年持有金融类资产绝对值下降，但是比例还在持续上升，这是由于去杠杆导致的总资产下降比例更大。从总体上看，排除经济"新常态"的影响，中国上市公司金融资产总规模和占比呈现明显上升趋势。

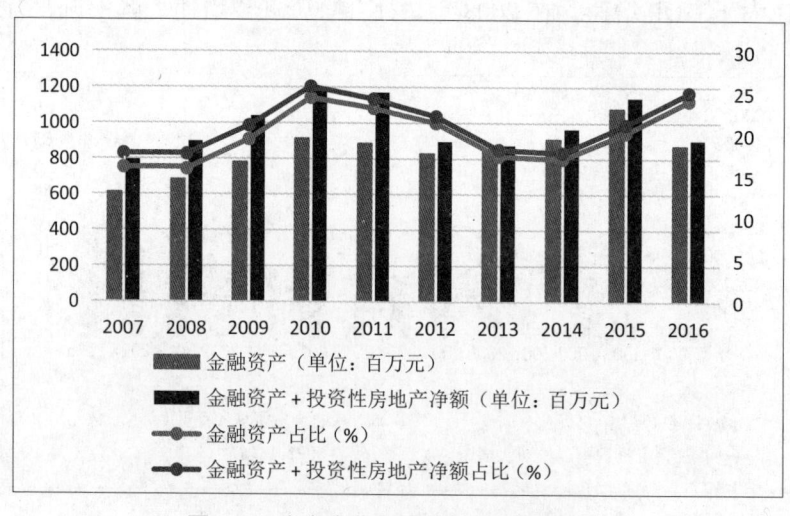

图8—3 上市企业金融类资产配置及占比

资料来源：作者整理。

二 虚拟经济和实体经济脱节的根源

对上述几条特征事实进行综合分析，可以发现在实体经济增速持续下行的情况下，虚拟经济最近几年却保持快速的增长，且自2008年后，虚拟经济有加速脱离实体经济的趋势，两者存在不同的增长形态。我们认为脱实向虚的根本原因在于宏观和微观方面的结构性因素失衡。

1. 影子银行的高速发展。利率市场化背景下，银行金融机构和非银行金融机构通过理财产品、委托贷款、同业代付、小额信贷、融资租赁等金融工具形式将资金投入了金融市场，因而金融市场逐渐成为货币创造的主力。这些影子银行由于不受限于传统的存款准备金约束，运作更加灵活，使得其在近些年高速发展膨胀。同时，影子银行的资金逐利性更强，使得企业更倾向于配置带来收益的金融资产，而不是进行实体投资的金融资产，导致实体经济"空心化"。金融业作为外部性较强的产业，几乎所有的市场经济国家都对其进行严格的产业管制。但是利率市场化后，一些金融机构进入门槛事实上降低了，产业管理出现了短板，导致关联交易、监管套利等一些金融乱象丛生。由于资产负债业务不均衡，小金融机构会依靠"发行同业存单——同业理财——金融债券"等模式吸收大金融机构的资金，大金融机构也锁定了收益和风险，而这种金融空转只会抬高实体经济资金成本。对企业来说，资金富余的大企业可以通过银行的委托贷款等表外业务获得收益，或者投资金融资产和房地产获得资本收益，而小企业只能面临更加严峻的金融环境。综上，本章提出：

假设1：影子银行规模越大的地区，实体部门企业持有金融资产对其实体产出规模的挤出越严重。

2. 地方融资平台事实上成为金融企业。地方政府受到预算体制、融资渠道的限制，只得采用融资平台吸收短期限的资金来源支持长期限的基建投资，监管的不完善性造成了期限错配与信用错配，因此当前企业融资成本攀升的原因，除了融资渠道受阻导致信贷资金供不应求之外，也源自于政府融资所产生的挤出效应，即政府通过在金融市场上筹资以支持政府支出，导致市场上的资金匮乏，从而使得利率升高，这就引起了企业借贷成本增加。中央国有企业资产规模较大，且通常控股、参股一些金融企业，是金融市场的优质客户的同时，自身也成为了专门的"资本套利者"；地方国有企业受到地方金融机构支持，理论上受利率上升的冲击也较小；而那些没有金融资源背景的民营企业具有预算硬约束，因此对利率更为敏感，在资金成本上升的情况下只能减少投资意愿。综上，本章提出：

假设2：地方融资平台会对企业金融资产配置决策产生影响，进而减少实体产出，这种挤出效应对于不同所有制的企业存在异质性。

3. 微观实体部门企业追求虚拟经济超额回报率挤出企业资本投资，进而抑制实体经济发展。由于虚拟经济波动程度大、内部循环效率高，使得虚拟经济以远高于实体经济增速的速度膨胀，进而产生了超额回报率（苏治等，2017）。从微观企业套利动机角度出发，首先，虚拟经济高于实体经济的回报率会使得实体部门企业更倾向于配置金融类资产，在存在预算约束的条件下，一定会挤出对实体部门的资本投资，降低实体部门产出；其次，由于市场中不同企业面临的融资约束不同，某些企业存在融资软约束，这些企业的资金将更多地流入回报率高的虚拟经济中，导致大量资金只能在虚拟经济内部循环、自我空转，最终使得其他实体经济部门企业融资更加困难，企业投资进一步下降；第三，实体经济前景较差，一旦企业过度金融化，将会更加注重短期利益（王红建等，2017），进而消磨对实体部门进行资本投资获取长期利益的动力。因此从微观企业层面考虑，在自身逐利动机、融资软约束企业抑制、企业预期等原因的作用下，实体部门企业的"金融化"将对企业的资本投资产生负面影响。同时，在经济"新常态"的大背景下，实体经济各种成本居高不下，虚拟经济的服务功能没有完全发挥，资金只能在虚拟经济内部循环、自我空转，使得实体经济部门融资更加困难。这种脱离一方面造成了中国社会总体出现"天量货币"，另一方面也使实体经济企业陷入资金短缺的困境，进而减少资本投资。综上，本章提出：

假设3：微观实体部门企业配置金融资产将挤出企业资本投资，进而影响实体部门的产出和效率。

第三节　计量模型与实证分析

一　样本选择与数据来源

传统上认为实体经济依托于其成本和技术进行定价，而虚拟经济并不由成本和技术这一系统进行定价，其价格是依据资本化定价行为决定的。因此，金融业、某些无形资产等即为虚拟经济的范畴。此外，中国房地产业的发展使得其具有一定金融性质，这种要依靠未来现金流、理念预期等进行定价的模式是虚拟经济的典型特征。同时，参考黄群慧（2017）对虚实经济行业视角的分层界定，本章将除房地产业和金融业外的所有行业视为最广义的实体经济，因此本章实体部门企业样本选择范围也将限定于此。

考虑企业各项指标的可获得性和样本代表性，本章以2000—2014年14年间沪、深两市的所有A股上市公司为原始样本，着重研究2008年之后企业所持金融类资产与实体经济业务之间的关系。原始样本数据来自国泰安CSMAR数据库，宏观指标来自中经网统计数据库、中国统计年鉴及中国金融年鉴并进行手工整理合并。

首先，为了保证所研究企业为实体经济部门企业，本章对数据进行了三层筛选：（1）按CSMAR六类行业代码进行筛选，剔除金融业和房地产业；（2）按2012年版证监会行业分类代码进行筛选，进一步剔除金融业和房地产业；（3）考虑到处理之后的样本仍然存在着某些实体经济企业的主营业务中包含房地产开发、金融服务或资本市场服务等，通过查找上市公司年报，剔除其主营业务包含上述业务的企业[①]。

其次，为了得到更为准确的企业财务数据，避免其因为经营不佳对各种指标的干扰，剔除数据期间为 ST 公司的样本，剔除资产负债率大于 1 的样本；考虑到西藏地区的特殊性和不可比性，删除了注册地在西藏的上市企业样本；最后为消除极端值对实证分析的影响，本章对连续变量进行上下 1% 的 winsorize 处理。

本章构建了两个面板数据，一个是 2000—2007 年的面板数据，由于中国在 2007 年起采用了新的会计准则，且 2008 年发生了金融危机，本章采以 2008—2014 年 7 年间构建第二个面板数据，更加准确地观察金融危机后经济金融化对实体经济的影响，最终得到 2687 个上市公司在 7 年内的面板数据。

二 变量定义及描述性统计

1. 主要变量定义。当虚拟经济快速发展，产生高于实业回报率的超额回报率，虚拟经济就会陷入自我循环同时吸引实体部门的资金流，这在微观层面体现在了企业配置金融类资产这一行为上。因此，我们选用实体部门企业配置金融资产的规模来验证其对实体经济的影响。由于 2007 年中国采用了新的会计准则，本章采取胡奕明等（2017）的方法，参照新旧两版《企业会计准则》对金融资产进行界定[②]，用其占企业当期总资产比例，构建企业持有金融资产规模作为核心解释变量。

[①] 如 000506 中润投资，主营业务包含矿业投资与房地产开发，但行业属于采矿业；000560 昆百大 A，虽然所属批发零售行业，但主营业务含房地产开发与经营等等，第三层筛选共剔除 229 个公司样本。

[②] 对于 2007 年之前的样本金融资产包括货币资金、短期投资、应收利息和长期债券投资四项；对于 2007 年以后的样本：金融资产包括货币资金、金融衍生产品、短期投资、交易性金融资产、应收利息、买入返售金融资产、可供出售金融资产、持有至到期投资和长期应收款 9 项。

特别地，考虑到企业配置房地产的动机以及房地产资产的性质，对于2007年之后的数据，构造广义金融资产指标，即在金融资产中加入投资性房地产净额[①]。考虑到企业资产收益率、利润率均包括金融资产收益和利润，都无法衡量企业所持金融资产对其实体主营业务的影响，且经过处理后实体经济部门企业的主营业务收入规模能够较好地反映实体经济发展和产出状况，因此本章被解释变量采用经过筛选后的实体经济企业主营业务收入来测度实体经济规模。

根据以往文献对上市公司盈利能力的研究（施东晖，2000；徐莉萍等，2006；罗党论等，2016），将控制变量分为股权集中度、企业规模、企业绩效、城市层面指标等维度。首先，通过控制第一大股东持股比例、前十股东持股比例来控制企业股权集中度；其次，企业规模方面，控制企业当年年末总资产、总市值、企业上市年数（取三者自然对数）；企业绩效和成长性方面，控制资产负债率、托宾Q值、总资产增长率等；第三，利用上市公司注册地匹配城市层面指标，控制GDP、城市产业结构及房地产开发投资额占固定资产投资比重。最后，文章采取双向固定效应模型，剔除时间和非时变固定效应带来的影响。

2. 描述性统计。表8-1报告了2000—2007年及2008—2014年两个时间段的描述性统计。如表1所示，企业持有金融资产规模在2008年之后提升较为明显，均值由0.1625上升到0.2023，初步可以看出在2008年之后企业呈金融化趋势，但公司之间差异仍然较大；筛选后的企业样本财务指标比较健康，企业的股权集中度有所下降；虽然2008年之后样本数量大幅增加，但国有企业比例在两个时间段大致持平，这也便于本章更好地研究虚拟经济不同所有制企业挤出的异质性。

[①] 测算方法为投资性房地产与投资性房地产减值准备、投资性房地产累计折旧之差额。投资性房地产是指为赚取租金或资本增值，或两者兼有而持有的房地产，包括已出租的土地使用权、持有并准备增值后转让的土地使用权、已出租的建筑物。

表8—1　　　　　　　　　主要变量的描述性统计

变量	名称	2000—2007			2008—2014		
		mean (sd)	min (max)	N	mean (sd)	min (max)	N
lnmaincome	主营业务收入	20.6260 (1.3495)	17.1589 (25.2497)	8619	21.1873 (1.4450)	17.3197 (25.5460)	16930
jrzcpro	企业持有金融资产规模	0.1625 (0.1424)	0.0005 (0.7901)	8623	0.2023 (0.1828)	0.0003 (0.8392)	13061
jrfzcpro	广义企业持有金融资产规模	0.1662 (0.1449)	0.0005 (0.8038)	8623	0.2120 (0.1866)	0.0004 (0.8526)	13061
totalincrease	总资产增长率	0.1879 (0.3709)	−0.3213 (2.6521)	8600	0.2632 (0.5426)	−0.3077 (3.3377)	16944
beta	综合市场年beta值	1.0702 (0.2516)	0.3882 (1.6831)	5637	1.0731 (0.2308)	0.4540 (1.6788)	13991
leverage	资产负债率	0.4681 (0.1833)	0.0478 (0.9361)	8623	0.4203 (0.2126)	0.0461 (0.9361)	16944
lnassets	总资产	21.2611 (1.0363)	19.1893 (26.1661)	8623	21.8379 (1.2543)	19.2626 (27.0010)	16944
lnma_value	总市值	21.5902 (0.9805)	19.9656 (25.4721)	8613	22.3919 (0.9928)	20.4771 (25.8721)	16459
TobinQ	托宾Q值	1.8402 (1.5295)	0.1839 (9.2251)	8613	2.3954 (2.1351)	0.1617 (12.2223)	16459
ownership1	第一股东持股比例	39.1629 (15.7595)	8.9900 (75)	6329	35.6255 (15.0527)	8.6600 (75)	16886
ownership10	前十股东持股比例	58.9677 (14.1607)	21.7000 (91.6100)	6329	58.2298 (15.7852)	21.3600 (91.0400)	16886
fage	企业上市年龄	1.7656 (0.7217)	0 (2.9444)	8623	1.9544 (0.9030)	0 (3.2960)	16944
dum_state	是否为国有企业	0.6061 (0.4886)	0 (1)	8564	0.4220 (0.4940)	0 (1)	16708
estatePro	房地产开发投资额占比	0.2520 (0.1334)	0 (0.8601)	8063	0.2728 (0.1296)	0.0122 (0.9196)	11913
lnGDP	城市生产总值	25.6845 (1.2016)	21.3072 (27.9725)	8058	26.8103 (1.0837)	23.0372 (28.4883)	11913
industry3	城市产业结构	44.0743 (10.2475)	8.5000 (73.2000)	8058	46.5421 (10.6883)	19.7600 (90.9700)	11913

资料来源：作者计算整理。

三 计量模型设定和基本回归结果

本章采用面板数据回归方法研究经济虚拟化对实体经济上市企业主营业务的影响，面板数据可以较好地解决遗漏变量问题。考虑到企业所持金融资产可能带来的长期影响，参照余淼杰和智琨（2016）的方法构建短期和长期两个回归模型，基准回归模型如下：

短期影响：

$$lnmaincome_{ict} = \beta_0 + \beta_1 jrzcpro_{it} + X'_{it?}\Gamma + C'_{ct}\Omega + y_t + \alpha_{ic} + \epsilon_{ict} \tag{1}$$

长期影响：

$$lnmaincome_{ict} = \gamma_0 + \gamma_1 jrzcpro_{it} + \gamma_2 jrzcpro_{it-1} + X'_{it?}\Theta + C'_{ct}\Lambda + y_t + \alpha_{ic} + \epsilon_{it} \tag{2}$$

其中，i 表示企业，c 表示城市，t 表示年份。被解释变量 $lnmaincome_{ict}$ 表示 c 城市 i 企业第 t 年的主营业务收入自然对数，$jrzcpro_{it}$ 为 i 企业第 t 年所持有（广义）金融资产规模，X_{it} 是 i 企业第 t 年的各种特征变量，C_{ct} 为 c 城市第 t 年各种特征变量；y_t 为时间固定效应，α_{ic} 为企业和城市固定效应，用以控制一些不随时间变化的因素；ϵ_{ict} 为随机扰动项。系数 β_1 测量了企业所持金融资产对该企业主营业务收入的影响。在研究长期影响的模型（2）中，滞后一期的企业所持金融资产规模系数 γ_2 表示企业金融化对主营业务收入的长期影响。

为了比较在不同时间段企业金融化对实体经济企业的影响，采取了分时间回归。首先，对所有模型进行面板设定 F 检验，皆强烈拒绝原假设，即认为 FE 明显优于混合回归，应该允许每个企业拥有自己的截距项；其次为了比较固定效应和随机效应模型的适用性，对所有模型进行 Hausman 检验，结果均强烈拒绝原假设，因此模型均选取固定效应模型，固定效应模型也可以减少遗漏变量产生的内生性问题，具体的内生性分析将在余下部分讨论。第三，考虑时间因素，控制时间固定效应，因此估计采用双向固定效应模型；最后为了使估计结果更加稳健，标准误采取聚类到城市层面的标准误。

回归结果如表 8-2 所示：

表8-2 分时间段回归结果

被解释变量 主营业务收入	(1) 2000—2007 短期影响	(2) 2000—2007 长期影响	(3) 2008—2014 短期影响	(4) 2008—2014 长期影响	(5) 2008—2014 短期影响	(6) 2008—2014 长期影响
金融资产规模	−0.0753 (0.1146)	−0.1151 (0.1114)	−0.1058** (0.0422)	−0.1043** (0.0485)		
L.金融资产规模		0.0451 (0.0765)		−0.0737* (0.0419)		
广义金融资产规模					−0.1237*** (0.0387)	−0.1159** (0.0465)
L.广义金融资产规模						−0.0874** (0.0412)
总资产增长率	−0.1230*** (0.0284)	−0.1629*** (0.0310)	−0.0960*** (0.0182)	−0.1268*** (0.0262)	−0.0952*** (0.0182)	−0.1265*** (0.0262)
综合市场年beta值	0.0124 (0.0239)	0.0163 (0.0300)	0.0057 (0.0250)	−0.0006 (0.0234)	0.0051 (0.0249)	−0.0012 (0.0233)
资产负债率	−0.1221 (0.1908)	−0.0259 (0.2056)	0.1396* (0.0762)	0.2548*** (0.0786)	0.1354* (0.0759)	0.2491*** (0.0790)
Ln总资产	0.8445*** (0.0682)	0.8014*** (0.0640)	0.6756*** (0.0357)	0.6600*** (0.0421)	0.6753*** (0.0355)	0.6596*** (0.0420)
Ln总市值	0.0900** (0.0393)	0.0992** (0.0411)	0.1879*** (0.0238)	0.1943*** (0.0280)	0.1873*** (0.0236)	0.1933*** (0.0277)
托宾Q值	0.0146 (0.0180)	0.0078 (0.0209)	−0.0323*** (0.0090)	−0.0323*** (0.0104)	−0.0323*** (0.0090)	−0.0323*** (0.0103)
第一股东持股比例	0.0010 (0.0025)	0.0013 (0.0028)	0.0028 (0.0017)	0.0015 (0.0018)	0.0028 (0.0017)	0.0014 (0.0018)
前十大股东持股比例	−0.0012 (0.0025)	−0.0018 (0.0026)	0.0007 (0.0010)	0.0009 (0.0010)	0.0007 (0.0010)	0.0009 (0.0010)
企业上市年龄	−0.0357 (0.0566)	0.0142 (0.0814)	0.0289 (0.0212)	0.0752** (0.0342)	0.0282 (0.0210)	0.0735** (0.0338)
房地产开发投资额占比	−0.2235 (0.2900)	−0.1166 (0.3185)	0.0798 (0.1248)	0.0866 (0.1421)	0.0759 (0.1251)	0.0821 (0.1425)
lnGDP	−0.2685** (0.1324)	−0.2537* (0.1468)	0.2297** (0.1013)	0.2269** (0.1140)	0.2288** (0.1014)	0.2252** (0.1140)
城市产业结构	−0.0034 (0.0036)	−0.0017 (0.0039)	0.0016 (0.0027)	0.0016 (0.0034)	0.0016 (0.0027)	0.0016 (0.0034)

续表

被解释变量 主营业务收入	(1)	(2)	(3)	(4)	(5)	(6)
	2000—2007		2008—2014		2008—2014	
	短期影响	长期影响	短期影响	长期影响	短期影响	长期影响
常数项	6.9808* (3.6836)	7.5202* (4.0099)	−3.8814 (2.7338)	−3.9029 (3.0344)	−3.8280 (2.7382)	−3.8138 (3.0356)
面板设定 F 检验	14.30 (0.0000)	14.56 (0.0000)	32.34 (0.0000)	32.03 (0.0000)	32.34 (0.0000)	32.01 (0.0000)
Hausman 检验	103.89 (0.0000)	96.04 (0.0000)	221.68 (0.0000)	196.58 (0.0000)	211.79 (0.0000)	196.99 (0.0000)
时间固定效应	Yes	Yes	Yes	Yes	Yes	Yes
R^2	0.5973	0.5705	0.6305	0.6066	0.6307	0.6070
观测值	2,590	2,308	9,942	8,158	9,942	8,158

注：观测值为企业层面，回归均采用双向固定效应模型。括号内数值为城市层面的聚类稳健标准误；***、**、*分别代表估计参数在1%、5%、10%的水平上显著；Yes表示控制了该固定效应，面板设定F检验、Hausman检验括号内报告的是P值，R^2报告的是within R-square。
资料来源：作者计算整理。

在控制了城市 GDP 等城市层面变量、企业资产负债率等企业层面变量及双向固定效应后，有理由认为企业配置金融资产对主营业务收入规模的影响可以代表企业金融化对实体经济的挤出。结果显示，在2000—2007 年间，无论短期模型还是长期模型，企业所持有的金融资产及其一阶滞后项系数并不具有统计上的显著性，这说明在 2008 年之前，企业持有金融资产并没有显著地造成实体经济部门主营业务收入的下降；其次，在 2008—2014 年间，实体部门企业所持金融资产显著抑制了实体部门企业的主营业务收入，这与本章的预期是一致的。在考虑长期影响时，当期金融资产规模系数 −0.10 大于滞后一期企业所持金融资产规模项系数 −0.07，且均在 1% 的水平上显著为负，说明企业持有金融资产带来的负面影响是长期的，这种长期的对主营业务的挤出小于当期的挤出效应。在企业持有的金融资产中考虑房地产投资净额，短期和长期对实体经济企业主营业务收入的抑制效果均有所提高。

在 2008 年之后的样本回归结果不仅具有统计上的显著性，也具有经济上的显著性：当企业持有的金融资产或广义金融资产规模增加1个百分点，会使当期主营业务收入分别下降 10.58% 和 12.37%，会使未来一期主营业务收入分别下降 7.37% 和 8.74%，这对实体部门的挤出效应是非常大的。

四　子样本异质性分析

1. 不同所有制企业存在的异质性。接下来着重研究 2008—2014 年企业层面的样本数据。考虑到这种影响对于不同所有制企业可能存在异质性，将企业按照其所属层级进行分类，表 8-3 报告了不同企业所有制在 2008 年之后的分样本回归：

表8—3　　　　　　　　　分所有制样本估计结果

被解释变量 主营业务收入	(1)	(2)	(3)	(4)	(5)	(6)
	中央国有企业		地方国有企业		民营企业	
	短期影响	长期影响	短期影响	长期影响	短期影响	长期影响
广义金融资产规模	0.1666 (0.2486)	0.1045 (0.2476)	−0.1111** (0.0479)	−0.0904 (0.0602)	−0.1150* (0.0680)	−0.1210 (0.0867)
L.广义金融资产规模		−0.2555 (0.2047)		−0.0425 (0.0724)		−0.1487** (0.0685)
企业控制变量	Yes	Yes	Yes	Yes	Yes	Yes
城市控制变量	Yes	Yes	Yes	Yes	Yes	Yes
时间固定效应	Yes	Yes	Yes	Yes	Yes	Yes
企业固定效应	Yes	No	Yes	Yes	Yes	Yes
面板设定 F 检验	24.02 (0.0000)	26.39 (0.0000)	37.33 (0.0000)	39.37 (0.0000)	25.71 (0.0000)	24.66 (0.0000)
Hausman 检验	36.14 (0.0068)	22.78 (0.1564)	104.88 (0.0000)	106.49 (0.0000)	164.21 (0.0000)	149.98 (0.0000)
R^2	0.7837	0.7830	0.5917	0.5788	0.6765	0.6653
观测值	237	184	5,009	4,092	4,106	3,398

注：观测值为企业层面，除第（2）列外回归采用双向固定效应模型，第（2）列为随机效应模型。括号内数值为城市层面的聚类稳健标准误；***、**、*分别代表估计参数在1%、5%、10%的水平上显著；Yes 表示控制了该固定效应，面板设定F检验、Hausman检验括号内报告的是P值，R^2 报告的是 within R-square。

资料来源：作者计算整理。

表 8-3 报告了 2008—2014 年分不同所有制样本下，实体经济部门企业所持广义金融资产对其主营业务的影响，将企业按所有制和层级分类为中央国有企业、地方国有企业和民营企业三种类别[①]。其中第二列回归未通过 Hausman 检验，故采用随机效应模型。结果显示，无论短期还是长期，中央国有企业持有金融资产的系数均不具有统计上的显著性，且当期项系数为正，说明中央国有企业金融化并没有挤出其实体产出；而地方国有企业在短期所持金融资产规模系数在 5% 的水平上为负，长期系数并不显著，这说明虚拟经济的发展在短期内会对地方国有企业造成冲击，但这种冲击并不具有持续性；对民营企业来说，无论长期短期，其持有金融资产的系数均显著为负且系数最大，说明民营实体经济企业持有金融资产对其主营业务影响最严重，且具有持续性，即虚拟经济对实体经济的挤出效应主要体现于民营企业。

2. 不同地区、不同行业企业存在的异质性。考虑虚拟经济发展较快的地区对实体经济的挤出效应可能更显著，且不同行业的企业被挤出的效果也应该具有异质性，因此进行分样本估计考察子样本的稳健性。同时以 2008 年作为基期，运用 CPI 进行调节将主营业务收入转换为可比价格主营业务收入，消除通胀对结果可能产生的偏误。表 8-4 报告的是分城市、分行业的估计结果[②]，其中第一二列分别报告的是大城市[③]和小城市的子样本回归；第三、四、五列参考黄群慧（2017）的分类方法，将实体经济部门分为制造业、农业、建筑业及其他工业以及除金融业和房地产业以外的所有服务业，行业分类具体标准参照证

[①] CSMAR 数据库中对国有企业进行了层级判断，区分为市、省、央企。本书将中央控制的国有企业分类为中央国有企业，其余国有企业分类为地方国有企业。
[②] 这里只报告了短期效应。
[③] 大城市包括《第一财经周刊》评比划分的十九个一线城市和新一线城市：北京、上海、广州、深圳、成都、杭州、南京、武汉、天津、西安、重庆、青岛、沈阳、长沙、大连、厦门、无锡、福州、济南。

监会《上市公司行业分类指引（2012年修订）》[①]。进一步地，表5报告了企业所处不同地区的异质性分析。

回归结果显示，除第4列子样本回归未通过Hausman检验，采取随机效应模型外，其余均采用双向固定效应模型。由表8-4可知，地处大城市的实体部门企业持有金融资产的负面影响大于小城市的企业、这符合预期：大城市是较为发达的地区，虚拟经济的发展快、规模大，这对实体部门企业的挤出效应更强；从行业来看，制造业受到的这种效应在1%的统计水平显著为负，系数为-0.2384，大于全样本回归的

表8-4　　　　　　　　分城市、分行业估计结果

可比价格主营业务收入	(1) 大城市	(2) 小城市	(3) 制造业	(4) 农业、建筑业及其他工业	(5) 服务业
广义金融资产规模	-0.1581*** (0.0407)	-0.0775 (0.0534)	-0.2384*** (0.0716)	-0.1125 (0.1412)	0.2042 (0.1575)
企业控制变量	Yes	Yes	Yes	Yes	Yes
城市控制变量	Yes	Yes	Yes	Yes	Yes
时间固定效应	Yes	Yes	Yes	Yes	Yes
企业固定效应	Yes	Yes	Yes	No	Yes
面板设定F检验	35.09 (0.0000)	30.36 (0.0000)	13.15 (0.0000)	10.97 (0.0000)	10.28 (0.0000)
Hausman检验	129.29 (0.0000)	125.93 (0.0000)	109.48 (0.0000)	27.61 (0.1188)	57.47 (0.0000)
R^2	0.5493	0.6196	0.6101	0.5119	0.5691
观测值	4,679	5,187	3,232	1,281	1,018

注：观测值为企业层面，第1、2、3、5列回归采用双向固定效应模型，第4列回归采用随机效应模型。括号内数值为城市层面的聚类稳健标准误；***、**、*分别代表估计参数在1%、5%、10%的水平上显著；Yes表示控制了该固定效应，面板设定F检验、Hausman检验括号内报告的是P值，R^2报告的是within R-square。

资料来源：作者计算整理。

[①] 依据《上市公司行业分类指引（2012年修订）》，将批发零售业、交通运输、仓储和邮政业、交通运输、信息传输、软件和信息技术服务业、租赁和商务服务业、科学研究和技术服务业、水利、环境和公共设施管理业、居民服务、修理和其他服务业、教育、卫生和社会工作视为实体经济服务业。

系数；农业、建筑业及其他工业样本企业持有广义金融资产规模系数为负但未通过显著性检验；而其服务业企业持有广义金融资产对其主营业务收入的影响为正且不显著，即制造业受到的挤出影响最为严重。

进一步地，将企业注册所在地进行划分，考虑企业所处不同地区的异质性，结果如表 8-5 所示：东部地区企业持有广义金融资产比例的系数为 -0.1886，在 1% 水平上显著为负，中部地区样本该系数为 -0.2180 并在 5% 的统计水平显著。而西部、东北等经济发展水平较差的地区，企业持有金融资产比例的系数并不具有统计上的显著性。即在经济相对发达的东部和中部地区，实体部门企业"类金融化"更易对其主营业务产生冲击，而这种效应并不存在于西部地区和东北地区。

表8—5　　　　　　　　企业所处不同地区的异质性分析

可比价格 主营业务收入	(1) 东部地区	(2) 中部地区	(3) 西部地区	(4) 东北地区
广义金融资产规模	-0.1886*** (0.0314)	-0.2180** (0.1020)	0.0526 (0.0994)	0.0737 (0.0790)
企业控制变量	Yes	Yes	Yes	Yes
城市控制变量	Yes	Yes	Yes	Yes
时间固定效应	Yes	Yes	Yes	Yes
企业固定效应	Yes	Yes	Yes	Yes
面板设定 F 检验	35.79 (0.0000)	34.46 (0.0000)	21.75 (0.0000)	35.44 (0.0000)
Hausman 检验	177.30 (0.0000)	44.64 (0.0002)	93.55 (0.0000)	43.60 (0.0001)
观测值	6,035	1,743	1,492	596
R^2	0.5836	0.6703	0.5562	0.6392

注：观测值为企业层面，回归均采用双向固定效应模型。括号内数值为城市层面的聚类稳健标准误；***、**、*分别代表估计参数在1%、5%、10%的水平上显著；Yes表示控制了该固定效应，R^2报告的是within R-square。

资料来源：作者计算整理。

五　动态面板与系统 GMM 估计

考虑到企业主营业务收入具有一定的持续性，本章将模型扩展为动态面板模型并进行进一步估计。同时为了解决被解释变量可能出现的内生性问题，采取 Arellano and Bover(1995)、Blundell and Bond(1998) 所提出来的系统 GMM 估计法进行处理。在这种估计方法中，水平变量的滞后项是差分变量的工具变量，而差分变量的滞后项又是水平变量的工具变量，它显著地提高了差分 GMM 的估计效率。使用系统 GMM 的前提为：1.扰动项不存在自相关。通常采用扰动项一阶差分的自回归检验；2.所有差分项与个体效应不相关。此外由于系统 GMM 使用了较多的工具变量，还要对其进行过度识别检验来判断所有工具变量的有效性，通常采取 Sagan 检验或者 Hansen 检验。本章采取 Hansen 检验，因为其考虑了异方差性，结果更为稳健。

系统 GMM 法估计动态面板模型结果如表 8-6 所示，模型均通过了检验。从估计结果可以看出，无论金融资产如何界定，实体部门企业持有金融资产对其主营业务的短期影响仍然为负且在 1% 的水平显著，且系数大幅度提高。长期影响中，企业当期持有金融资产虽然系数为正，但是不显著，而其滞后一期项仍然显著，与前文结论基本一致，说明本章结果具有较好的稳健性，当模型扩展到动态面板中，前文的结论仍然成立。

六 进一步解决内生性问题

在上述估计中，虽然面板双向固定效应可以剔除个体存在的不随时间变化的特征，较好的解决遗漏变量的问题，但由于被解释变量是收入指标，本章仍然担心存在遗漏变量问题。而且模型的主要解释变量，企业所持金融资产规模可能与企业绩效存在着联立方程偏误：主营业务收入不同的企业往往进行不同的投资决策，进而企业所持金融资产比例；另外大量的实体经济部门企业收益降低会导致经济增长放缓，金融资产收益相对提高，从而改变企业决策。为了克服可能存在的内生性问题，降低估计偏误，本章进一步采取工具变量法进行回归。

由于内生性问题一般存在于个体层面，而非更高一级的加总层面（Fisman and Svensson，2007）。本章采用"同一年份同一地区同一行业其他企业所持广义金融资产规模均值"作为某一企业在当期持有广义金融资产规模的工具变量。该工具变量满足外生性及相关性的要求，这是因为：一方面，处于同一地区、同一行业的企业在同期配置金融资产决策方面通常具有较强的相关性，因为这些同类企业往往面临相同的市场、地区及风险环境，配置金融资产决策相似程度高，满足工具变量的相关性假设；另一方面，其他企业配置金融资产的行为并不会直接影响到该企业的经营绩效，在计算均值时，剔除了本企业的信息，也避免了该工具变量与随机误差项的相关性，满足了工具变量外生性的条件。

结果如表8-6第5、6列所示，从结果来看，一是2SLS第一阶段的F统计量均较大，不存在弱工具变量问题；二是回归得到的结果与双向面板固定效应估计得到的结果相比，企业持有广义金融资产规模的系数的方向没有发生变化，但系数增大数倍，说明本章之前得到的结果可能是低估的，但结论依旧稳健。

表8—6　　　　　　　　系统GMM及工具变量估计结果

	(1)	(2)	(3)	(4)	(5)	(6)
估计方法	System GMM				2SLS	
被解释变量主营业务收入	短期影响	长期影响	短期影响	长期影响	短期影响	长期影响
金融资产规模	-0.5182*** (0.1683)	0.9232 (0.5621)				
L.金融资产规模		-0.4794*** (0.1725)				
广义金融资产规模			-0.4843*** (0.1593)	1.0873 (0.7154)	-1.6905** (0.7673)	-1.5629* (0.8581)
L.广义金融资产规模				-0.5885** (0.2384)		-1.9143* (0.9998)

续表

	(1)	(2)	(3)	(4)	(5)	(6)
估计方法	System GMM				2SLS	
被解释变量 主营业务收入	短期影响	长期影响	短期影响	长期影响	短期影响	长期影响
被解释变量 滞后项	Yes	Yes	Yes	Yes	No	No
其他控制变量	Yes	Yes	Yes	Yes	Yes	Yes
AR (1)	0.002	0.007	0.002	0.122		
AR (2)	0.686	0.543	0.648	0.474		
Hansen Test	0.158	0.834	0.137	0.664		
第一阶段回归 F 统计量					16.05	15.55
观测值	6,337	6,337	6,337	6,337	9,775	6,250

注：观测值为企业层面，前4列外回归采用系统GMM估计，第（5）列2SLS估计。括号内数值为稳健标准误；***、**、*分别代表估计参数在1%、5%、10%的水平上显著；Yes表示控制了该固定效应，AR(1)、AR(2)、Hansen Test分别报告的是Abond一阶、二阶检验及Hansen检验的P值。

资料来源：作者计算整理。

第四节 进一步分析

一 企业配资金融资产在不同经济环境下的挤出效应分析

由于企业配置金融资产的行为与宏观经济环境高度相关（胡奕明等，2017），因此实体部门企业持有金融资产主营业务的"挤出效应"在经济上行和下行通道应存在异质性。基于此，本章首先在全样本中引入时间段虚拟变量进行回归分析，其次将样本分为"经济新常态前后"作进一步分析论证。

由前文特征事实部分企业所持金融资产占比可以看出，在2008—2010年高速增长之后，出现了一个明显的下降趋势。中国经济在经过改革开放30余年尤其是加入WTO十年后的高增长之后，在经历全球经济危机及2008年后的财政货币再扩张后，经济运行迎来了一个"新常态"。"十二五"规划下调经济增长目标至 7%，也预示了中国政府将明确这一经济新常态。在经济新常态下，宏观经济环境与 2010 年之前发生很大变化，因此有必要进行周期层面的影响分析。

企业配置金融资产在不同经济环境下的挤出效应分析如表 8-7 所示，所有回归均控制了前文控制变量并采用双向固定效应回归模型。由于 2007 年会计准则发生变化，因此着重考察 2008 年后的上市公司实体部门企业样本。其中第一列在为在全样本中引入时间段虚拟变量，以 2008 年为基期比较，可以看出自 2011 年起，企业配置金融类资产对主营业务的挤出显著为负且系数整体呈增大趋势。结果说明：与经济上行相比，在经济下行的宏观环境下企业配置金融类资产的行为对整个实体部门产生的挤出更为明显。进一步地，分时间段考虑并加入长期影响，我们发现这种挤出在宏观经济下行的"新常态"时间内主要是一种短期影响，而在 2010 年之前，存在长期的挤出效应。即在经济上行期，实体经济前景较好，金融类资产配置并不会立刻影响实体部门产出，而在经济下行期则完全相反：由于宏观经济环境较差，在有限的资金约束下配置金融类资产，就会立刻对当期的主营业务产生负面影响。

表8—7　　　　　　　企业持有不同金融资产的影响分析

可比价格主营业务收入	(1)	(2)	(3)	(4)	(5)
		2008—2010		2011—2014	
广义金融资产规模	−0.0058 (0.0768)	−0.0777 (0.0566)	−0.1927** (0.0954)	−0.1580*** (0.0355)	−0.1740*** (0.0372)
L.广义金融资产规模			−0.2966*** (0.0689)		−0.0065 (0.0401)
广义金融资产规模 *2009 年	0.0851 (0.0909)				
广义金融资产规模 *2010 年	−0.0945 (0.0926)				

续表

可比价格主营业务收入	(1)	(2)	(3)	(4)	(5)
		2008–2010		2011–2014	
广义金融资产规模*2011年	−0.1974** (0.0789)				
广义金融资产规模*2012年	−0.1493* (0.0831)				
广义金融资产规模*2013年	−0.3256*** (0.1001)				
广义金融资产规模*2014年	−0.3116*** (0.1196)				
企业控制变量	Yes	Yes	Yes	Yes	Yes
城市控制变量	Yes	Yes	Yes	Yes	Yes
时间固定效应	Yes	Yes	Yes	Yes	Yes
企业固定效应	Yes	Yes	Yes	Yes	Yes
观测值	9,942	3,622	2,231	6,300	5,927
R2	0.5884	0.4510	0.4818	0.4450	0.4457

注：观测值为企业层面，回归均采用双向固定效应模型。括号内数值为城市层面的聚类稳健标准误；***、**、*分别代表估计参数在1%、5%、10%的水平上显著；Yes表示控制了该固定效应，R^2报告的是within R-square。

资料来源：作者计算整理。

二 企业持有不同金融资产的影响分析

由于金融资产种类的多样性，所以分析企业持有不同金融资产对实体产出的影响是必要的。我们将广义金融资产分为三类：货币资金[①]、房地产性金融资产和其他金融资产。货币资金是最基础的金融资产，具有流动性强，风险低的优点，但是其收益为零。在凯恩斯的货币需求理论中，人们持有货币的动机为交易动机、预防动机与投机动机，对于企业来说，持有货币资金以"预防储备"动机为主（胡奕明等，2017）。此外，企业配置股票债券等其他金融资产是出于投机动

---

① 企业的货币资金是公司库存现金、银行结算户存款、外埠存款、银行汇票存款、银行本票存款、信用卡存款、信用证保证金存款等的合计数。

机，持有房地产性金融资产是房地产性投资动机。为了捕捉实体部门企业在不同动机下配置不同金融资产对其主营业务的挤出效果，本章将金融资产分为货币资金、房地产性金融资产与其他金融资产并分别考虑它们的短期影响和长期影响，在本章的实体部门企业样本中，三者的均值分别为2.56%、0.90%和18.98%。按式（1）和式（2）分别回归，回归结果见表8-8。

表8-8的（1）、（2）列分别为企业配置货币资金的短期和长期影响，当期系数均在1%的水平上显著为负，但其滞后一阶并不显著；（3）、（4）列报告了企业配置房地产性金融资产的影响，在长期影响模型中，其滞后一期系数为-0.35，显著水平为5%，而当期系数并不显著，说明企业出于房地产投机动机而配置的金融资产对主营业务的挤出主要是长期的，对实体经济的危害也较大；（5）、（6）列报告了企业配置其他性金融资产的影响，结果表明企业持有其他金融资产对实体经济的影响是短期的，系数也最小。由于企业持有的房地产性金融资产占比最低，故可以排除量级对于本章结果的影响。因此企业持有房地产性金融资产对实体挤出最严重，这种效应具有持续性。这说明当前中国实体部门企业的房地产投机行为对实体经济的危害最大，其次是经济下行带来的经济不确定性对企业的影响，而股票债券等虚拟资本的配置则对实体的挤出效应最小，持续的时间也较短。

表8—8　企业持有不同金融资产的影响分析

被解释变量 可比价格 主营业务收入	(1)	(2)w	(3)	(4)	(5)	(6)
货币资金	-0.3957*** (0.0867)	-0.3621*** (0.0902)				
L.货币资金		-0.1596 (0.1117)				
房地产性 金融资产			-0.4086* (0.2270)	-0.2780 (0.2679)		

续表

被解释变量 可比价格 主营业务收入	(1)	(2)w	(3)	(4)	(5)	(6)
L.房地产性金融资产				−0.3476** (0.1618)		
其他金融资产					−0.1104*** (0.0365)	−0.0922* (0.0483)
L.其他金融资产						−0.0512 (0.0410)
企业控制变量 城市控制变量	Yes Yes	Yes Yes	Yes Yes	Yes Yes	Yes Yes	Yes Yes
时间固定效应	Yes	Yes	Yes	Yes	Yes	Yes
企业固定效应	Yes	Yes	Yes	Yes	Yes	Yes
R^2	0.5875	0.5686	0.5861	0.5673	0.5981	0.5883
观测值	9,866	8,095	9,866	8,095	9,271	7,378

注：观测值为企业层面，回归均采用双向固定效应模型。括号内数值为城市层面的聚类稳健标准误；***、**、*分别代表估计参数在1%、5%、10%的水平上显著；Yes表示控制了该固定效应，R^2报告的是within R-square。

资料来源：作者计算整理。

第五节 机制分析

一 影子银行的作用

基于之前的文献研究，本章将采用资金投向测算法来衡量影子银行规模：用银行体系最终资金投向为基准，将影子银行定义为向实体经济提供融资服务的业务体系，其构成部分主要为信托贷款、委托贷款、未贴现银行承兑汇票、非金融企业债务、非金融企业股票融资、同业代付、融资租赁、小额贷款公司等。为了将影子银行规模合理地分解到各个地区，构建面板数据，本章以各地区年末金融机构贷款余额为权重分解测算出来的影子银行规模，采用固定面板模型考察短期影响和长期影响。为了去量纲和分析交互项的系数，将企业所持金融资产和影子银行规模进行标准化和中心化处理，其中变量前加 C_ 表明该变量进行了标准化和中心化的处理。回归的结果如表 8-9 所示。

在短期模型和长期模型中,企业所持金融资产当期值和影子银行规模交互项均在 1% 的水平显著为负,与前文一致,而影子银行规模一次项本身并不显著,说明地区影子银行规模本身并不会影响到实体经济部门的产出。但随着实体部门企业持有的广义金融资产比例增加,影子银行规模越大的地区,实体企业的主营业务收入就会越低,这就意味着影子银行体系具有"放大镜"作用,放大了虚拟经济对实体经济的抑制效应,验证了前文提出的假设1;在长期模型中,滞后一期的金融资产持有规模与影子银行交互项也是显著的,这说明这种传导机制具有长期性。为了验证结论的稳健性,(3)、(4)列报告了将被解释变量改为可比价格的主营业务收入,结论依旧不变。

表8—9　　　　　　　影子银行系统传导机制分析

被解释变量	(1)	(2)	(3)	(4)
	主营业务收入		可比价格的主营业务收入	
C_广义金融资产规模	−0.0318*** (0.0069)	−0.0348*** (0.0091)	−0.0310*** (0.0062)	−0.0335*** (0.0087)
C_影子银行规模	−0.0063 (0.0125)	−0.0169 (0.0166)	−0.0058 (0.0123)	−0.0157 (0.0160)
C_L.广义金融资产规模		−0.0184** (0.0075)		−0.0172** (0.0071)
C_L.影子银行规模		0.0127 (0.0196)		0.0161 (0.0186)
C_影子银行规模*C_广义金融资产规模	−0.0214*** (0.0057)	−0.0070 (0.0096)	−0.0221*** (0.0055)	−0.0060 (0.0095)
C_L.影子银行规模*C_L.广义金融资产规模		−0.0207** (0.0089)		−0.0222*** (0.0085)
企业控制变量	Yes	Yes	Yes	Yes
城市控制变量	Yes	Yes	Yes	Yes
时间固定效应	Yes	Yes	Yes	Yes
企业固定效应	Yes	Yes	Yes	Yes

续表

被解释变量	(1)	(2)	(3)	(4)
	主营业务收入		可比价格的主营业务收入	
观测值	9,716	7,978	9,716	7,978
R2	0.6320	0.6095	0.5880	0.5702

注：观测值为企业层面，回归均采用双向固定效应模型。括号内数值为城市层面的聚类稳健标准误；***、**、*分别代表估计参数在1%、5%、10%的水平上显著；Yes表示控制了该固定效应，R^2报告的是within R-square。

资料来源：作者计算整理。

二 地方融资平台

为什么自2008年以后中国国有企业所持有金融资产尤其是房地产资产大幅度上升并且抑制了实体经济的发展？仅仅用影子银行发展的解释显然是不够的。为了说明这部分金融资产的来源和机制，首先需要了解地方政府的融资机制以及土地财政的由来。由于地方政府直接和深度参与经济发展过程，在商业银行保持一定独立性和不允许地方财政赤字的制度背景下，为了进行基础设施、公共事业等具有公共品性质的支出，政府充分利用投融资公司这一兼具金融和财政性质的平台进行资金融通。地方政府能够在不违背预算法的前提下，把资产（通常是土地）注入融资平台公司，通过融资平台公司从银行贷款或者发行债券（Bai，2017）。其中，城投债是地方融资平台的重要手段之一。根据测算[①]，全国城投债债券余额已从2008年的1861亿元上升至2014年的42831亿元，短短6年翻了26倍。随着地方融资平台规模的增加，会引起市场利率上升，增加企业借贷成本，从而降低企业实体经济投资意愿，并促进了企业资金脱实向虚。由于不同所有制企业在金融市场的地位不同，其影响结果也应具有异质性，央企在金融市场的优势会进一步影响到实体市场，

---

① 数据来源为WIND数据库，发行人基本情况中的股东为当地地方政府或下属机构或者在公司业务中提到该公司的业务是当地城市的基础设施服务或公用事业，视为城投债。

挤出民营企业实体产出。

本章采用 Blanchard（2004）的方法，用政府城投债规模占 GDP 比重来衡量地方融资平台债务相对规模，其中各省级地方政府融资平台债务数据来源于 WIND 数据库。考虑到地方政府对不同所有制企业的偏移，继续探讨这种挤出效应可能存在的异质性。

表 8-10 报告了地方融资平台通过企业所持金融资产对不同所有制企业短期的影响。按照前文的分析假设，将企业按所有制分为中央国有企业、地方国有企业、民营企业。由表可知，地方融资平台债务相对规模显著增加了当地实体经济国有企业的主营业务收入，对民营企业的影响为负，但不具有统计上的显著性。从两者交互项的系数来看，中央国有企业交互项系数为 0.03，在 5% 的水平上显著为正，民营企业交互项系数为 -0.02，在 1% 显著水平上显著为负，这也验证了前文的假设 2：地方融资平台会对企业金融资产配置决策产生影响，进而减少实体产出，这种挤出效应对于不同所有制的企业存在异质性。随着地方融资平台融资规模加大，中央国有企业所持有金融资产的增加促进了其发展，但民营企业所持有金融资产的增加则会挤出其实体主营业务，抑制实体经济的发展。在短期，这种效应主要体现在抑制了民营企业发展实体经济。表 8-11 报告了这种影响机制的长期作用，在长期中这种影响并不显著，但是在当期两者的交互项系数依然与前文一致，结论具有稳健性。

表8—10　　　地方融资平台对不同所有制企业短期传导机制分析

	(1)	(2)	(3)
	中央国有企业	地方国有企业	民营企业
C_广义金融资产规模	0.0067 (0.0399)	−0.0211** (0.0091)	−0.0251** (0.0108)
C_地方融资平台债务相对规模	0.1589** (0.0733)	0.0329* (0.0186)	−0.0406* (0.0208)

续表

	(1)	(2)	(3)
	中央国有企业	地方国有企业	民营企业
C_广义金融资产规模*C_地方融资平台债务相对规模	0.0318** (0.0140)	−0.0144 (0.0119)	−0.0221*** (0.0063)
企业控制变量	Yes	Yes	Yes
城市控制变量	Yes	Yes	Yes
时间固定效应	Yes	Yes	Yes
企业固定效应	Yes	Yes	Yes
观测值	237	5,009	4,106
R2	0.956	0.936	0.903

注：观测值为企业层面，回归均采用双向固定效应模型。括号内数值为城市层面的聚类稳健标准误；***、**、*分别代表估计参数在1%、5%、10%的水平上显著；Yes表示控制了该固定效应，R^2报告的是within R-square。

资料来源：作者计算整理。

表8—11　地方融资平台对不同所有制企业长期传导机制分析

被解释变量 可比价格的主营业务收入	(1)	(2)	(3)
	中央国有企业	地方国有企业	民营企业
C_广义金融资产规模	-0.0372 (0.0537)	-0.0123 (0.0124)	-0.0203* (0.0113)
C_地方融资平台债务相对规模	-0.0156 (0.1196)	0.0158 (0.0333)	-0.0928*** (0.0304)
C_L.广义金融资产规模	-0.0529 (0.0427)	-0.0055 (0.0146)	-0.0274** (0.0121)
C_L.地方融资平台债务相对规模	0.1454 (0.0986)	-0.0061 (0.0278)	0.0714** (0.0361)
C_广义金融资产规模*C_地方融资平台债务相对规模	0.0155 (0.0285)	-0.0234* (0.0126)	-0.0242*** (0.0077)
C_L.广义金融资产规模*C_L.地方融资平台债务相对规模	-0.0111 (0.0265)	0.0067 (0.0100)	-0.0014 (0.0069)
企业控制变量	Yes	Yes	Yes
城市控制变量	Yes	Yes	Yes
时间固定效应	Yes	Yes	Yes
企业固定效应	Yes	Yes	Yes

续表

被解释变量 可比价格的主营业务收入	(1)	(2)	(3)
	中央国有企业	地方国有企业	民营企业
观测值	184	4,092	3,398
R^2	0.7743	0.5228	0.6413

注：观测值为企业层面，回归均采用双向固定效应模型。括号内数值为城市层面的聚类稳健标准误；***、**、*分别代表估计参数在1%、5%、10%的水平上显著；Yes表示控制了该固定效应，R^2报告的是within R-square。

资料来源：作者计算整理。

三　投资挤出的中介效应

根据前文分析，本章已经验证了实体经济部门企业自身的"金融化"存在对主营业务的挤出效应，那么其企业内部的机制是什么？实体企业部门配置金融资产是基于市场套利的动机，在存在融资约束的条件下，有限的资金追逐收益率更高的金融类产品，就必然会减少企业的资本投资，进而影响实体部门主营业务的产出。基于此，本章在这一部分将通过引入企业资本投资作为中介变量来构建中介效应模型，以验证企业持有金融类资产对实体企业产出和效率影响的传导机制。借鉴之前的研究，参考王红建等（2017），使用购建固定资产、无形资产和其他长期资产支付的现金作为企业的资本投资变量，按照企业当期期末总资产进行标准化，同时进行上下1%的缩尾处理，构建变量。构建中介效应模型的基本步骤如下：首先是将被解释变量对核心解释变量和其他控制变量进行回归；第二是将中介变量对核心解释变量和其他控制变量进行回归；最后将将被解释变量同时对中介变量和所有解释变量进行回归。其公式如式（10）、式（11）所示（其中第一步为基准回归）：

$$invest_{ict} = f(jrzcpro_{ict}, X_{it}, C_{ct}) \tag{3}$$

$$lnmaincome_{ict} = f(jrzcpro_{ict}, invest_{ict}, X_{it}, C_{ct}) \tag{4}$$

由于企业资产收益率等包含了金融资产收益和利润，无法将其剥离单单观察企业持有金融资产对实体产出的影响,因此前文分析仅考察了其对企业主营业务收入的挤出。但在这一部分,可以通过中介效应模型分析企业在配置金融资产同时减少资本投资的过程中对资本运行效率的影响。因此除企业主营业务收入以外,被解释变量也采用了企业资产运转效率的两个指标:净资产收益率和总资产报酬率。

表8-12报告了投资挤出中介效应的检验结果。第1列中广义金融资产规模系数在1%的统计水平显著为负,表明实体部门企业配置金融资产显著降低了企业的资本投资,存在投资挤出效应。第二列中介变量企业资本投资系数为负并通过显著性检验,验证了企业资本投资对实体部门主营业务的促进效应。结合1、2两列,发现存在"投资挤出"的中介效应,即随着虚拟经济的发展,从微观角度而言,实体部门企业的金融化显著抑制了企业的资本投资,进而对主营业务收入产生负面影响。同样由3、4列可知,在被解释变量变为净资产收益率及总资产报酬率时,中介变量企业资本投资仍显著为正,表明实体部门企业配置金融资产挤出了企业资本投资不但对主营业务收入产生负面影响,还降低了企业整体的运行效率。综上,投资挤出的中介效应得到验证。

表8—12　　　　　　　　投资挤出中介效应的检验结果

	(1)	(2)	(3)	(4)
	企业资本投资	可比价格主营业务收入	净资产收益率	总资产报酬率
广义金融资产规模	-0.0368*** (0.0047)	-0.1417*** (0.0401)	-0.0279** (0.0136)	-0.0058 (0.0050)
企业资本投资		0.4359*** (0.1084)	0.1144*** (0.0296)	0.0258** (0.0120)
企业控制变量	Yes	Yes	Yes	Yes
城市控制变量	Yes	Yes	Yes	Yes
时间固定效应	Yes	Yes	Yes	Yes

续表

	(1)	(2)	(3)	(4)
	企业资本投资	可比价格主营业务收入	净资产收益率	总资产报酬率
企业固定效应	Yes	Yes	Yes	Yes
观测值	9,944	9,940	9,944	9,930
R^2	0.1965	0.5847	0.1747	0.2235

注：观测值为企业层面，回归均采用双向固定效应模型。括号内数值为城市层面的聚类稳健标准误；***、**、*分别代表估计参数在1%、5%、10%的水平上显著；Yes表示控制了该固定效应，R^2报告的是within R-square。

资料来源：作者计算整理。

第六节 结论和政策含义

脱实向虚的根本原因还在于宏观和微观方面的结构性因素失衡。虚拟经济对实体经济的影响是顺周期的，越是经济下行期间对当期的负面影响越明显。虚拟经济和实体经济是相辅相成的关系需要一定的前提，即是企业预算硬约束和金融类虚拟经济受到严格监管。过去外汇占款为主的货币发行背景下，金融业房地产业对于实体经济起到重要的支撑和引领作用。而近年来由于经济新常态下实体经济增速下滑，利率市场化使得金融业产业模式发生变化，金融业和房地产业对实体经济的背离越来越明显。上市公司持有金融资产和房地产资产表面上看似乎增加了当前收入，但是个体理性不代表群体理性。整体上看，过度发展金融、房地产整体上对于企业的规模和效益都有不利的影响。本章利用中国上市公司层面的面板数据，从微观和宏观两个层面交叉验证，考察了虚拟经济发展对实体经济部门的影响，着重研究2008年后产生的新经济现象。结果发现，不管是实体部门企业自身的金融化还是整个社会的金融化都显著抑制了实体经济发展，这种抑制在短期主要表现在地方国有企业和民营企业，在长期主要表现在民营企业。这种效应对于地处发达地区的企业更显著，对制造业的影响最为严重。

从持有金融资产来看，企业持有房地产资产对实体经济的影响最大，企业因房地产投机动机而配置的金融资产对实体经济的挤出最严重也最持久。

同时，本章提出并验证了三种存在的机制。1.虚拟经济发展使得影子银行规模高速膨胀，由于其资金逐利性高的特征，企业更倾向于配置金融资产，使得经济脱实向虚；2.地方融资平台的发展对不同所有制的企业具有异质性，其增加了民营企业借贷成本，进而减少实体投资意愿；3.实体部门企业的金融化显著抑制了企业的资本投资，进而对主营业务收入产生负面影响，同时还降低了企业整体的运行效率。

因此本章的相应政策含义包括：

（一）完善整体金融监管

企业之所以大量持有金融类资产是因为有投机动机，应从源头上控制。一是加强金融行业内部监管。金融业具有较强的外部性，在发达经济体中也是一个高度管制的行业。金融业的发展趋势是混业经营，影子银行的发展涉及银行、证券、信托、保险各个行业，如果监管环节存在脱节，套利是企业追求利润最大化的自然选择。金融业形成公平有序的竞争环境和产业体系，才能减少资金的内部循环，切实防范金融系统性风险。未来可以在金融各行业风险预警、金融市场准入、资本市场规范等方面期待新的政策出台。二是金融业要和相关产业部门配合。支持企业通过市场化手段优化债务结构和资本结构、降低融资成本、分散风险。鼓励高成长、高盈利的中小企业和民营企业通过债券融资优化资本结构。对暂时存在经营困难、未来市场潜力巨大的企业加大直接融资比重，鼓励实施债转股、债务置换，提升企业再融资能力。地方国有企业本身具有资金成本优势，如果过度发展金融业，会利用规模优势和集聚优势加剧金融资源分配的不均衡，抑制实体经济和产业转型创新。应该严格限制地方国有企业进入金融业，使其聚焦主营业务、承担更多社会责任。

（二）鼓励实体经济转型升级

虚拟经济挤出实体企业投资，说明实体经济的利润率偏低，应该降低成本和各种交易费用。实体经济尤其是工业制造业是国家竞争力的基础，必须大力实施供给侧结构性改革，通过创新驱动实现其转型升级。各种财政政策、货币政策和产业政策等互相配合，切实支撑工业制造业发展。新时代继续以科技创新为引领，推动大众创业万众创新。一方面鼓励发展生产性服务业，完善价值链条，补足实体经济短板；另一方面不能盲目追求高端而去工业化。需要斩断金融资产和房地产价格交互放大的渠道，回归住房的"房子是用来住的"商品属性。发展住房租赁业，降低居民生活和实体经济生产成本。

（三）规范地方政府融资平台

目前有些地方政府利用地方融资平台不仅增加金融体系风险，也扩大了财政风险。人民银行实行大区制改革以及几大国有银行信贷审批授权上移后，地方政府对于银行业的干预能力大为减少，但是地方政府近年来通过城市商业银行、地方融资平台、土地金融化、隐形融资担保、PPP等方式对于区域金融市场仍有较大的影响力。应严格执行政府债务余额限额管理，完善地方政府债务预算管理制度。建立健全地方政府举债行为的监督机制，加强信息集中披露，并将政府债务管理纳入考评机制。取消融资平台公司的政府融资职能，推动有经营收益和现金流的融资平台公司市场化转型改制。

第九章 重塑"后土地财政"时代的激励体系

第一节 财政体制改革

一 改革开放后财政体制改革历程

1978—1993年,这一时期的财政管理体制被统称为财政包干体制。1980年2月,国务院颁发了《关于实行"划分收支、分级包干"的财政管理体制的暂行规定》,决定从1980年起统一实行"划分收支、分级包干"的新体制,按照行政隶属关系明确划分中央和地方的财政收支范围,地方以收定支,自求平衡,包干使用。实行"利改税"[①]后,适应新形势的需要,1985年国家调整了政府间财政分配关系,实行了"划分税种,核定收支,分级包干"的体制。1988年,国家再次调整政府间财政分配关系,实行了"多种形式包干"的体制。1992年10月,党的十四大将社会主义市场经济正式确定为中国经济体制改革的目标之后,统一市场的要求越来越强烈。而财政包干逐渐强化地方利益,造成地方保护、区域市场分割现象,这要求财政分权改革进一步深化,并建立新的更加规范的财政管理体制与之协调配套。将财权过度集中、分配统收统支,税种"过于单一"等传统财税体制的格局打破,中央与地方在财政分配关系上开始实行"分灶吃饭",与企业的

---

① 将国营企业原来向国家上交利润的大部分改为对其征收企业所得税。

分配关系上实行减税让利。然而，国家以财政减收、增支为代价的让步，却让财政收入占GDP的比重和中央财政收入占全国财政收入这两个比重双双下滑，同时，地方财税出现了诸如私自减免税款，挪用财政收入，甚至非财政部门介入财政分配等乱象。若再不进行财税体制改革，中央财政甚至面临着对宏观调控财税权利的丧失。时任财政部长刘仲藜引用毛泽东主席说过的"手里没得一把米，叫鸡都不来"形容这种情况。

1994年前后，在时任副总理朱镕基的主持下，分税制改革正式登上历史舞台，并奠定了相当长时期的财税体制基础，支撑了整个中国市场经济间接调控的基本框架。中央对地方财税调控能力的提高，使得中国财税领域出现了一系列积极变化。2003年10月，借中共十六届三中全会召开的契机，对上一轮公共财政体制又进行了新的一轮"修补"。所得税收入分享改革实施以来，中央与地方政府之间的分配关系得到了进一步规范，中央增加了对地方的一般性转移支付，地区间财力差距扩大的趋势有所减缓，改革初步达到了预期目标。为促进区域经济协调发展和深化改革，国务院决定，从2004年起，中央与地方所得税收入分享比例继续按中央分享60%，地方分享40%执行。税收分成加上税收返还和转移支付，能够激励地方政府发展经济，但是对于经济增长方式粗放、公共服务支出不足也有一定责任。

2014年6月30日中共中央政治局召开会议，审议通过了《深化财税体制改革总体方案》，会议指出，财政是国家治理的基础和重要支柱，财税体制在治国安邦中始终发挥着基础性、制度性、保障性作用。重点推进3个方面的改革：改进预算管理制度，强化预算约束、规范政府行为、实现有效监督，加快建立全面规范、公开透明的现代预算制度；深化税收制度改革，优化税制结构、完善税收功能、稳定宏观税负、推进依法治税，建立有利于科学发展、社会公平、市场统一的税收制度体系，充分发挥税收筹集财政收入、调节分配、促进结构优化的职能作用；调整中央和地方政府间财政关系，在保持中央和地方收入格局大体稳定的前提下，进一步理顺中央和地方收入划分，合理划分政府间事权和支出责任，促进权力和责任、办事和花钱相统一，建立事权和支出责任相适应的制度。

二 中央和地方关系

钱颖一与合作者（Qian, Weingast, Barry, 1997; Qian, Roland, 1998; Jin, Qian, Weingast, 2006）提出的"中国特色的联邦主义"（Chinese Style Federalism）假说。关于经济转型的研究，国际学术界非常关注企业改革（如私有化）和经济自由化的相关政策，而忽略了政府治理的关键性作用。如何赋予中央和地方政府保护市场的充分激励、同时又避免扶持经营失败的企业是所有国家面临的治理挑战。中国八十年代初以来所推动的地方分权改革塑造了一种独特的激励和治理架构，为改革开放和经济高速发展奠定了重要的制度基础。地方分权改革包含两个方面：一是行政分权，中央政府把很多经济管理的权力下放到地方，使地方政府拥有相对自主的经济决策权；二是以财政包干为内容的财政分权改革，中央向地方下放预算决策权，同时与省政府签订财政包干合同，这意味着使得地方政府创造的财政收入越高，地方的留存就越多，预算外收入因为不与中央分享，边际财政激励最强。正是行政分权和财政包干使得中国地方政府有充分的激励来维护市场，扶持非国有企业，推动地方经济增长。所以，"中国特色的联邦主义"假说也被表述为市场维护型联邦主义（Market-Preserving Federalism）。

许成钢（Xu, 2011）提出"向地方分权的威权主义体制"（Regionally Decentralized Authoritarian System）假说。中国的体制里面有很重要的特点，大量的权力下放给地方政府，使得地方政府之间可以竞争。在这个过程中，竞争的是GDP的增长速度，由此调动了地方政府的积极性来推动经济增长。调动地方政府的积极性,是一个关键性的、决定性的经济发展的内容。这个体制是世界上独一无二的体制,基本特点是中央高度的集权来控制政府和控制人事。中国过去30年的快速增长是地区竞争驱动来实现的,而这种分权式的威权制是地区竞争机制的制度基础。这个体制决定了中国30年改革发展的轨迹,同时这个体制也是今天中国面临的严重社会经济问题的制度根源。

王永钦等(2007)则分析了中国式分权的成本,例如收入差距扩大、重复建设、公共服务不足等,其中关于公共服务的教育群分(sorting)的现象分析很有洞见。正常的财政分权体制下,由于地方政府具有信息和成本优势,在人员自由流动的前提下,地方政府可以有效率地提供教育服务,尽管可能出现不同收入不同层次的人群居住在不同的区域,这是因为教育的投入和质量资本化为房地产的价格,房地产的价格又和地方政府的财政收入联系在一起。而中国式分权则由于多任务的目标,教育这一公共服务目标成了被忽视的目标,这样公共服务的不足就出现了,同时由于教育这种公共服务的质量又很难监督,在政府服务不足引入市场化的过程中也会出现市场失灵,最糟糕的组合就是政府和市场同时失灵。

上述理论分析都准确地把握了中央和地方的关系精髓,尤其是把政府运作的黑盒子打开,借用企业的内部激励理论进行分析很有启发,但是关于分权还是集权仍然需要仔细梳理。其中一个关键点就是分税制改革以后,中央和地方的关系从原来的承包制变成分成制,承包制可以看成地方收入的边际百分之百的留存,而分税制只是一部分留存。为什么地方政府的努力程度丝毫不减、地方经济也是保持继续高速增长?除了预算外收入、土地财政以外,地方政府的行政发包、项目制等等现象说明财政分权或者经济分权事实上是一直进行的。中央公务员的数量占比同其他联邦制国家相比都是偏低的,地方财政支出的比例也是一直比较高,中央国有企业的数量也是不断减少。这些都说明了作为分权之一的财政分权其实是很值得深入研究的，尤其是十八大以来党中央高度重视反腐工作、环保工作等，并加大了这些领域的垂直监督，这些本书认为是对过度分权的一种改善。

中央和地方关系主要是财权和事权的划分问题。关于如何分配各级政府之间的职能，原财政部长楼继伟认为主要有三条标准：第一，外部性原则。假如一项活动的外部性只是一个地方得益，或者一个地方受损，这个事情就交给这个地方来管理，如果其外部性是跨区域的，应该在更高的区域级别上管理。第二，信息处理的复杂性。信息处理越复杂，越可能造成信息不对称的事项，越应让地方管理，因为地方政府熟悉基层事务，比中央政府容易识别信息不对称。比如社会保险中养老保险信息相对简单，只需知道人们的年龄、生死、就业状况。相比之下，医疗保险还要知道身体情况、药品、医院等等，而且信息高度不对称。所以，相较而言，养老保险国家有条件全面管理，而医疗保险可能需要国家和地方政府合作管理。第三，激励相容。要设计一种体制，使得所有的参与人即使按照自己的利益去运作，也能导致整体利益最大化，这种体制就是激励相容的。

2016年8月《国务院关于推进中央与地方财政事权和支出责任划分改革的指导意见》正式发布，里面亮点颇多。指导意见划分原则有两条是"结合我国现有中央与地方政府职能配置和机构设置，更多、更好发挥地方政府尤其是县级政府组织能力强、贴近基层、获取信息便利的优势，将所需信息量大、信息复杂且获取困难的基本公共服务优先作为地方的财政事权，提高行政效率，降低行政成本。信息比较容易获取和甄别的全国性基本公共服务宜作为中央的财政事权"、"在中央统一领导下，适宜由中央承担的财政事权执行权要上划，加强中央的财政事权执行能力；适宜由地方承担的财政事权决策权要下放，减少中央部门代地方决策事项，保证地方有效管理区域内事务。要明确共同财政事权中央与地方各自承担的职责，将财政事权履行涉及的战略规划、政策决定、执行实施、监督评价等各环节在中央与地方间作出合理安排,做到财政事权履行权责明确和全过程覆盖"。

三 后土地财政时代重塑财政分权激励体系

财政分权理论部分解释了中国经济之所以在过去四十年一直保持高速增长可能的原因,就好比一个自行车本身车头是歪的,但是如果我们时刻记得车头本身歪的程度和方向,这样就能用一种歪曲来修正另一种歪曲,仍然使得自行车可以正常前行。但是新时代的自行车速度已经下降,修正歪曲的成本越来越高,急需要重新完善经济发展的激励机制和协调机制,解决我们进入经济新常态后面临的转变经济增长方式问题,解决创新驱动、环境保护、资源消耗等问题。

土地财政作为激励体系的重要组成部分,事实上发挥了一些我们可能忽视的作用。土地财政中的土地价格是资本化的教育医疗等公共服务,也是预期未来发展的贴现,长期更是人口流动的结果。我们前面第二章已经分析了中国的房地产泡沫是结构性的,可能在部分地区存在泡沫的可能,但整体上并不算严重,这种情况下,那些土地财政发展节奏控制较好的地方,没有出现剧烈波动的地方事实上是一种暗合 GDP 竞争的考核机制,也比较符合多种目标的考核要求。这和一般的观点例如本书上一章认为土地财政导致实体经济不振并不冲突,只有在那些过度发展土地财政的地方才会出现负面效果,如果是正常的得到一定程度监管的土地财政是可以作为一种官员政绩的正向指标来看待。

从目前的情况来看,部分地区土地财政已经有过度发展的势头,这时候就需要改变以前的考核和激励权重,修改考核规则和激励规则。

一是打破利益集团阻碍力量,加强顶层设计和基层探索交互。20世纪 70 年代末和 80 年代初的农业改革,极为明显地突出了激励问题的重要性。其实在农业改革中,既有激励改革,也有资源配置改革。

农业改革中既提高了农产品价格，又引入了家庭联产承包制，前者既针对资源配置问题又针对激励问题，而后者则主要针对激励问题。90年代中期的价格、财税、汇率、利率等改革，主要解决资源配置问题，也对改变激励起重大作用。而贯穿于整个改革历程的企业改革、所有制改革、产权改革、治理体系现代化、法治建设等，都是力图从根本上改变激励，不仅是个人激励，也有企业激励，还有政府激励。当然这些改革对资源配置也起重大作用。土地财政形成了房地产利益集团，银行、地方官员都在其中获得巨大利益。打破他们利益格局才能改变这种发展模式。

二是完善地方官员的激励，减少扭曲。革命战争年代，共产党员通过实践锻炼、集中选拔机制培养和造就了一大批人才，为革命的胜利奠定了人力基础。在新中国成立之初的干部录用和晋升中，主要强调"德"、"能"和"资历"三个标准。改革开放后，在以经济发展为中心的压力型体制下，GDP增长和财政收入等可以量化的经济指标成为最主要的竞赛标准。政治锦标赛中竞赛优胜者将获得晋升，而竞赛标准由上级政府决定，它可以是GDP增长率，也可以是其他可度量的指标，进入下一轮的选手必须是上一轮的优胜者，每一轮被淘汰出局的选手就自动失去下一轮参赛的资格。政治锦标赛是一种典型的"激励契约"，再辅之以"强激励"——晋升，就形成刺激各级地方官员想尽一切办法发展地方经济的"强心剂"。近年来官员出现的懒政惰政问题，就来源于激励机制缺失。尽管批判GDP崇拜，但是作为一种考核制度，是有其合理性的。激励考核不仅要考虑到利益，还要考虑到损害和成本。如果换一种考核方式，成本和损害更大，那么还不如使用GDP考核方式，只是要完善这种机制。正如高考选拔不完美，但是如果统改为完全通过推荐选拔，那么问题会更多。是的，目前高考体制不完美，那么可以调整考试内容和考试方式进行完善，而不一定要另起炉灶。

三是增加市场主体的市场纪律，减少软预算约束。"软预算约束"

的概念最早是由科尔奈在比较计划经济与市场经济时提出的，对应于市场经济中的"硬预算约束"。为何近年来中国经济出现了严重的产能过剩，而杠杆率一直居高不下。实际上产能过剩和债台高筑背后有一个共同的机制，即软预算约束问题。软预算约束问题的核心在于国有企业和地方政府在资不抵债的时候不会破产，他们靠政府对其进行救助。这会带来非常严重的问题：他们不受破产的威胁，没有自我约束，不负责任地扩张，形成严重的道德风险问题。软预算约束是个老问题，是计划经济和转轨经济中早就有共识的最基本问题。换句话说，苏联和东欧在经历长期的经济改革失败后，最后解决不了的就是软预算约束问题。软预算约束问题也一直是中国国有企业和政府机构面对的最基本问题。中国在过去的二三十年里有很好的经济发展，原因就在于中国早期的改革部分解决和缓解了软预算约束问题。这里面解决的部分可被称为硬预算约束，最突出的就是八九十年代私有部门的快速发展，产生了大批民营企业。现在的中国经济中，民营企业占了中国经济的主体，这部分是硬预算约束，也是中国经济改革与苏联、东欧经济改革最不同的地方。90年代后期和21世纪前几年，大批中小国有企业民营化，就是当时所谓抓大放小里面"放小"的部分，这一部分也明显硬化了预算约束，但是还有非常大的一部分例如大型国有企业、银行体系等问题并没有解决，而只是缓解。

第二节 土地制度改革

一 农村土地制度改革

2014年底，中央印发《关于农村土地征收、集体经营性建设用地入市、宅基地改革试点工作的意见》，在全国部署农村土地制度改革试点工作。2019年8月26日，第十三届全国人大常委会第12次会议表决通过了全国人大常委会关于修改土地管理法的决定。其中，涉及农村土地制度改革的集体经营性建设用地入市、土地征收和宅基地管理相关条款作为本次修法的最大亮点。首次明确了集体建设用地可以在符合规定的情况下进入市场交易，这一重大突破，结束了中国多年来的城乡建设用地二元体制，为建立城乡统一的建设用地市场、促进城乡要素的自由流动破除了制度障碍。本次修改对土地征收的公共利益进行明确界定，有利于保障农民的土地权利，进一步化解拆迁难题。这次修改还对宅基地管理制度进行完善，下放了宅基地审批权，鼓励进城落户的农村村民依法自愿有偿退出宅基地。

农村土地制度改革多年来众说纷纭、争议较大。基本上分为两派。一派是以王小鲁为代表的主张建立农村建设用地市场，放开宅基地买卖，吸引城市资本下乡参与农村建设的积极改革派，一派是以陈锡文为代表的认为农村土地要坚持农民自有自用的原则，宅基地不能向集体以外的人出售，市场化不是农村土地改革的方向。但是争论双方都认为土地制度需要改革。此前18亿亩耕地红线是否能够突破也存在很大争论的声音，现在中美贸易摩擦的大背景下，反对设置红线的声音减小了。应该说这些讨论都是有一定的正确的看法、合理的逻辑在里面，但是完整的逻辑并不一定对。政府保证公平和市场促进效率是一个基本共识，但是在复杂的条件下，这两条也并不一定成立。比如土地进入市场显然需要政府的各种管制，政府的管制有时候也存在政府失灵，市场失灵和政府失灵同时出现是最糟糕的组合。更具体一点就是政府规划和管制很有必要，但是政府的规划和管制如果是偏离了社会性目标而是追求自己的收入最大化，这就是一个糟糕的组合。所以从这个角度来说，我们认为不管是哪一方的主张都应该留有后路，政策建议不仅仅看到理论静态最优，还要看到约束条件变化后的动态最优以及实践中的政策执行问题。

土地市场化的最极端的论述是完全私有化，这一说法在理论和实践层面都存在严重的问题。非洲大象作为公共资源往往存在被滥捕滥杀的状况。统计资料表明，在20世纪80年代肯尼亚丧失了80%的野生大象，每天被猎杀的大象就有十几头。而津巴布韦则制定了不同的制度，规定大象栖息地的村落拥有对大象的所有权，村民有权向观看大象的游客收费，还可以向捕杀大象的猎人收费。这种制度虽然招致了环保主义者的反对，但却收到了良好的效果。20世纪70年代，津巴布韦的大象约三万到四万头，津巴布韦从1975年开始实施上述保护制度后，大象的数量稳步增长，80年代末为5万头。大象这种野生资源如果私有的话，家庭为单位的监督成本很高，反而是集体所有实现了最大化利益。土地的规模经济方面也不是越大越好。

二 城市土地制度改革

土地产权制度的发展为推进国有土地资产化管理奠定了基础，其中，土地征收、储备制度和有偿出让是基础性制度，前者起源于新中国成立初期。早在1954年颁布的《宪法》就规定"国家为了公共利益的需要，可以依照法律规定的条件，对城乡土地和其他生产资料实行征购、征用或者收归国有"；后者则是在改革开放后，特别是伴随着土地产权制度的发展才逐步建立完善。这两项制度不仅充分发挥市场配置土地资源的基础性作用，也为工业化、城镇化的发展提供了可靠的土地空间保障和重要的资金来源。

国有土地的有偿出让制度改革的基本方向，是不断规范出让方式和扩大市场化资源配置涵盖的范围。20世纪80年代是有偿出让制度的萌发时期。1979年颁布的《中外合资企业经营法》第一次提出对外资企业征收土地使用费的概念；1987年，深圳市分别以协议、招标、拍卖三种方式出让转让国有土地使用权。到了20世纪90年代，有偿出让制度开始正式形成，1990年国家颁布《城镇国有土地使用权出让和转让暂行条例》，规定了土地使用权可以采用协议、招标和拍卖三种方式；1994年制定了《城市房地产管理法》，首次从法律层面明确了划拨和出让供地的范围。进入21世纪，国家开始进一步规范国有土地资产管理，实施土地招拍挂制度。2002年《招标拍卖挂牌出让国有土地使用权规定》指出商业、旅游、娱乐和商品住宅等各类经营性用地，必须以招标、拍卖、挂牌方式出让；2004年出台的《国务院关于深化改革严格土地管理的决定》要求工业用地也要创造条件逐步实行招标拍卖挂牌出让；2006年出台了《关于加强土地调控有关问题的通知》，要求建立工业用地出让价最低标准。

土地储备制度是在城市土地国有的前提下，土地管理部门授权土地储备机构，通过征购、回收、置换等方式，将增量土地和存量土地集中起来，由土地储备机构统一组织土地开发或再开发，将"生地"变成"熟地"，后续根据土地供应计划，分批入市。1996年中国第一家土地储备机构——上海土地发展中心成立，取得了良好效果。之后五年内，全国就有669个县市建立了土地储备制度。相比于此前的土地多头供给，土地储备制度下，政府对土地一级市场的垄断能力明显增强，这也是土地财政得以运行的前提。

土地征收制度逐步从服务经济发展为主向兼顾发展和公平转型。1982年《国家建设征用土地条例》明确规定征用土地要"保障被征地者的收入和生活水平不下降"，除了提高征地补偿标准外，还对农村剩余劳动力的安置途径做出相应调整，包括农转非或解决就业问题。随着1990年《城镇国有土地使用权出让和转让条例》的颁布，征地制度中存在的问题开始逐步显现。为了保护被征地农民的合法权益，中央着手对征地制度进行大规模的调整。2004年3月，《宪法》第四次修正案公布实施，第一次对土地征收和征用进行了区分，并赋予征地补偿最高法律效力。2012年党的十八大报告提出改革征地制度，强调要"提高农民在土地增值收益中的分配比例"。

2008年以后，中国的城市化进程继续加快，但推进城市化的方式发生变化：常住人口城镇化率提高；城市扩张蔓延加快，全国不同层级的城市同步扩张；工业增速下降；整体经济更加依赖房地产业。以上新的特征也是这一时期土地制度及相关制度变革的结果。（1）2008年为了应对国际金融危机，出台4万亿财政刺激政策以及收紧银根和地根，加大货币和土地投放，这是最主要的因素。（2）放宽土地抵押融资。1994年分税制以后，财权上收，一些地方成立城市建设公司之类的投融资平台；1997年国务院下发《关于投资体制近期改革方案》，许多地方政府纷纷成立国有独资的城投公司；1997—2008年，地方政府利用投融资平台进行项目融资增加；2008年下半年，各级政府纷纷成立投融资平台；2009年3月中央银行与银监会联合发布《关于进一步加强信贷结构调整促进国民经济平稳较快发展的指导意见》，在一定程度上提高了地方政府举债的积极性；2010年国务院发布《关于加强地方政府融资平台公司管理有关问题的通知》进行政策抑制。地方政府从以地生财阶段的以土地出让收入为依托、以新还旧的举债，转向土地抵押和质押为主的举债。（3）增加房地产开发投资和基础设施投资。在出口下滑、制造业转型的时期，房地产开发投资大幅增加。在这一系列政策组合下，中国城市化的模式从依赖招拍挂的土地出让转向依赖土地抵押融资，2008—2016年政府土地出让收入开始出现波动；随着一些城市的用地从原来的新增用地为主转向存量用地为主，加上农民权利意识的觉醒，征地拆迁的成本大幅上升。2008年以来，政府土地出让成本大幅上升，很多地方占到一半以上，成本上升的结果是政府的土地净收益下降。在土地成本上升、土地出让收益下降的情况下，各级政府城市化的资金来源转向土地抵押融资。土地成为融资工具，地方政府的融资行为与土地收入脱钩，而主要取决于土地是否能融到资金。这时候政府对土地的依赖变成对土地融资的依赖。

三 房地产调控长效机制

土地成本是房地产价格最重要的构成部分，促进房地产市场平稳健康发展必然要考虑到土地市场调控。恒大首席经济学家任泽平认为房地产长期看人口、中期看土地、短期看金融，这一说法还是很有道理的。要从土地、财政、金融、税收等方面进一步加大改革力度，加快建立既符合中国国情又符合房地产市场规律的基础性制度和长效机制。最根本的还是把房地产市场的商品属性和金融属性剥离开，这样才能把消费需求和投机需求分开，保证经济的持续健康发展。

房地产投资和消费要适度，要同国民经济的整体发展相协调，需适时采取必要调控措施，防止市场过热或过冷。改革财政体制，重塑土地出让和相关税费收入在财政支撑体系中的地位和作用，切断土地收益同地方政府预算外财政来源的紧密联系，逐步完成土地出让和税费收缴由创收工具向市场调控手段转变，把土地财政更多地和地方政府的公共服务相结合。深化保障房制度改革，确保低收入群体的住房需求逐步得到满足。

此外，还要改革住房供地和开发建设制度，打破住房开发的垄断，形成政府、集体组织、开发公司、住房合作社和业主自己开发相互竞争的多元开发格局。建立多元的供给主体，盘活城市闲置和低效用地。尽快落实城市吸纳农业转移人口落户数量同新增建设用地挂钩的政策，坚持增量供给和存量挖潜相结合，提高重点城市住宅用地比例。创新住房金融制度，支撑起住有所居。提高市场效率，促进新建商品住房市场、二手房市场、租赁市场共同发展。

第三节　促进实体经济高质量发展

十九大也提出了"中国经济已由高速增长阶段转向高质量发展阶段"，"着力加快建设实体经济、科技创新、现代金融、人力资源协同发展的产业体系，着力构建市场机制有效、微观主体有活力、宏观调控有度的经济体制"。促进实体经济高质量发展，首先必须要降低实体经济的劳动力、资本的成本，完善农业人口市民化、逐步取消户籍的限制劳动力流动作用，完善金融体系，实现真正的利率市场化。其次还要对创新资源进行优化，贯彻创新驱动发展战略。

一　完善直接融资金融体系

中国资本制度建设是最大的短板之一，突出表现在我们是快速发展阶段的国家却出现了双顺差，一方面利率较低，一方面又出现资金缺乏等等矛盾现象说明资金的配置不够科学甚至出现扭曲。新的时代背景下，可以借鉴美国的直接融资体系为主的资本制度建设经验，完善资本市场体系。

积极发展有利于产业升级和创新的直接融资。中国资本市场发展的二十多年中，形成了由主板、中小板、创业板、新三板及区域股权交易所构成的多层次资本市场体系。由于历史的原因，国内资本市场行政审批和监管色彩过于浓重。上市企业除了要符合首发管理办法等规定的法定条件，还时常要面对财务指标、行业属性、商业模式、发行定价、募集资金等方方面面的窗口指导，审核标准、审核周期、审核结果都有很大的不确定性，这样无形之中增加了企业的融资成本和交易成本。当前经济转型升级迫在眉睫，不仅一大批高新技术企业、战略新兴企业都极度缺少资金，传统产业升级改造实现破坏式创新也需要融资，但现有的金融市场体系不能适应这种发展格局，限制了经济的高质量发展。目前各级政府对金融机构仍然具有较强的控制力。不利于科技创新和产业转型升级，大力发展直接融资能够建立与创新型经济匹配的融资（风险投资、天使投资等）体系。

加大资本市场违法违规惩罚力度。违法违规行为直接侵害中小投资者切身利益，中小投资者缺乏风险识别和防范能力，更容易成为各种违法违规行为的侵害对象。上市公司信息披露违法行为，导致中小投资者因做出错误投资决策而遭受损失。内幕交易违法行为使得进行反向操作的投资者可能因股价波动而造成损失。市场操纵者利用资金、持股、信息优势等手段操纵交易价格或交易量，使得很多不明真相的中小投资者被误导参与相关交易，权益受到侵害。采取终身市场禁入、巨额罚款等威慑性手段，顶格处罚严厉打击信息披露、市场上违规操作、操纵市场、欺诈发行、违规定增再融资、内幕交易等行为。通过大数据等方法提升部门监管效率，严肃市场纪律。加大资本市场对外开放力度，实时完善退市制度建设。

高起点高标准筹办科创板。2018年首届中国国际进口博览会上，习近平主席在开幕式上讲话称将在上海证券交易所设立科创板并试点注册制，支持上海国际金融中心和科技创新中心建设，不断完善资本市场基础制度。科创板的设立对于符合国家战略、掌握核心技术、市场认可度高，属于互联网、大数据、云计算、人工智能、软件和集成电路、高端装备制造、生物医药等高新技术产业和战略性新兴产业的众多企业是一个巨大利好，将改变大量创新型企业无法在国内资本市场实现资本化的局面。科创板应举高度市场化的旗帜，实行注册制，面向机构投资者，没有发行定价指导，没有重组借壳，没有内幕交易和欺诈，保荐机构更加专注于价值发掘和股票承销。

二 激励科技创新与培育人力资源

继续激励企业加大研发投入和增加政府的基础研究投入。十九大报告提出"要瞄准世界科技前沿，强化基础研究，实现前瞻性基础研究、引领性原创成果重大突破"。大量原创性创新突破需要大量的研发投入。目前，在研发支出方面，中国正在成为全球技术创新的领导者，但是在关键领域、"卡脖子"的地方，仍然需要继续努力，提高自主创新能力。创新产出水平与研发投入水平是直接相关的。近年来深圳、杭州等城市在创新领域的优异表现，与之前大量的研发投入是分不开的。因此，为了推动新时代的创新驱动战略顺利实施，就必须为科技创新提供更有效的保障，必须千方百计增加研发经费投入。加大政府基础研究投入的同时还要不断完善企业的应用研究创新融资体系和机制。应统筹基础研究和应用研究的需要，加大科学研究支出比重，提高科技成果供给质量。加强大科学中心重大设施建设，逐步完善科学中心和国家实验室管理制度，以绩效考核、奖励等方式促进大科学设施开放共享。明确企业是创新的主体，支持企业承担和参与需求导向的基础研究计划，提高基础研究的国际合作水平。

发挥政府科技创新的协调和平台作用。在激发企业创新积极性方面，以税费优惠、资金奖补等政策为杠杆，激发企业创新动力，支持企业设立人才发展专项资金，允许企业管理创新和商业模式创新等项目支出列入税前加计扣除范围，并鼓励企业购买科技成果。财政资金应更多地用于激励研发人员。经济社会的发展，离不开科技创新的推动；而科技创新，则离不开创新平台的支撑。进一步增加国家在信息基础设施、数据资源、大科学工程、重大公共技术平台的资金投入，以支持更广泛的研究开发和创新应用。

促进科技成果顺利转化。在推动科技成果本地转化方面，把激发人才创新积极性作为打通科技成果转化"最后一公里"的重要突破口，需要下放科技成果使用转化收益权。在科技成果转化过程中，政府要协调各个方面，尽可能保证项目资金充足到位。此外，政府应该提高孵化器管理人员待遇水平，让政府、孵化器、孵化企业、民间资本以及员工都有动力加入到促进国家高科技发展中来。积极促进科技中介服务业发展。孵化器建设应当从供给侧入手，坚持政府引导、多元投资、市场运作、专业管理的原则，鼓励孵化器向混合所有制发展，释放公共资源推进民营孵化器资源整合能力建设。

完善人才培养和引进机制。探索建立完善的高校和科研机构治理架构，让教育家办教育，落实高校办学自主权。放宽办学限制，鼓励国外一流大学来华合作或独立办学，引进国际通行的教学和科研管理机制。重点培育和支持一批有战略地位的基础研究机构。在放活人才管理方面，针对当前体制机制不活、管得过多、管得过死，制约人才发展的问题，应赋予高等院校、科研机构充分的选人用人自主权。另一方面，要增加对人力资本的投入，优化教育结构，提高人才培养质量。根据产业结构转型升级的需要，加强在职培训，提高中高级人才和产业工人对高质量发展的适应程度。适当放宽国外人才引进标准，便利人才流动手续，提高人才服务水准，除了注重引进欧美等国家和地区的高端人才，也要增加对日本、韩国、越南、泰国、朝鲜等周边国家高端人才的吸引力。

三 完善效率导向的产业政策与区域政策

应客观看待产业政策。产业政策是政府为了实现一定的经济和社会目标而对产业的形成和发展进行干预的各种政策的总和。产业政策的功能主要是弥补市场缺陷，有效配置资源；保护幼小民族产业的成长；熨平经济震荡；发挥后发优势，增强适应能力。2016年北京大学林毅夫教授和张维迎教授关于产业政策曾有过辩论。中美贸易战中，美国对中国的产业政策也多有指责。这些都说明了我们对产业政策不仅理论上没有弄清楚，实践中更需要调整。我们认为产业政策对于我们一个发展中大国，其作用是不可替代的，即使是发达国家例如英国、日本现在仍然存在一些以就业、科研为导向的产业政策。区域政策作为一定空间上的产业政策，曾经促进了东南沿海的领先发展，但是近年来也是遍地开花，具体起到什么作用需要仔细梳理评估。

产业政策逐渐转移到竞争政策和反垄断政策。虽然中国产业政策已有半个多世纪的历史，但长期以来弱化了竞争政策的运用。竞争是市场制度的灵魂，竞争政策是更好地发挥政府作用的一项基本政策。反对垄断和不正当竞争，严厉打击各种排除、限制竞争的行为，是建设统一开放、竞争有序市场体系的迫切需要，也是国际通行做法。反垄断法一般被视为一个国家的经济宪法。十八届三中全会《关于全面深化改革若干重大问题的决定》再次重申，"建设统一开放、竞争有序的市场体系，是使市场在资源配置中起决定性作用的基础"。只有通过竞争，才能发现价格，使之真实反映供求状况和资源稀缺程度，从而引导资源实现优化配置和再配置；与此同时，也只有竞争的激励鞭策，才是推动企业努力提高自己的核心竞争力，为社会持续提供成本最低、质量最好的产品的最强大的力量。从中国发展的实际情况看，确立竞争政策基础性地位的主要矛盾，是如何有效约束政府行为，明确政府权力边界，解决政府干预过多、滥用"政策倾斜"等问题。

因地制宜促进区域产业的协调发展。出台中西部地区外商投资优势产业的目录，指导外商向中西部地区投资。同时，引导国内的沿海地区产业有序向中西部地区转移，也引导中西部地区合理承接这方面产业的转移。支持东北、西北地区率先启动一批基础条件好、有望突破的重点项目，发展一批规模效益突出的优势产业基地和专业细分领域、具有竞争力强的特色优势产业。可以通过建设世界级先进制造业集群的办法来均衡区域和产业的关系。世界级先进制造业集群是按照经济区域来自发布局的。它的一个直接效应是可以模糊行政区的界限，拉动产业集群内所涉及的若干行政区共同协调成长。有意识地加速区域经济发展一体化。各行政区拆除行政壁垒，制定统一协调的竞争规则，相互之间竞相开放，这种一体化机制将产生从极化到收敛的均衡发展效应。

参考文献

一 外文文献

Acemoglu D, Aghion P, Zilibotti F. Vertical Integration and Distance to Frontier[J].*Journal of the European Economic Association,* 2003, 1(2-3): 630-638.

Acs Z J, Audretsch D B. Innovation, market Structure, and Firm Size[J].*The review of Economics and Statistics,* 1987: 567-574.

Arellano M, Bover O. Another Look at The Instrumental Variable Estimation of Error-components Models [J].*Journal of Econometrics,* 1995, 68(1):29-51.

Bai, C. E., and Zhang, Q. Is the People's Republic of China's Current Slowdown a Cyclical Downturn or A Long-term Trend? A Productivity-based Analysis [J]. *Journal of the Asia Pacific Economy,* 2017, 22(1), 29-46.

Banerjee A V. Contracting Constraints, Credit Markets and Economic Development[J]. *Social Science Electronic Publishing,* 2003, 3.

Baron, R.M. and Kenny, D.A. The Moderator-Mediator Variable Distinction in Social Psychological Research—Conceptual, Strategic and Statistical Considerations[J].*Journal of Personality and Social Psychology,*1986, 51,1173~1182.

Blanchard O J, Giavazzi F. Improving the SGP Through a Proper Accounting of Public Investment[R]. *Cepr Discussion Papers,* 2004.

Blanchard, O., & Shleifer, A. (2001). Federalism with and without Political Centralization: China versus Russia. *IMF Economic Review*, 48(1): 171-179.

Blundell R, Bond S. Initial Conditions and Moment Restrictions in Dynamic Panel Data Models[J]. *Journal of Econometrics,* 1998, 87(1):115-143.

Bradley M, Chen D. Corporate Governance and the Cost of Debt: Evidence from Director Limited Liability and Indemnification Provisions[J]. *Journal of Corporate Finance,* 2011, 17(1): 83~107.

Campello M., Debt Financing: Does it Boost or Hurt Firm Performance in Product Markets? [J]. *Journal of Financial Economics*, Vol.82, No.1, 2006,pp.135-172.

Cao G, Feng C, Tao R. Local "land finance" in China's urban expansion: challenges and solutions[J]. *China & World Economy,* 2008, 16(2): 19-30.

Carling K, Jacobson T, Lindé J, et al. Exploring Relationships between Firms Balance Sheets and the Macro Economy[J]. *Journal of Financial Stability*, 2005, 1(3):308~341.

Caskey J, Hughes J,&Liu J., Leverage, Excess Leverage and Future Returns[J]. *Review of Accounting Studies,* Vol.17,No.2, 2012, pp.443-471.

Chang C, Chen X,& Liao G., What are the Reliably Important Determinants of Capital Structure in China? [J]. *Pacific-Basin Finance Journal*, Vol.30, 2014, pp.87-113.

Chen H, Li R, & Tillmann P., Pushing on a String: State-owned Enterprises and Monetary Policy Transmission in China[R]. *MAGKS Papers on Economics*, 2018.

Chen T, Liu L X, Zhou L A. The Crowding-Out Effects of real Estate Shocks–Evidence from China[J]. Available at *SSRN 2584302*, 2015.

Cohen W M, Levin R C, Mowery D C. Firm Size and R&D Intensity: A Re-examination[J]. *Journal of Industrial Economics,* 1987, Vol. 35, No. 4, pp. 543-565.

Cull R, Xu L C. Institutions, Ownership and Finance: the Determinants of Profit Reinvestment among Chinese Firms[J]. *Journal of Financial Economics*, 2005,77(1): 117~146.

Dell'Ariccia, D. Igan and L. Laeven. Credit Booms and Lender Behavior: Evidence From the Subprime Mortgage Market[J]. *Journal of Money, Credit, and Banking*, 2012, 44, (2-3) : 367-384.

Demirci I, Huang J, & Sialm C., Government debt and corporate leverage: international evidence[R]. *National Bureau of Economic Research working paper*, 2017.

Farhi E, Tirole J., Bubbly Liquidity[J]. *The Review of Economic Studies*, 2011, Vol.79, No.2, pp.678-706.

Fisman R, Svensson J. Are Corruption and Taxation Really Harmful to Growth? Firm Level Evidence[J].*Journal of Development Economics,* 2007, 83(1):63-75.

Gan J., Collateral, Debt Capacity, and Corporate Investment: Evidence from a Natural Experiment. *Journal of Financial Economics,*Vol.85, No.3, 2007, pp.709-734.

Guo D, Guo Y, Jiang K. Government-subsidized R&D and Firm Innovation: Evidence from China[J].*Research policy*, 2016, 45(6): 1129-1144.

Hau H, Ouyang D. Capital Scarcity and Industrial Decline: Evidence from 172 Real Estate Booms in China[R]. *SSRN Electronic Journal,* 2018.

Hayes A F, Scharkow M. The Relative Trustworthiness of Inferential Tests of the Indirect Effect in Statistical Mediation Analysis: Does Method really Matter?[J].*Psychological science*, 2013, 24(10): 1918~1927.

参考文献

Jin H, Qian Y, Weingast B R. Regional Decentralization and Fiscal Incentives: Federalism, Chinese Style[J]. Journal of Public Economics, 2006, 89(9):1719-1742.

Krippner, G. R. The Financialization of the American Economy[J].Socio-Economic Review, 2005, 3（2）:173-208.

Krugman P. The myth of Asia's miracle[J] .*Foreign affairs*, 1994: 62-78.

Lach S. Do R&D subsidies stimulate or displace private R&D? Evidence from Israel[J]. *The journal of industrial economics,* 2002, 50(4): 369-390.

Li H , Zhou L A . Political Turnover and Economic Performance: the Incentive Role of Personnel Control in China[J]. Journal of Public Economics, 2005, 89(9-10):1743-1762.

Li L, Wu X. Housing price and entrepreneurship in China[J].*Journal of Comparative Economics*, 2014, 42(2): 436-449.

MacKinnon D P, Fairchild A J. Current Directions in Mediation Analysis[J]. *Current Directions in Psychological Science,* 2009,18(1):16~20.

Mckinnon R I. The Rules of the Game: International Money in Historical Perspective[J]. *Journal of Economic Literature,* 1993, 31(1):1-44.

Minnis M. The Value of Financial Statement Verification in Debt Financing: Evidence from Private US Firms[J]. Journal of Accounting Research, 2011, 49(2): 457~506.

Mo J. Land Financing and Economic Growth: Evidence from Chinese Counties[J]. *China Economic Review,* 2018, 50: 218~239.

Moore B J. The Endogenous Money Stock[J].*Journal of Post Keynesian Economics*, 1979, 2(1): 49~70.

Özgür Orhangazi. Financialisation and Capital Accumulation in the Non-Financial Corporate Sector[J].Mpra Paper, 2007, 32(6):863-886.

Palley, Thomas I. Bank Lending, Discount Window Borrowing, and the Endogenous Money Supply: A Theoretical Framework[J].*Journal of Post Keynesian Economics,* 1987, 10(2):282~303.

Patel P, Pavitt K. National Innovation Systems: why They are Important, and How They might be Measured and Compared[J].*Economics Of Innovation And New Technology*, 1994, 3(1): 77-95.

Pittman J A,Fortin S. Auditor Choice and the Cost of Debt Capital for newly Public Firms[J].*Journal of Accounting and Economics*,2004,37(1): 113~136.

Porter M E. The Competitive Advantage of Nations[J].*Competitive Intelligence Review*, 1990, 1(1): 14-14.

Preacher K J, Hayes A F. SPSS and SAS Procedures for Estimating Indirect Effects in Simple Mediation Models[J].*Behavior Research Methods, Instruments, & Computers*, 2004, 36(4): 717-731.

Qi Y, Roth L,Wald J K. Political Rights and the Cost of Debt[J].Journal of Financial Economics, 2010, 95（2）: 202-226.

Qian J, Strahan P E. How Laws and Institutions Shape Financial Contracts: The case of Bank Loans[J].*The Journal of Finance*,2007,62(6): 2803-2834.

Qian, Y., & Roland, G. Federalism and the Soft Budget Constraint[J]. *The American Economic Review,* 1998, 88(5), 1143-1162.

Qian, Y., & Weingast, Barry R. Federalism as a Commitment to Preserving Market Incentives[J]. *Journal of Economic Perspectives,* 1997, 11(4), 83-92.

Qun W, Yongle L, Siqi Y. The Incentives of China's Urban Land Finance[J]. *Land Use Policy*, 2015, 42: 432-442.

Romer P M. Endogenous Technological Change[J].*Journal of political Economy*, 1990, 98(5, Part 2): S71-S102.

Ronald Dore. Financialization of the global economy[J]. *Industrial & Corporate Change*, 2008, 17(6):1097-1112.

Ru H., Government Credit, a Double-Edged Sword: Evidence from the China Development Bank[J]. *The Journal of Finance*, Vol.73, No.1, 2018, pp.275-316.

Scherer F M. Market Structure and the Employment of Scientists and Engineers[J]. *The American Economic Review,* 1967, 57(3): 524-531.

Shaw E S. *Financial Deepening in Economic Development*[M]. Oxford University Press, 1973.

Xu, C. The Fundamental Institutions of China's Reforms and Development[J]. *Journal of Economic Literature*, 2011, 49(4), 1076-1151.

Ye L, Wu A M. Urbanization, Land Development and Land Financing: Evidence from Chinese Cities[J]. *Journal of Urban Affairs,* 2014, 36(sup1): 354-368.

二 中文文献

安同良、周绍东、皮建才：《R&D补贴对中国企业自主创新的激励效应》，《经济研究》2009年第10期。

白俊红：《中国的政府R&D资助有效吗？来自大中型工业企业的经验证据》，《经济学季刊》2011年第3期。

白重恩、杜颖娟、陶志刚、仝月婷：《地方保护主义及产业地区集中度的决定因素和变动趋势》，《经济研究》2004年第4期。

蔡竞、董艳：《银行业竞争与企业创新——来自中国工业企业的经验证据》，《金融研究》2016年第11期。

蔡晓慧、茹玉骢：《地方政府基础设施投资会抑制企业技术创新吗?——基于中国制造业企业数据的经验研究》，《管理世界》2016年第11期。

曹婧、毛捷、薛熠：《城投债为何持续增长：基于新口径的实证分析》，《财贸经济》2019年第5期。

陈晓、单鑫：《债务融资是否会增加上市企业的融资成本？》，《经济研究》1999年第9期。

陈艳艳、罗党论：《地方官员更替与企业投资》，《经济研究》2012年增2期。

陈志勇、陈莉莉：《"土地财政"：缘由与出路》，《财政研究》2010年第1期。

成思危：《虚拟经济与金融危机》，《管理科学学报》1999年第1期。

丁重、张耀辉：《制度倾斜，低技术锁定与中国经济增长》，《中国工业经济》2009年第11期。

杜雪君、黄忠华、吴次芳：《中国土地财政与经济增长——基于省级面板数据的分析》，《财贸经济》2009年第1期。

樊纲、张晓晶：《面向新世纪的中国宏观经济政策》，首都经济贸易大学出版社1999年版。

范红忠：《有效需求规模假说、研发投入与国家自主创新能力》，《经济研究》2007年第3期。

范子英：《土地财政的根源：财政压力还是投资冲动》，《中国工业经济》2015年第6期。

冯根福、刘虹、冯照桢等：《股票流动性会促进中国企业技术创新吗？》，《金融研究》2017年第3期。

冯根福、温军：《中国上市公司治理与企业技术创新关系的实证分析》，《中国工业经济》2008年第7期。

干春晖、郑若谷、余典范：《中国产业结构变迁对经济增长和波动的影响》，《经济研究》2011年第5期。

高波、陈健、邹琳华：《区域房价差异，劳动力流动与产业升级》，《经济研究》2012年第1期。

葛扬、钱晨：《"土地财政"对经济增长的推动作用与转型》，《社会科学研究》2014年第1期。

苟琴、黄益平、刘晓光：《银行信贷配置真的存在所有制歧视吗?》，《管理世界》2014年第1期。

郭峰：《土地资本化和中国地区金融扩张》，《财经研究》2015年第8期。

郭志勇、顾乃华：《制度变迁、土地财政与外延式城市扩张》，《社会科学研究》2013年第1期。

韩乾、袁宇菲、吴博强：《短期国际资本流动与中国上市企业融资成本》，《经济研究》2017年第6期。

何杨、满燕云：《地方政府债务融资的风险控制》，《财贸经济》2012年第5期。

胡晓：《虚拟经济发展对实体经济的影响：增长抑或结构调整》，《财经科学》2015年第2期。

胡奕明、王雪婷、张瑾：《金融资产配置动机："蓄水池"或"替代"?——来自中国上市公司的证据》，《经济研究》2017年第1期。

华生：《城市化转型与土地陷阱》，东方出版社2013年版。

黄群慧、黄阳华、贺俊、江飞涛：《面向中上等收入阶段的中国工业化战略研究》，《中国社会科学》2017年第12期。

黄群慧：《论新时期中国实体经济的发展》，《中国工业经济》2017年第9期。

黄少安、陈斌开、刘姿彤：《"租税替代"、财政收入与政府的房地产政策》，《经济研究》2012年第8期。

贾康、刘微：《"土地财政"：分析及出路》，《财政研究》2012年第1期。

贾康：《分税制改革需要继续深化》，《中国改革》2006年第2期。

姜付秀、黄继承：《经理激励、负债与企业价值》，《经济研究》

2011年第5期。

姜国华、饶品贵：《宏观经济政策与微观企业行为》，《会计研究》2011年第3期。

蒋省三、刘守英、李青：《土地制度改革与国民经济成长》，《管理世界》2007年第9期。

蒋琰：《权益成本、债务成本与公司治理：影响差异性研究》，《管理世界》2009年第11期。

蒋震：《工业化水平、地方政府努力与土地财政》，《中国工业经济》2014年第10期。

金煜、陈钊、陆铭：《中国的地区工业集聚：经济地理、新经济地理与经济政策》，《经济研究》2006年第4期。

李翠芝、林洲钰：《政府财税扶持对企业技术创新的影响研究》，《云南财经大学学报》2013年第6期。

李广子、刘力：《债务融资成本与民营信贷歧视》，《金融研究》2009年第12期。

李建军：《中国未观测信贷规模的变化：1978—2008年》，《金融研究》2010年第4期。

李姝、翟士运、古朴：《非控股股东参与决策的积极性与企业技术创新》，《中国工业经济》2018年第7期。

李扬：《"金融服务实体经济"辨》，《经济研究》2017年第6期。

李勇刚、王猛：《土地财政与产业结构服务化——一个解释产业结构服务化"中国悖论"的新视角》，《财经研究》2015年第9期。

刘建丰、许志伟、潘英丽：《货币化率的直接测算及土地与住房的货币化》，《财经研究》2018年第6期。

刘金全：《虚拟经济与实体经济之间关联性的计量检验》，《中国社会科学》2004年第4期。

刘京军、张莉、徐现祥：《土地出让与银行信贷配置》，《中山大学学报》（社会科学版）2016年第5期。

刘骏民、伍超明：《虚拟经济与实体经济关系模型——对中国当前股市与实体经济关系的一种解释》，《经济研究》2004年第4期。

刘瑞、李荣华：《中国银行业高盈利问题辨析——基于上市公司的数据》，《政治经济学评论》2013年第2期。

刘守英、蒋省三：《土地融资与财政和金融风险——来自东部一个发达地区的个案》，《中国土地科学》2005年第5期。

刘愿、连玉君、郑姣姣：《房价上涨与企业技术创新：来自中国上市公司和债券企业的经验证据》，《学术研究》2017年第6期。

刘志彪：《以城市化推动产业转型升级——兼论"土地财政"在转型时期的历史作用》，《学术月刊》2010年第10期。

卢洪友等：《土地财政根源："竞争冲动"还是"无奈之举"？》，《经济社会体制比较》2011年第1期。

陆正飞、何捷、窦欢：《谁更过度负债：国有还是非国有企业？》，《经济研究》2015年第12期。

罗党论、廖俊平、王珏：《地方官员变更与企业风险——基于中国上市公司的经验证据》，《经济研究》2016年第5期。

罗红云：《地方政府如何降低经济发展中的土地财政依赖症——以新疆为例》，《开发研究》2012年第1期。

罗来军、蒋承、王亚章：《融资歧视、市场扭曲与利润迷失——兼议虚拟经济对实体经济的影响》，《经济研究》2016年第4期。

吕江林：《中国城市住房市场泡沫水平的度量》，《经济研究》2010年第6期。

梅冬州、崔小勇、吴娱：《房价变动、土地财政与中国经济波动》，《经济研究》2018年第1期。

闵亮、沈悦：《宏观冲击下的资本结构动态调整——基于融资约束的差异性分析》，《中国工业经济》2011年第5期。

丘海雄、付光伟、张宇翔：《土地财政的差异性研究——兼论土地财政对产业转型升级的启示》，《学术研究》2012年第4期。

邱牧远、殷红：《生态文明建设背景下企业ESG表现与融资成本》，《数量经济技术经济研究》2019年第3期。

邵朝对、苏丹妮、邓宏图：《房价、土地财政与城市集聚特征：中国式城市发展之路》，《管理世界》2016年第2期。

盛丹、王永进：《产业集聚、信贷资源配置效率与企业的融资成本》，《管理世界》2013年第6期。

施东晖：《股权结构、公司治理与绩效表现》，《世界经济》2000年第12期。

宋军、陆旸：《非货币金融资产和经营收益率的U形关系——来自中国上市非金融公司的金融化证据》，《金融研究》2015年第6期。

苏治、方彤、尹力博：《中国虚拟经济与实体经济的关联性——基于规模和周期视角的实证研究》，《中国社会科学》2017年第8期。

孙秀林、周飞舟：《土地财政与分税制：一个实证解释》，《中国社会科学》2013年第4期。

唐在富：《中国土地财政基本理论研究——土地财政的起源、本质、风险与未来》，《经济经纬》2012年第2期。

陶然、陆曦、苏福兵等：《地区竞争格局演变下的中国转轨：财政激励和发展模式反思》，《经济研究》2009年第7期。

陶然、袁飞、曹广忠：《区域竞争、土地出让与地方财政效应》，《世界经济》2007年第10期。

陶长琪、刘振：《土地财政能否促进产业结构趋于合理——来自我国省级面板数据的实证》，《财贸研究》2017年第2期。

王爱俭：《虚拟经济与实体经济的关系研究》，《现代财经-天津财经学院学报》2003年第1期。

王红建、曹瑜强、杨庆等：《实体企业金融化促进还是抑制了企业创新——基于中国制造业上市公司的经验研究》,《南开管理评论》2017年第1期。

王红建、杨筝、阮刚铭、曹瑜强:《放松利率管制、过度负债与债务期限结构》,《金融研究》2018年第2期。

王文春、荣昭:《房价上涨对工业企业创新的抑制影响研究》,《经济学季刊》2014年第2期。

王永钦、高鑫、袁志刚、杜巨澜:《金融发展、资产泡沫与实体经济:一个文献综述》,《金融研究》2016年第5期。

王永钦、张晏、章元等:《中国的大国发展道路——论分权式改革的得失》,《经济研究》2007年第1期。

温忠麟、叶宝娟:《中介效应分析:方法和模型发展》,《心理科学进展》2014年第5期。

文一:《伟大的中国工业革命:"发展政治经济学"一般原理批判纲要》,清华大学出版社2016年版。

吴晓求:《实体经济与资产价格变动的相关性分析》,《中国社会科学》2006年第6期。

伍超明:《货币流通速度的再认识》,《经济研究》2004年第9期。

伍志文:《"中国之谜":理论及基于中国的经验分析》,《财经研究》2003年第1期。

夏方舟、李洋宇、严金明:《产业结构视角下土地财政对经济增长的作用机制——基于城市动态面板数据的系统GMM分析》,《经济地理》2014年第12期。

肖争艳、陈惟:《货币政策、利率传导与中小企业融资成本》,《经济评论》2017年第5期。

谢军、黄志忠:《宏观货币政策和区域金融发展程度对企业投资及其融资约束的影响》,《金融研究》2014年第11期。

徐莉萍、辛宇、陈工孟:《股权集中度和股权制衡及其对公司经营绩效的影响》,《经济研究》2006年第1期。

严成樑、周铭山、龚六堂:《知识生产、创新与研发投资回报》,《经济学季刊》2010年第3期。

杨继东、杨其静、刘凯:《以地融资与债务增长》,《财贸经济》2018年第2期。

杨继东、赵文哲、刘凯:《刺激计划、国企渠道与土地出让》,《经济学(季刊)》2016年第3期。

杨其静、聂辉华:《保护市场的联邦主义及其批判》,《经济研究》2008年第3期。

杨圆圆:《"土地财政"规模估算及影响因素研究》,《财贸经济》2010年第10期。

叶康涛、陆正飞:《中国上市公司股权融资成本影响因素分析》,《管理世界》2004年第5期。

易纲:《中国金融资产结构分析及政策含义》,《经济研究》1996年第12期。

于泽、陆怡舟、王闻达:《货币政策执行模式、金融错配与中国企业投资约束》,《管理世界》2015年第9期。

余静文、谭静:《房价、流动性效应与企业融资约束》,《产业经济研究》2015年第4期。

余静文、王媛、谭静:《房价高增长与企业"低技术锁定"——基于中国工业企业数据库的微观证据》,《上海财经大学学报》(哲学社会科学版)2015年第5期。

余淼杰、智琨:《进口自由化与企业利润率》,《经济研究》2016年第8期。

余明桂、范蕊、钟慧洁:《中国产业政策与企业技术创新》,《中国工业经济》2016年第12期。

余永定:《M2/GDP的动态增长路径》,《世界经济》2002年第12

期。

岳树民、卢艺：《土地财政影响中国经济增长的传导机制——数理模型推导及基于省级面板数据的分析》，《财贸经济》2016年第5期。

张成思、刘贯春：《中国实业部门投融资决策机制研究》，《经济研究》2018年第12期。

张成思、张步昙：《中国实业投资率下降之谜：经济金融化视角》，《经济研究》2016年第12期。

张杰、杨连星、新夫：《房地产阻碍了中国创新么？——基于金融体系贷款期限结构的解释》，《管理世界》2016年第5期。

张军：《资本形成、工业化与经济增长：中国的转轨特征》，《经济研究》2002年第6期。

张莉、高元骅、徐现祥：《政企合谋下的土地出让》，《管理世界》2013年第12期。

张平、刘霞辉：《城市化、财政扩张与经济增长》，《经济研究》2011年第11期。

张曙光、张平：《化解金融风险，防范外部冲击》，《金融研究》1998年第4期。

张双长、李稻葵：《"二次房改"的财政基础分析——基于土地财政与房地产价格关系的视角》，《财政研究》2010年第7期。

张文：《经济货币化进程与内生性货币供给》，《金融研究》2008年第2期。

张雪兰、何德旭：《关于完善中国地方政府金融管理体制的思考》，《财贸经济》2011年第7期。

赵留彦、王一鸣：《货币存量与价格水平：中国的经验证据》，《经济科学》2005年第2期。

赵西亮、李建强：《劳动力成本与企业创新——基于中国工业企业数据的实证分析》，《经济学家》2016年第7期。

赵祥、曹佳斌：《地方政府"两手"供地策略促进产业结构升级了吗——基于105个城市面板数据的实证分析》，《财贸经济》2017年第7期。

赵祥、谭锐：《土地财政与中国城市"去工业化"》，《江汉论坛》2016年第1期。

赵燕菁：《货币、信用与房地产——一个基于货币供给的增长假说》，《学术月刊》2018年第9期。

赵燕菁：《是"土地金融"还是"土地财政"？——改革的增长逻辑与新时期的转型风险》，《文化纵横》2019年第2期。

赵燕菁：《土地财政：历史，逻辑与抉择》，《城市发展研究》2014年第1期。

郑世林、韩高峰、石光：《房地产限购对公司违约风险的影响》《世界经济》2016年第10期。

钟宁桦、刘志阔、何嘉鑫、苏楚林：《中国企业债务的结构性问题》，《经济研究》2016年第7期。

周彬、周彩：《土地财政、企业杠杆率与债务风险》，《财贸经济》2019年第3期。

周彬、杜两省：《"土地财政"与房地产价格上涨：理论分析和实证研究》，《财贸经济》2010年第8期。

周彬、周彩：《土地财政、产业结构与经济增长》，《经济学家》2018年第5期。

周彬、谢佳松：《虚拟经济的发展抑制了实体经济吗？》，《财经研究》2018年第11期。

周飞舟：《分税制十年：制度及其影响》，《中国社会科学》2006年第6期。

周黎安：《晋升博弈中政府官员的激励与合作》，《经济研究》2004年第6期。

朱秋霞：《中国土地财政制度改革研究》，立信会计出版社 2007年版。

邹薇、刘红艺：《土地财政"饮鸩止渴"了吗——基于中国地级市的时空动态空间面板分析》，《经济学家》2015年第9期。

邹薇、刘红艺：《土地财政错觉、私人投资与经济增长——基于省级面板数据的分析》，《劳动经济研究》2014年第5期。

后　记

本书是我主持的国家社科基金一般项目"金融工具视角的土地财政对实体经济的影响和相应激励体系重构研究"（17BJL037）阶段性成果，同时也得到东北财经大学"双一流"建设项目高水平学术专著出版资助，特此感谢。专著和论文的读者群稍有区别，根据熊秉元教授提出的"降低读者阅读成本"原则，作者有意识地使用短句和通俗词汇，同时也增加了一些案例和注释。

土地财政问题是中国特有的经济现象，其对中国经济影响的深度和广度恐怕没有别的什么经济指标能与其并论。尽管土地财政饱受争议，实践中却具有强大的生命力。本书从土地财政的金融工具性质入手，揭示了其对地方政府和区域经济的独特的融资作用。此外土地财政还具有潜在的考核官员业绩的正向指标作用：尽管有房地产投机因素，但是房地产价格基本上代表了对一个城市发展的预期，从价格增速看扣除其他因素，一个地方的政府提供的公共服务和营商环境改善，房地产价格也会上升。

特别感谢导师杜两省教授对我的教育和引导，杜老师对学术科研的不懈追求和对经济问题不落俗套的深度分析将永远激励我不断突破自己。感谢齐鹰飞院长和王伟同院长一直以来对我科研工作提供了良好氛围！感谢本书的责任编辑许琳老师辛苦付出！本书部分章节是我和周彩、谢佳松、韩律、李昕、王琦、吴丽芳等多个硕士生合作的成果，感谢这些学生出色的助研工作！感谢妻子许丽丽多年来对家庭的

后　记

辛苦付出，这本书也想献给我的女儿周彤瑄和儿子周其新，是他们给我前进的动力。

周　彬

2019.8.20 于问源阁